检察实务典型疑难案例参考

赵智慧 主编

JIANCHA SHIWU
DIANXING YINAN ANLI CANKAO

第五辑

中国检察出版社

图书在版编目（CIP）数据

检察实务典型疑难案例参考. 第五辑 / 赵智慧主编. —北京：中国检察出版社，2021.9
ISBN 978-7-5102-2386-0

Ⅰ. ①检… Ⅱ. ①赵… Ⅲ. ①检察机关-工作-案例-中国 Ⅳ. ①D926.3

中国版本图书馆 CIP 数据核字（2019）第 300216 号

检察实务典型疑难案例参考（第五辑）
赵智慧　主编

责任编辑：	王伟雪
技术编辑：	王英英
美术编辑：	曹　晓
出版发行：	中国检察出版社
社　　址：	北京市石景山区香山南路 109 号（100144）
网　　址：	中国检察出版社（www.zgjccbs.com）
编辑电话：	(010) 86423707
发行电话：	(010) 86423726　86423727　86423728
	(010) 86423730　86423732
经　　销：	新华书店
印　　刷：	保定市中画美凯印刷有限公司
开　　本：	710 mm×960 mm　16 开
印　　张：	19.25
字　　数：	350 千字
版　　次：	2021 年 9 月第一版　2021 年 9 月第一次印刷
书　　号：	ISBN 978-7-5102-2386-0
定　　价：	89.00 元

检察版图书，版权所有，侵权必究
如遇图书印装质量问题本社负责调换

《检察实务典型疑难案例参考(第五辑)》
编 委 会

主　　编　赵智慧
副 主 编　冯振东　李学军　李世勇
　　　　　张庆来　潘宗权　王青松
　　　　　王玉成
执行编辑　王海东　苏　峰　厉志红
　　　　　张学刚　郝科朝　刘亚学
　　　　　佟　鑫

序 言

最高人民检察院党组书记、检察长张军强调:"增强案例意识,总结、制发好指导性案例,用案例统一执法思想和司法尺度。"

当前,检察机关正在深化司法体制综合配套改革,全面落实司法责任制,构建以刑事检察、民事检察、行政检察、公益诉讼检察为主要内容的检察机关法律监督职能体系,提升司法办案专业化、组织体系科学化、检察队伍职业化水平,努力让人民群众在每一个司法案件中感受到公平正义。为此,我们要充分发挥典型案例对司法办案工作的示范引领作用,通过制发典型案例,加强案例指导工作,向社会宣传检察机关法律监督职能,促进检察机关严格公正司法,为人民群众提供更丰富、更优质的法治产品、检察产品。

有鉴于此,法律政策研究部门认真领会张军检察长关于调研工作要有新作为的重要指示,切实发挥检察调研专职专责和组织牵头作用,加强同办案部门的联系协作,做好案例的收集整理和问题梳理、规则研究等工作,编写《检察实务典型疑难案例参考(第五辑)》。这些案例主要来自全市检察机关在办案中发现的典型案例,经过总结、提炼、修改,结合实践中的疑难问题,从不同视角、不同层面作了全面系统的分析与解读。我们相信,本书的出版对提升唐山市检察机关办案质量实效必将起到积极的促进作用。

《检察实务典型疑难案例参考（第五辑）》分刑法总则篇、刑法分则篇、民法篇、诉讼法篇等部分，涵盖检察业务的方方面面，以基本案情、争议焦点、评析意见等内容的架构对典型疑难案例进行了解析。

"一个案例胜过一打文件"，再好的司法政策和法律规定，只有在实践中得到落实，才能发挥其规范司法、指导办案、调整社会关系的作用。谨以此书献给大家，旨在通过典型案例的常态化学习机制，把握实质，确保真学习、真收获。

编 者

2020 年 12 月

目　录

刑法总则篇

为盗窃后备厢准备工具的行为能否认定为犯罪预备
....裴丽鸿 / 4

对唆使司机逃逸致人死亡的行为如何定罪处罚 ....李彦军 / 7

实施杀人行为后因告知他人使被害人得救的行为
　系犯罪未遂还是犯罪中止 ....李志玲 / 10

故意毁坏已经司法拍卖的房屋的行为如何定性 ....刘树利 / 13

规劝同案犯自首可否认定为立功 ....郑　银 / 16

两人互撕中第三人劝架导致一人是否构成犯罪 ....孙　爽 / 18

利用"入户"窃得的车钥匙盗窃"户外"电动车的行为
　应定何罪 ....赵　娜 / 21

马因受惊撞死他人，所有人是否承担刑事责任 ....霍芳芳 / 25

冒充买家删除差评的行为如何定性 ....赵　娜 / 27

为索取债务非法拘禁他人行为中"作为义务"
　如何认定 ....付宁宇飞 / 30

抢劫过程中实施强制猥亵妇女的行为构成一罪还是数罪 ....赵　娜 / 32

与他人夺刀过程中致对方死亡的行为如何定性 ....段海燕 / 35

持伪造驾驶证驾驶发生交通事故的是否数罪并罚 ......孙立强　王向征 / 37

不法侵害结束后行为人继续实施"防卫"的如何定罪处罚 ......李东升 / 40

因生意竞争而唆使他人抢劫行为中盖然性教唆与实行过限界限
如何把握 ………………………………………………… 赵　磊／43

因开玩笑发生冲突导致一方死亡的如何认定行为人的
主观故意 ………………………………………………… 郑文泉／46

行为人在明知情况下仍参与生产、销售假酒的行为
系犯罪既遂还是未遂 …………………………………… 凌　翎／49

刑法分则篇

危害公共安全罪

车主指使雇员无证驾驶致雇员死亡的是否构成
交通肇事罪 ………………………………… 赵　磊　张学茹／53

发生交通事故后未停车查看便驾车离开的可否适用
"逃逸致人死亡"情节 …………………………………… 李志玲／56

交通事故中被害人因被连续撞击死亡的，如何划分法律责任
…………………………………………………………… 孙卫新／60

破坏社会主义市场经济秩序罪

酒后驾车引发连环碰撞的行为构成何罪 ………………… 王清珍／63

利用"中介刷单"实施诈骗的行为如何定性 …………… 王向征／65

房地产公司销售人员私吞购房款行为构成何罪 …… 柴仕双　欧阳丽娜／69

对非国家工作人员行贿案的中间人如何定罪处罚 ……… 张振华／72

骗取金融机构信贷资金转贷牟利行为是认定高利转贷罪
还是骗取贷款罪 ………………………………………… 王昌平／75

将购买的非法制造的注册商标标识进行组装并销售的行为如何
　　定性 …………………………………………………………… 冯玉明 / 78
使用虚假材料骗取贷款的行为如何定性
　　………………………………………………………………… 孙立强 / 82
在制作食品过程中食品添加剂严重超标的行为如何定性
　　…………………………………………………………… 孙　岩　张楚潍 / 85
拖欠银行通过信用卡发放的"万用金"是否构成恶意透支 …… 刘树利 / 87
无证销售汽油的行为能否认定为非法经营罪 ………………… 郑　银 / 91
行为人共谋窃取他人信用卡信息并取款分赃行为
　　构成何罪 ……………………………………………… 王春明　杨学娟 / 94
将食品宣传为具有药用疗效的产品进行销售的行为如何定性
　　…………………………………………………………………… 母　宏 / 97
销售假烟的行为是否构成非法经营罪 ………………………… 王宏旭 / 100

侵犯公民人身权利、民主权利罪

"事出有因型"互殴行为如何定罪处罚 ………………………… 胡斯琴 / 103
"拔河式"撕扯造成身体受伤行为如何定性 …………………… 郑雪娇 / 105
报假案致人被羁押的行为如何定性 …………………………… 姚文卿 / 107
因索要债务殴打拘禁他人是认定一罪还是数罪 ……………… 张四海 / 110
互殴过程中一方将另一方从高处推倒致其死亡构成何罪 …… 张四海 / 113
非法拘禁他人期间胁迫他人犯罪行为如何定罪处罚 ………… 李　彬 / 115
奸淫幼女型强奸罪行为人主观"明知"如何认定 ……………… 郑　银 / 118
对酒后伤害他人行为如何定性 ………………………………… 郑文泉 / 121
为偷回被扣押车辆伤害他人的行为如何定性 ………………… 赵　娜 / 124

侵犯财产罪

扒窃定义中"随身携带的财物"如何认定 …………… 柴爱辉 / 127

以借戴名义拿走他人财物行为如何定性 …………… 孙喜霞 / 129

利用网络游戏发布虚假售卖链接占有他人财物行为
  如何定性 ……………………………………………… 孙喜霞 / 131

涉嫌民事欺诈的经济合同纠纷与合同诈骗罪如何区分 ……… 姚文卿 / 134

行为人既实施了秘密窃取行为又实施了欺骗行为
  如何定罪 ………………………………………… 任艳红 丁莉颉 / 138

将他人遗弃物非法占为己有的行为构成盗窃罪还是侵占罪
  ……………………………………………………… 徐　娜 / 142

当面拿走他人财物的行为如何定性 …………… 任晓梅 邱玉红 / 144

汇票诈骗行为能否仅认定为诈骗罪 ……………………… 于思萌 / 146

将抵押手机骗出后携带逃跑的行为如何定性 …………… 母　宏 / 150

借车后将车偷回并索赔的行为构成何罪 ………………… 母　宏 / 154

仓库保管员利用职务便利秘密窃取财物的行为如何定性
  ……………………………………………………… 赵　娜 / 157

骗取他人担保向银行借款购车后质押借款并逃匿的
  如何确定被害人 …………………………………… 胡斯琴 / 161

"以数额巨大的财物为盗窃目标"的盗窃未遂如何定罪处罚
  ……………………………………………………… 徐　娜 / 164

入户盗窃取财后当场被抓系盗窃既遂还是未遂 ………… 孙喜霞 / 166

将他人反锁后取财的行为如何定性 ……………………… 郑　银 / 168

使用他人手机进行网络借贷并消费的行为构成盗窃罪还是诈骗罪
  ………………………………………………… 刘向红 李　鹏 / 170

私自取走他人合法留置财物是否构成盗窃罪
　　及犯罪数额如何确定 …………………………………… 张　斌／172
故意碰瓷获得赔偿的行为构成何罪 ………………………… 于思萌／174
以次充好型销售行为如何定性 ……………………………… 徐　娜／177
以赠与为由诈骗他人财物可否从犯罪数额中排除犯罪成本 … 杨　婧／179
占有他人放弃的盗窃所得可否认定为侵占罪 ……………… 于思萌／182
在签订和履行合同过程中实施诈骗的行为如何定性 …… 任艳红　丁莉颉／185

妨害社会管理秩序罪

被执行人隐匿下落是否构成拒不执行判决、裁定罪 ………… 刘树利／189
制作涉黄软件并传播下载链接的行为如何定性 …………… 王宏旭／192
组织人员在微信群中依据麻将软件中的输赢情况支付赌资的
　　行为如何定性 ………………………………………… 胡斯琴／194
证人提供虚假证言以及唆使他人提供虚假证言行为如何定性
　　………………………………………………………… 王宏旭／196
以借用名义强行拿走他人手机行为如何定性 ……………… 李英英／198
在逃犯暴力抗拒抓捕的行为如何定性 ……………………… 付宁宇飞／201
为立威殴打他人的行为如何定性 …………………………… 刘秀伟／203
以"蹭吸"为目的代购毒品的行为如何定性 ………………… 张　娜／206
经营者发现客人在房间内吸毒不予制止的行为
　　是否构成容留他人吸毒罪 …………………………… 赵　娜／209
聚众斗殴案件未持械人员能否认定为"持械聚众斗殴" …… 张振华／212
殴打辅警的行为是否构成妨害公务罪 …………… 刘丽娟　王宏旭／215
活立木交易引发非法采伐林木责任应由谁"买单" ………… 姚文卿／217

将过期月饼馅料回炉再生产的行为如何定罪 ············· 单庆梅 / 219

行为人在辅警受指派维持秩序过程中暴力袭警构成何罪 ······ 付　建 / 222

索要债务过程中为泄愤而毁坏他人财物的行为构成何罪 ····· 孙　川 / 224

聚众斗殴过程中殴打对象发生变化是认定犯罪既遂还是未遂
　··· 李彦军 / 227

从携带物品中搜出一定数量的毒品是否必然对其批准逮捕 ··· 齐小静 / 231

危险驾驶后找人顶包行为如何定性 ···························· 杨　婧 / 234

"事出有因"殴打他人行为中如何认定"因" ··············· 段海燕 / 239

贪污贿赂罪

非国家工作人员与国家工作人员勾结，利用职务便利
　占有国有财产的如何定罪处罚 ····························· 李英英 / 241

为完成揽储任务而挪用公款的行为是否构成犯罪 ············ 李英英 / 244

为行受贿双方牵线搭桥的行为如何定罪 ······················ 李英英 / 247

民法篇

超过法定退休年龄发生交通事故的，受害人要求支付
　被扶养人生活费的能否得到支持 ··························· 刘树利 / 253

第三人明知是套牌车而驾驶，发生交通事故的如何承担责任
　··· 刘树利 / 256

挂靠人执行异议之诉能否影响建设工程款的归属 ············ 冯世斌 / 259

刑事案件中涉民事合同效力及民事赔偿时如何确定审理顺序
　··· 柴仕双　欧阳丽娜 / 263

劳动合同中竞业限制的范围如何判定 …………………… 母　宏 / 266

售卖假画行为应认定为民事欺诈还是刑事诈骗 …………… 于思萌 / 270

一次性了结协议签署后能否反悔 …………………………… 刘树利 / 273

已经支付的合法利息是否受借贷复利规定限制 …………… 魏宝成 / 276

诉讼法篇

假释中"执行原判刑期二分之一以上"如何理解 …………… 王　兵 / 281

挪用公款行为的追诉时效如何计算 ………………………… 梁荣芬 / 283

申请财产保全后执行时能否优先受偿 ………………… 雷天然　李雪梅 / 286

刑罚执行完毕前发现漏罪是否批准逮捕 …………………… 孙　川 / 289

刑法总则篇

为盗窃后备厢准备工具的行为能否认定为犯罪预备

一、基本案情

某年10月,薄某在一网上交友群中声称自己有工具能迅速打开马自达等品牌车辆的后备厢,同在该交友群中的网友马某得知这一消息后,当即与薄某取得联系,两人一拍即合,商量着一起去撬汽车后备厢弄点钱花。某年11月,马某找到薄某,薄某先向马某展示了自己的开锁工具,并教会马某如何使用,之后两人开着一辆从薄某朋友处借来的盗抢面包车来到唐山某县城内,因为没有找到合适的作案目标,当日两人空手而归,马某也于第二日离开唐山。回去后,马某心有不甘,遂又联系了薄某,与薄某商议后,想再去偷一次。薄某同意后,马某联系了朋友刘某,与刘某说明意图后,刘某对马某说:"咱们偷不到,就去抢点有钱女人的包也行。"于是两人一起找到薄某。刘某、马某先购买了口罩、手套、匕首等工具,又找到了薄某,当日下午,三人一起开着面包车再次来到某县城内寻找作案目标。因未找到合适的作案目标和地点,三人一直驾驶车辆在县城内绕行,直至第二日凌晨,三人仍未找到作案目标。天亮后,三人驾车来到县城边上的一田地内,将车停到空旷的田地后,三人在车内睡觉。下午三时许,某县派出所民警在排查一起杀人案巡查过程中发现了薄某等人的面包车,当场将在车内的薄某、马某、刘某三人抓获,分别在三人身上搜出匕首、手套、口罩等物,并在薄某身上搜出强开锁工具一套。三人被带回公安机关后,经过多次讯问,薄某开始声称只是想去撬后备厢偷东西,否认想预谋抢劫,后来在做过一次简短的"想抢包"的供述后,薄某又在之后的供述中推翻原来供述,坚持称自己是来偷东西的,没有想过要抢劫;马某开始拒不承认预谋抢劫,称只是想跟随薄某一起撬车后备厢偷东西,但在后来的讯问中,马某供述了自己跟薄某、刘某商量过,此次来唐山,是"能偷就偷,偷不到就抢,抢那些看着有钱的女人的包";刘某在公安机关做过一次"与马某商议过想抢女人的包,与马某一起购买了匕首,并且到唐山见过薄某后对薄某说过想抢包的事儿"的供述,这次供述后,刘某被公安机关在某县医院内监视居住,在监视居住期间,刘某下落不明,公安机关对其网上追逃。后公安机关对马某取保候审,并以薄某、马某涉嫌抢劫罪(预备)将本案移送审查起诉。在审查起诉期间,薄某、马某向公诉机关提交了材料,反映其在侦查阶段被公安机关刑讯逼供,并出示了身上尚未消失的伤痕,后公诉机关将反映材料移送有关部门进行核实处理。

二、分歧意见

1. 犯罪嫌疑人薄某、马某的行为能否认定为犯罪预备?
2. 若能认定为犯罪预备,是何种犯罪性质的预备?
3. 此种犯罪预备是否应该或者必须追究刑事责任?

三、评析意见

1. 针对第一个争议焦点,错认为犯罪嫌疑人薄某、马某的行为构成犯罪预备。《刑法》第22条第1款规定:"为了犯罪,准备工具、制造条件的,是犯罪预备。"根据此规定,作为一种未完成形态的犯罪预备,是指为了犯罪,准备工具,制造条件,但由于行为人意志以外的原因而未能着手实行犯罪的情形。犯罪预备具有以下三个特征:

(1)主观上为了实施犯罪。(2)客观上实施了犯罪预备行为。刑法将预备行为规定为两类,即准备工具与创造条件,准备工具的行为事实上也是为实行犯罪制造条件的行为。只有实施了这两种行为之一的,才构成犯罪预备。(3)由于行为人意志以外的原因事实上未能着手实行犯罪。如果行为人已经着手实施,但因为意志以外的原因未能将犯罪行为实施完毕的,属于犯罪未遂。

本案中,综合公安机关出具的犯罪嫌疑人被抓获地点地理环境的说明、被抓获地点方位示意图及周边环境照片、三犯罪嫌疑人对整个行为过程及被抓获时"正在车上睡觉"的一致供述,承办人认为三犯罪嫌疑人在被抓获时并没有着手实施或正在实施犯罪行为;综合公安机关现场在犯罪嫌疑人薄某身上查获的汽车后备厢开锁工具,三犯罪嫌疑人身上所携带的匕首、口罩、手套等物品以及犯罪嫌疑人薄某、马某、刘某的相关供述,承办人认为可以认定三犯罪嫌疑人为犯罪准备作案工具，创造犯罪条件。因此，综合犯罪预备的理论构成及《刑法》第22条的规定，可以认定三犯罪嫌疑人被抓获时的犯罪形态属于犯罪预备阶段。

2. 针对第二个争议焦点，若将本案的犯罪形态确定为犯罪预备，综合本案犯罪嫌疑人薄某、马某的供述及本案现场查获的物证，承办人认为在本案的犯罪预备定性上，存在诸多可能：

（1）因犯罪嫌疑人被抓获时，公安机关在犯罪嫌疑人薄某的身上搜出了汽车后备厢开锁工具，犯罪嫌疑人薄某、马某、刘某也多次供述其到唐山的目的是"撬汽车后备厢偷东西"，犯罪嫌疑人薄某、马某也供述了在此次被抓获前曾到过某县城实施盗窃汽车后备厢的行为，综合上述证据，犯罪嫌疑人马某的犯罪预备行为可能涉嫌盗窃预备。

（2）因公安机关抓获犯罪嫌疑人时在犯罪嫌疑人身上搜出了匕首、口罩、手套等物品，犯罪嫌疑人薄某在公安机关时有过一次"如果在路上发现有女人拿着包或者戴着金项链，咱们就下手抢"的供述，犯罪嫌疑人马某在侦查阶段、审查起诉阶段均做过"想抢拿包的女的用"，"想抢包没碰上人，想偷车后备厢，车太多，也没有碰到机会"，"商量着弄点钱，能偷就偷，能抢就抢"的多次供述；犯罪嫌疑人刘某（监视居住期间下落不明）在侦查阶段"抢那些开好车背包女人的包"的一次供述，综合上述证据，犯罪嫌疑人薄某、马某的犯罪预备行为可能涉嫌抢夺预备。

（3）根据犯罪嫌疑人马某在侦查阶段一次"口罩是防止认出来，刀子防止被抢的人叫，手套怕作案时留下指纹"的供述，刘某在侦查阶段"买折叠刀就是为了抢东西时吓唬吓唬被抢的人，口罩是为了蒙住自己的脸，手套是为了不留痕迹"的供述，综合被扣押的匕首、口罩、手套等工具情况，犯罪嫌疑人薄某、马某的犯罪预备行为可能涉嫌抢劫预备。

综合本案的证据情况，因犯罪嫌疑人刘某在被监视居住期间下落不明，承办人在审查起诉阶段未能对其进行讯问及对相关情况进行核实；犯罪嫌疑人薄某在侦查阶段多次做"准备盗窃后备厢"的供述，仅有过一次"准备抢"的供述后又推翻其供述，并提交材料检举某县公安局在对其讯问过程中有刑讯逼供行为；犯罪嫌疑人马某在多次做"偷后备厢"的供述同时，也作出了"抢"的供述，其在审查起诉阶段也说明某县公安局在对其讯问过程中有刑讯逼供行为，且出示了身上存在的因刑讯逼供造成的明显伤痕；犯罪嫌疑人对"抢"做供述时，并未陈述如何计划实施抢劫、怎样抢劫，而多次供述"抢包和金项链"，针对财物进行的抢，可能是抢劫行为，也可能是抢夺行为。因此，综合上述证据中存在的问题，不能明确二犯罪嫌疑人为犯罪准备工具及创造条件时的主观目的，因此在理论角度上不能明确二犯罪嫌疑人所涉嫌预备犯罪的性质是盗窃还是抢劫或者抢夺。综合相关法律法规及同法实践，关于本案定性，笔者认为将三犯罪嫌疑人的预备行为定性为盗窃预备较其他两种定性更适当，理由如下：

（1）三犯罪嫌疑人一致供述到某县的目的为"偷汽车后备厢"，此一致供述，可以确定三犯罪嫌疑人有准备盗窃汽车后备厢的主观意图，综合公安机关在现场查获的开锁工具，认定三犯罪嫌疑人为实施盗窃准备犯罪工具有言词证据及物证的支持。

（2）最高人民法院、最高人民检察院、公安部、国家安全部、司法部《关于办理刑事案件排除非法证据若干问题的规定》第1条规定，"采用刑讯逼供等非法手段取得的犯罪嫌疑人、被告人供述和采用暴力、威胁等非法手段取得的证人证言、被害人陈述，属于非法言词证据"。对于非法的言词证据，应该予以排除。本案中，犯罪嫌疑人提交了相关刑讯逼供的材料，对其是否有刑讯逼供行为，应进一步核实，并且犯罪嫌疑人刘某因下落不明不能核实相关证言的真实性，因此，认定犯罪嫌疑人薄某、马某二人涉嫌抢劫预备只有犯罪嫌疑人马某一人的供述予以支持，且三人供述能够证明刀具及口罩、手套等为犯罪嫌疑人马某在见到犯罪嫌疑人薄某之前准备，在犯罪嫌疑人薄某对抢劫预备不认可的情况下，一概以抢劫罪预备对犯罪嫌疑人马某、薄某进行定罪量刑缺乏完整的证据链条支持。

3. 针对第三个争议焦点，此种犯罪预备是否应该或者必须追究刑事责任，笔者认为，犯罪预备是犯罪形态的一种，根据《刑法》第22条规定，对于预备犯可以依法追究刑事责任。根据刑法理论及相关法律规定，盗窃罪、抢夺罪均为结果犯，盗窃、抢夺达到法律规定数额后才构成犯罪，抢劫属于行为犯，只要实施即构成犯罪，因此，承办人认为只有认定犯罪嫌疑人的预备行为属于抢劫预备时，才可以对犯罪嫌疑人进行刑事处罚。

（河北省唐山市曹妃甸区人民检察院　裴丽鸿）

对唆使司机逃逸致人死亡的行为如何定罪处罚

一、基本案情

2013年11月8日,犯罪嫌疑人刘某无证驾驶两轮摩托车载其妻王某回家,途中将路边行人冀某(聋哑人)撞伤。王某让刘某赶紧离开现场,刘某在明知已撞人的情况下,与王某驾车逃离现场。伤者冀某于次日凌晨死亡。经事故责任认定,刘某负事故全部责任,王某、冀某无责任。

二、分歧意见

根据《刑法》第133条及2000年11月10日通过的最高人民法院《关于审理交通肇事刑事案件具体应用法律若干问题的解释》(以下简称《解释》)第5条规定,刘某的行为构成交通肇事罪,属于因逃逸致人死亡。王某作为乘车人,指使肇事人刘某逃逸,致使被害人因得不到救助而死亡,应以交通肇事罪的共犯论处。但问题的焦点在于:对王某是否适用"因逃逸致人死亡"这一量刑情节?为此,形成两种不同意见:

第一种意见认为,乘车人指使司机逃逸致使被害人因得不到救助而死亡,属于交通肇事罪的法律拟制共犯,是逃逸行为的共犯,而非肇事行为的共犯。对于共犯应在相同量刑幅度内量刑,适用"因逃逸致人死亡"这一情节。

第二种意见认为,对乘车人以交通肇事罪共犯论处的规定,要求必须符合指使逃逸和因逃逸致人死亡两项条件。此外的"因逃逸致人死亡"是入罪条件,对此情节不能既作为入罪条件,又作为量刑情节予以重复评价。对王某应认定为交通肇事罪,在三年以下有期徒刑或者拘役幅度内量刑。

三、评析意见

笔者赞同第二种意见,认为对于乘车人而言,"因逃逸致人死亡"情节不

得既作为入罪条件又作为加重量刑情节被重复评价,主要理由如下:

1. 从法律规定来看,交通肇事罪主要惩罚的是肇事者,而不是乘车人等交通参与人。《解释》第 5 条第 1 款规定:"'因逃逸致人死亡',是指行为人在交通肇事后为逃避法律追究而逃跑,致使被害人因得不到救助而死亡的情形。交通肇事后,单位主管人员,机动车辆所有人、承包人或者乘车人指使肇事人逃逸,致使被害人因得不到救助而死亡的,以交通肇事罪的共犯论处。"《道路交通安全法》第 70 条规定:"在道路上发生交通事故,车辆驾驶人应当立即停车,保护现场;造成人身伤亡的,车辆驾驶人应当立即抢救受伤人员,并迅速报告执勤的交通警察或者公安机关交通管理部门。因抢救受伤人员变动现场的,应当标明位置。乘车人、过往车辆驾驶人,过往行人应当予以协助。"结合上述法律规定不难看出,交通肇事罪主要惩罚的是肇事者,毕竟肇事者因违反交通安全法规而导致交通事故的发生,其行为直接将被害人置于一种危险的境地,法律规定其保护现场、报警、救助伤者均系法定义务,具有强制性;而乘车人只有协助救助的义务。需要说明的是,《道路交通安全法》第 70 条规定的义务不应理解为强制性义务,其仅是宣示性的规定,乘车人的地位同过往车辆驾驶人、过往行人义务一样,即使不协助救助,也不能追究其法律责任。法律这样规定,体现了法律不强人所难这一基本原则,也符合不作为犯罪的一般理论,即无强制责任则无救助义务。在此情况下,乘车人既无肇事行为,当然无救助的强制义务,其在交通肇事罪中的作用及可罚性明显低于肇事者。笔者认为,乘车人在交通事故中其责任由轻到重可以分为三个等级。第一个等级为不履行宣示性的救助义务,即使被害人死亡也不承担任何责任,包括民事责任;第二个等级为不履行宣示性的救助义务,且指使肇事人逃逸,导致被害人轻微伤、轻伤、重伤等,其需要承担民事责任,但不追究刑事责任;第三个等级为不履行宣示性的救助义务,且指使肇事人逃逸,导致被害人因得不到救助而死亡,需要承担民事责任,并依法追究刑事责任。可见,法律对乘车人追究刑事责任设立了严格的界限,也给了更多的宽容。

2. 从罪责刑相适应原则来看,同一情节不得既作为入罪条件又作为加重量刑情节被重复评价。《解释》第 5 条第 2 款规定曾引发理论界争议,有学者认为其突破了《刑法》第 25 条关于共犯的规定,将共同过失行为认定为共犯。为此,2000 年 11 月 10 日最高人民法院在《〈关于审理交通肇事刑事案件具体应用法律若干问题的解释〉的理解与适用》中认为:"不可否认,司机肇事引发交通事故是过失的,对肇事行为不存在按照共犯处罚的问题。但是,鉴于刑法第一百三十三条将这种故意实施的行为规定为交通肇事罪加重处罚的情节,而且在肇事后逃逸的问题上,肇事人主观上是故意的,其他人指使其逃逸，具有共同的故意，当然符合共犯的构成条件。因此，《解释》第5条的规定是符合立法本意的。"依据司法解释拟制共犯的规定，乘车人未履行救助义务本身不可罚，但如果其指使肇事人逃逸，则在逃逸方面与肇事者具有共同的故意，而且法律明确规定，必须要因逃逸致人死亡才成立共犯。可见，法律将乘车人指使逃逸并导致被害人因得不到救助而死亡规定为乘车人构成交通肇事罪的犯罪构成要件。从立法本意来看，因逃逸致人死亡实际上是加重情节。如果将乘车人的指使逃逸行为，既当作犯罪构成，又视为加重情节，无疑对其是重复评价，违反了刑法谦抑性的原则，也超出了乘车人主观上能认知的范畴。刑法适用中的禁止重复评价，是指在定罪量刑时，禁止对同一犯罪构成事实予以二次或者二次以上的法律评价。因为法的正义性要求刑法在惩罚犯罪的同时，也须切实有效地保障被告人的权利，防止不恰当地加重被告人的责任，以确保罪责刑相适应原则的实现。刑法意义上的禁止重复评价通常存在于下列情形：（1）禁止行政责任与刑事责任的重复评价；（2）禁止罪数的重复评价；（3）禁止定罪情节与量刑情节的重复评价。实践中，第一种、第二种情形较容易理解，但第三种情形在适用中却容易被人忽视。禁止定罪情节与量刑情节的重复评价，是指对于定罪情节与量刑情节重合的，由于该情节已作为犯罪构成的基本事实在定罪时被使用，在量刑时不能再度使用，否则会不适当地加重被告人的刑事责任，有违公平正义。如犯罪嫌疑人交通肇事致人重伤且逃逸的，依法构成交通肇事罪，对其量刑时因为逃逸行为已属于入罪条件予以评价，就不能再适用交通肇事后逃逸这一加重量刑情节，对其应在三年以下有期徒刑或者拘役法定刑幅度内量刑，而不能在三年至七年幅度内量刑。我国刑法虽然没有明文规定禁止重复评价原则，但基于罪责刑相适应原则和公平正义的精神也应适用该原则。具体到该案，犯罪嫌疑人刘某肇事后主观上有逃跑的故意，而王某在查看冀某伤情后指使刘某逃逸，其行为尽管有"教唆"的故意，但此处的"教唆"属于使有犯意之人强化犯意，并非使无犯意之人产生犯意；加之逃逸行为也主要是刘某实施。在此情况下，王某指使逃逸的行为固然具有刑事可罚性，但对其直接适用"因逃逸致人死亡"这一量刑情节判处七年以上有期徒刑，明显量刑过重，也远远超出了公民对法律的一般预期。

综上，笔者认为，王某的行为构成交通肇事罪，但按照禁止重复评价原则，对其不应适用"因逃逸致人死亡"这一加重量刑情节，而应以交通肇事罪在三年以下有期徒刑或者拘役法定刑幅度内量刑。

(河北省唐山市丰南区人民检察院　李彦军)

实施杀人行为后因告知他人使被害人得救的行为系犯罪未遂还是犯罪中止

一、基本案情

被告人李某甲系大货车司机,经常出车夜里不在家。案发一个月前其早晨出车回家时看到院里有摩托车轮印,遂怀疑妻子李某乙与李某丙有不正当男女关系,多次因此事与李某乙争吵。2018年6月17日中午,李某甲大量饮酒后因此事又与李某乙发生争吵,并持水果刀将自己手腕割伤欲自杀。当晚李某甲又大量饮酒,再次与李某乙争吵,并于当日20时许,通过电话将李某丙叫到自己家中。20时11分许,被告人李某甲通过电话让因争吵离开的李某乙回家,并称"再不回家就砍人";后李某甲在自家东屋持菜刀朝李某丙头部猛砍二十余刀,造成李某丙失血性休克,特急特重型开放性颅脑损伤,额颞顶部20多条5~12cm不等刀砍伤,深达脑组织,颅骨多发开放性骨折,额颞顶部多发粉碎凹陷骨折碎片,下颌骨5条7~17cm不等刀砍伤,深达下颌骨并与口内贯通,皮肤及皮下组织、肌肉断端外露。因被害人不动了,流了好多血,被告人李某甲才停止杀人行为,给妻子李某乙打电话称自己杀了人。其妻李某乙在接到李某甲电话后跑到邻居家中,将情况告知邻居李某丁,李某丁得知情况后立即赶到李某甲家中,看到李某甲正在给其儿子打电话说他杀人了,并让儿子回来。李某丁打通派出所电话,李某甲通过该电话向公安机关投案,称自己杀了人,后李某甲自行到北门口等公安机关来人,李某丁电话通知被害人弟弟、村委会主任等人,并与其他人将被害人李某丙送某医院救治。经救治,被害人李某丙脱离生命危险,经某医学鉴定中心鉴定为重伤二级,至出院时仍半身瘫痪,生活不能自理,头部伤口未愈合。在案件审理过程中,被害人李某丙以要求被告人李某甲赔偿经济损失为由,同时向人民法院提起附带民事诉讼。

二、分歧意见

第一种意见认为,被告人李某甲的行为构成犯罪未遂,对被告人李某甲应该在十年以上有期徒刑幅度内量刑;第二种意见认为,被告人李某甲的行为构成故意杀人罪,但在行凶过程中,自动放弃犯罪,构成故意杀人(中止),且有自首情节,应该在三年以上十年以下有期徒刑幅度内量刑。

三、评析意见

刑法中犯罪中止的概念,是指在犯罪过程中,犯罪分子自动放弃犯罪或者自动有效地防止犯罪结果发生的行为状态。构成犯罪中止,必须具备三个条件,第一,必须是在犯罪过程中停止犯罪。所谓"犯罪过程",就是从犯罪预备开始到犯罪既遂以前的全过程。换言之,犯罪中止只能发生在犯罪预备、犯罪实行和实行终了以后犯罪结果发生之前的过程之中。犯罪既遂以后,就不可能再出现犯罪中止。第二,必须自动中止犯罪。所谓自动中止犯罪,是指犯罪分子出于自己的意志而放弃了当时可以进行下去的犯罪行为,即犯罪分子在认为自己有可能完成犯罪的情况下,基于个人的意愿而放弃犯罪行为的实行或者有效地防止犯罪结果发生的,才能认为是犯罪中止。反之,如果犯罪分子受到阻碍或者感到恐惧等原因认为自己已不可能完成犯罪时而被迫停止犯罪的,不成立犯罪中止。犯罪中止的动机是多种多样的,有的是出于真诚悔悟,有的是基于对被害人的怜悯,有的是害怕受到刑罚处罚等。动机如何,不影响犯罪中止的成立。第三,必须彻底放弃犯罪或者有效地防止犯罪结果的发生。所谓彻底放弃犯罪,是指犯罪分子打消了完成该种犯罪的念头而不再实施该种犯罪。否则,犯罪分子感到时机不成熟,暂时停止进行,等到适当时机再行实施,那就不是彻底放弃犯罪,属于犯罪被迫中断,不是犯罪中止。当然,彻底放弃犯罪,是就行为人已开始实施的犯罪而言的,不能理解为行为人今后不再实施任何犯罪。当犯罪人的行为处于犯罪预备或者实行阶段,只要彻底放弃犯罪即可以成立犯罪中止,但在行为已经实行终了、犯罪结果尚未发生的场合,行为人必须有效地防止了犯罪结果发生的,才能成立犯罪中止。所谓"有效",是指犯罪分子自动采取的措施确实防止了犯罪结果的发生。如果犯罪分子虽然采取了积极行动防止结果发生,但犯罪结果仍然发生了,或者犯罪结果没有发生不是由于行为人所采取的防止结果发生的行为所致,则仍不成立犯罪中止。"自动放弃犯罪"和"自动有效地防止犯罪结果发生",是犯罪中止的两种不同表现形式。

本案中被告人李某甲供述称："我伸手从炕上拿起菜刀，我用左手将李某丙推坐在沙发上，我站在他身前手拿着菜刀就向他头部猛砍，具体砍了多少刀我记不清了。我看李某丙不动了，他头靠在沙发上，流了很多血，我有些害怕了，我顺手将刀扔在了沙发和炕之间的垃圾桶处，我把当时穿的拖鞋给换下来，我走到当屋给我媳妇和我二儿子打电话，我告诉他们我杀人了。我打完电话李某丁就来了，我让他帮我拨通了派出所电话，我报警说自己杀人了，后我就到北门口等着，公安机关的人来了就把我带走了。"该供述得到了其妻子李某乙、邻居李某丁、儿子李某戊的证实。虽然被告人李某甲辩称其不是想杀死李某丙，且因看到血害怕停手并让邻居送人就医，但该辩解情况均未得到证实。

综合全案证据，被告人李某甲的辩解意见不成立，其行为不符合犯罪中止的法律构成。

1. 被告人李某甲不是自动放弃犯罪。被告人李某甲故意杀人的主观故意明确，客观上持刀往被害人李某丙的致命部位猛砍二十余刀，且力度极大，出血极多，其虽然因害怕不再继续砍被害人，但其已经看到被害人不动了，且其在将情况告知他人时均称自己杀了人，所以被害人李某丙未死的结果是因为被告人李某甲主观认知上出现偏差，并不是其主观上想放弃故意杀人犯罪。

2. 被告人李某甲不是自动有效地防止犯罪结果的发生。被告人李某甲实施了持刀砍杀被害人要害部位二十余刀的行为，因其不动了，李某甲才停手。被告人李某甲的杀人行为已经完成，在此犯罪阶段只有自动有效地防止结果的发生才成立中止。本案中，被害人未死亡的结果系因其妻子叫来邻居后，邻居等人送医救治及时的客观因素所致。李某甲在实施完杀人行为后虽然有给妻子、儿子打电话的行为，但其打电话的内容只是通知二人自己杀了人，并非让二人帮忙救治被害人，送被害人就医并非其主动积极追求而为之，而是听之任之，未加以阻止而已，故不能认定其自动有效地防止犯罪结果的发生。

综上，被告人李某甲的行为不符合犯罪中止的法律构成，被害人李某丙未死系出于其意志以外的原因而未得逞，系实施终了的未遂。

（河北省唐山市丰南区人民检察院　李志玲）

故意毁坏已经司法拍卖的房屋的行为如何定性

一、基本案情

位于唐山市路北区某小区的 2-405 号商品房原属于才某所有。才某因欠下张某借款本金 50 万元及利息逾期未偿还被诉至法院,法院判决才某在判决书生效后 10 天内偿还借款本金 50 万元及其利息。判决书确定的履行期限届满后,才某没有履行还款义务,张某遂申请人民法院强制执行。在执行过程中,法院对登记在才某名下、位于唐山市路北区某小区的 2-405 号商品房进行司法拍卖。2018 年 1 月 15 日,李某以 75 万元竞买成功。2 月 10 日,法院发出房屋腾空公告,责令被执行人在公告规定的期限内主动腾房迁出上述不动产。但在腾空房屋期间,才某雇佣他人将室内的木地板、铝合金门窗以及装修材料毁坏。经估价,被毁坏的装修物品价值 51200 元。

二、分歧意见

对于才某雇佣他人将室内的木地板、铝合金门窗以及装修材料毁坏的行为如何定性,存在以下三种不同的意见:

第一种意见认为,路北区某小区的 2-405 号商品房原属于才某所有,但是因法院强制执行,已经被拍卖,所有权已经发生转移,由竞买人李某所有。在这种情况下,才某雇请他人故意毁坏室内的木地板、铝合金门窗以及装修材料,符合故意毁坏财物罪的构成要件,构成故意毁坏财物罪。

第二种意见认为,路北区某小区的 2-405 号商品房原属于才某所有,但是该房屋被人民法院依法拍卖,在房屋转移竞买人李某占有之前,该房屋属于人民法院查封房屋。在这种情况下,才某雇请他人故意毁坏室内的木地板、铝合金门窗以及装修材料,侵犯的客体是人民法院的正常活动,客观上采取毁损自己财物的方式造成生效判决无法履行,符合拒不执行判决、裁定罪的构成要件，构成拒不执行判决、裁定罪。

第三种意见认为，才某雇请他人故意毁坏已经司法拍卖的房屋的行为侵犯了双重客体，既侵犯了人民法院的正常活动，又损害了他人的财产权益，一个行为触犯了两个罪名，系竞合犯，从一重罪处罚。

三、评析意见

笔者同意第三种意见，理由如下：

1. 才某的行为具有严重的社会危害性。在人民法院发出房屋腾空公告，责令被执行人在公告规定的期限内主动腾房期间，才某雇佣他人将室内的木地板、铝合金门窗以及装修材料毁坏的行为，一方面对抗人民法院强制执行，故意毁坏财物，导致人民法院强制执行难以具体实施，严重影响了人民法院的正常活动，具有严重的社会危害性；另一方面在房屋已经成功拍卖的情况下，才某对原属于自己的房屋的权能已经严重受限，该房屋虽然没有办理房屋过户登记手续，但才某实际上只能行使临时占有权，不能行使收益权、处分权，才某故意毁坏木地板、铝合金门窗以及装修材料，违法行使了财物处置权，严重侵害了竞买人的财产权利，因此，才某的行为具有严重的社会危害性。

2. 才某的行为同时符合故意毁坏财物罪和拒不执行判决、裁定罪的构成要件。从犯罪构成要件看，才某的行为不但符合故意毁坏财物罪的构成要件，而且符合拒不执行判决、裁定罪的构成要件。

(1) 才某的行为符合故意毁坏财物罪的构成要件。根据《刑法》第275条规定，故意毁坏财物罪，是指故意毁灭或者损坏公私财物，数额较大或者有其他严重情节的行为。从主体要件来看，该罪的主体是一般主体，才某符合一般主体的要件；从主观要件来看，才某毁坏财物的主观故意十分明显；从客体要件来看，李某以75万元竞买拍卖房屋并交清了购房款，房屋就等待实际交付，在这种情况下，才某毁坏房屋室内的财物，实际上侵害他人的财产权利；从客观方面来看，才某雇佣他人将室内的木地板、铝合金门窗以及装修材料毁坏，实施了故意毁坏他人财物的行为，且涉案财物价值达51200元。因此，才某的行为符合故意毁坏财物罪的构成要件。

(2) 才某的行为符合拒不执行判决、裁定罪的构成要件。根据《刑法》第313条规定，拒不执行判决、裁定罪是指对人民法院的判决、裁定有能力执行而拒不执行，情节严重的行为。从主体要件来看，才某系有义务执行判决、裁定的当事人；从客体方面来看，才某采取毁坏财物的方式对抗强制执行，损害了人民法院的正常执法办案活动；从主观方面来看，才某明知人民法院判决其偿还借款本息的判决书已经生效,而故意采取毁坏财物的方式抗拒执行;从客观方面来看,才某有房屋可供人民法院强制执行,但是才某雇佣他人将室内的木地板、铝合金门窗以及装修材料毁坏,根据最高人民法院《关于审理拒不执行判决、裁定案件具体应用法律若干问题的解释》第3条规定,"负有执行人民法院判决、裁定义务的人具有下列情形之一的,应当认定为拒不执行人民法院判决、裁定的行为'情节严重':(一)在人民法院发出执行通知以后,隐藏、转移、变卖、毁损已被依法查封、扣押或者已被清点并责令其保管的财产,转移已被冻结的财产,致使判决、裁定无法执行的……"可以认定才某有能力执行而拒不执行人民法院判决。因此,才某的行为符合拒不执行判决、裁定罪的构成要件。

3. 只有从一重罪处罚才能做到罪责刑相适应。故意毁坏已司法拍卖的房屋的行为同时触犯两个罪名,属于竞合犯,应当从一重罪处罚。根据《刑法》第275条规定:"故意毁坏公私财物,数额较大或者有其他严重情节的,判处三年以下有期徒刑、拘役或者罚金。故意毁坏公私财物,数额巨大或者有其他特别严重情节的,判处三年以上七年以下有期徒刑。"第313条规定,"对人民法院的判决、裁定有能力执行而拒不执行,情节严重的,处三年以下有期徒刑、拘役或者罚金"。因故意毁坏财物罪是数额犯,只有毁坏财物的数额达到一定额度才能构成犯罪,如果一律以故意毁坏财物罪定罪,那么毁坏财物的数额没有达到刑事立案起点1万元的情形,将不能进行刑事追究,显然不利于维护人民法院的正常活动;而拒不执行判决、裁定罪是行为犯,在毁坏的财物数额没有达到故意毁坏财物罪刑事立案标准的情况下,以拒不执行判决、裁定罪追诉,有利于维护司法权威,但是拒不执行判决、裁定罪的最高刑期是三年有期徒刑,如果毁坏的财物价值数额特别巨大,仍以拒不执行判决、裁定罪追诉,最高刑期只有三年,刑罚明显过轻;只有按照故意毁坏财物罪定罪,故意毁坏公私财物数额巨大或者有其他特别严重情节的,判处三年以上七年以下有期徒刑,达到了罪责刑相适应的目标。

(河北省唐山市路北区人民检察院 刘树利)

规劝同案犯自首可否认定为立功

一、基本案情

被告人张某某在担任某市政府领导期间,利用职务上的便利,多次收受贿赂共计300余万元,于某日向司法机关投案自首,并被采取监视居住强制措施。随后,张某某通过电话规劝曾经收受贿赂的邻某某投案自首,邻某某在张某某的规劝下主动到司法机关投案并如实供述了受贿400余万元的犯罪事实。

二、分歧意见

第一种意见认为,我国刑法及相关司法解释没有明确规定,规劝同案犯自首的情形属于立功,因此张某某的行为不构成立功,但可以作为酌定从轻的情节在量刑时予以考虑。

第二种意见则认为,张某某的规劝行为与同案犯邻某某的自首行为之间有直接的因果关系,在这个基础之上,张某某规劝同案犯自首,符合我国刑法设立立功制度的本意,应当认定为"协助抓捕其他犯罪嫌疑人(包括同案犯)",构成立功。

三、评析意见

笔者同意第二种意见,理由是:

1. 根据《刑法》第68条的规定,立功是指犯罪分子揭发他人的犯罪行为,查证属实,或者提供重要线索,从而得以侦破其他案件的行为。根据最高人民法院《关于处理自首和立功若干具体应用法律若干问题的解释》(以下简称《解释》)规定,犯罪分子到案后有检举、揭发他人犯罪行为,包括协助司法机关抓捕其他的犯罪嫌疑人(包括同案犯),应当认定为有立功表现。最高人民法院《关于处理自首和立功若干具体问题的意见》（以下简称《意见》）对"协助司法机关抓捕其他犯罪嫌疑人（包括同案犯）"的情形明确规定了四种：（1）按照司法机关的安排，以打电话、发信息等方式将其他犯罪嫌疑人（包括同案犯）约至指定地点的；（2）按照司法机关的安排，当场指认、辨认其他犯罪嫌疑人（包括同案犯）的；（3）带领侦查人员抓获其他犯罪嫌疑人（包括同案犯）的；（4）提供司法机关尚未掌握的其他案件犯罪嫌疑人的联络方式、藏匿地址的；等等。法律虽然没有明确的规定，规劝同案犯自首属于立功的情形之一，但我国的刑法设立立功制度的本意是鼓励犯罪分子揭发他人的犯罪行为或者帮助司法机关使得其他犯罪嫌疑人及时归案，以此来体现打击犯罪的及时性、有效性，最终有利于国家、社会和人民群众的利益。本案中，被告人张某某规劝邰某某自首的行为与《意见》中所规定的"协助抓捕其他犯罪嫌疑人（包括同案犯）"的四种情形相比，邰某某在不需要司法机关抓捕的情况下主动归案，既减少了案件在侦查、抓捕方面的投入，又起到了及时打击犯罪和提高司法效率的作用，张某某的行为符合我国刑法设置立功制度的本意。

2. 通过《意见》规定的"协助抓捕其他犯罪嫌疑人（包括同案犯）"的四种情形来看《解释》中"协助抓捕其他犯罪嫌疑人（包括同案犯）"中的"协助"与"抓捕"。"协助"并非只是指犯罪分子归案后被动的协助行为，而是应当理解为既有协助的必要，又有协助的行为，且该协助行为对抓捕同案犯起到了重要的作用，因此，主动规劝同案犯投案的行为应在"协助"范围之内。同样，"抓捕"也并非仅指"司法机关主动抓捕""带领司法机关抓捕"等具体的抓捕方式，而应当强调《意见》所列举的四种情形所指向的"抓捕"的结果，即"归案"。本案中，被告人张某某规劝邰某某之前，邰某某并没有主动投案的意思，张某某的规劝行为说服了被规劝的邰某某，也就是说张某某的规劝行为与邰某某的自首行为具有直接因果关系，在此基础上，结合刑法举重明轻的原则，规劝同案犯自首不仅得到了同案犯"归案"的结果，而且相对于将其他犯罪嫌疑人（包括同案犯）约至指定地点等方式而言，规劝同案犯自首是最好的"归案"方式。

综上，规劝同案犯自首的行为应当视为"协助抓捕其他犯罪嫌疑人（包括同案犯）"，应当认定为有立功表现。

（河北省唐山市古冶区人民检察院　郑　银）

两人互撕中第三人劝架导致一人受伤是否构成犯罪

一、基本案情

2019年1月3日8时许，犯罪嫌疑人常某某（16岁）与朋友张某某（女，16岁）乘坐7路公交车。二人上车后，犯罪嫌疑人常某某用手机买票，张某某往车后方走，找到了座位，并给常某某占了个座位。因为车上人多，常某某一直走不到车的后方。被害人谷某某想坐在张某某占的座位上，张某某不让，二人发生口角，并互相抓着对方头发撕扯在一起。犯罪嫌疑人常某某挤到车后方时，看见张某某和谷某某互相撕扯在一起，便上前劝架，拉二人的胳膊没有拉开。常某某便用手拉谷某某的肩膀，想将其拉开。谷某某感觉座位下的腿疼，就松开了抓张某某头发的手，张某某也松开了手，谷某某顺势倒地。经鉴定，谷某某伤为右腓骨中上1/3处斜形骨折（完全性），属轻伤二级。

公安机关以常某某涉嫌故意伤害罪向检察院提请批准逮捕。

二、分析意见

在本案的审查过程中，对常某某应犯何罪存在三种不同意见：

第一种意见认为，常某某的行为构成故意伤害罪。理由是：犯罪嫌疑人常某某明知自己拉谷某某的行为会造成伤害的后果，并对此后果采取了放任的态度，而实际上也确实造成了被害人谷某某轻伤的后果，故其行为属于间接故意伤害行为，应当以故意伤害罪定性。

第二种意见认为，常某某的行为不构成犯罪。理由是：常某某的行为属于疏忽大意的过失，其虽然有拉谷某某的行为，但主观上是为了拉开谷某某、张某某，而不是想伤害谷某某。且谷某某的伤情系轻伤，所以常某某的行为不构成犯罪。

第三种意见认为，该案属于意外事件，犯罪嫌疑人常某某不构成犯罪，无须承担刑事责任。理由是：犯罪嫌疑人常某某在主观上不能预见拉谷某某的轻微暴力会造成谷某某的轻伤后果。

三、评析意见

本案的争议焦点主要在于常某某是否有故意伤害的主观故意。笔者认为，常某某的行为是过失行为，不构成犯罪。理由如下：

1. 犯罪嫌疑人常某某的行为不构成故意伤害罪。故意伤害罪与过失犯罪最大的区别在于行为人主观上是否存在伤害的故意。我国《刑法》第14条规定："明知自己的行为会发生危害社会的结果，并且希望或者放任这种结果的发生，因而构成犯罪的，是故意犯罪。故意伤害罪，应当负法律责任。"由此可见，犯罪的故意包括认识因素（明知）与意志因素（希望或放任），即使行为人是间接故意的心态，也必须对危害结果存在明知的认识。同时，这种危害后果的发生，与行为人的意志（希望或放任）是一致的、不相违背的。而过失犯罪不要求行为人明知后果的发生，且危害后果的发生并不是行为人所希望或放任的。

本案中，被害人谷某某最终是腿部（靠近脚腕处）骨折。犯罪嫌疑人常某某事前并没有与被害人谷某某发生争执，只是看到朋友张某某与谷某某互相撕扯头发，便上前拉二人胳膊想将二人分开。在没有分开的情况下，常某某才采取拉谷某某肩膀部位的轻微伤害行为。这种拉拽的轻微伤害行为，通常情况下并不足以对被害人造成伤害后果。本案中，常某某的轻微伤害行为受力部位是肩膀，与被害人谷某某受伤部位（脚腕处）不同，不是拉拽行为直接导致的。谷某某脚腕处受伤的后果有一定偶然性，要结合当时公交车上座位环境、谷某某的坐姿、张某某的行为等情况综合考虑。

同时，笔者认为殴打故意不能等同于伤害故意。行为人的主观目的，是外人无法确定的，但是可能通过考察案发的起因、殴打工具、殴打部位、殴打力度和有无其他介入因素等方面来推定行为人的主观目的，即通过客观行为推定主观故意。比如殴打工具，如果采用了刀、棍棒等凶器进行打击，那么就可以直接认定行为人有伤害的主观故意；又如殴打的部位，如果打击的是头部、心脏处等要害部位，则可以认定为有伤害的主观故意；如殴打的力度，如果只是简单的推搡、拉拽等轻微暴力行为，一般可以认定为只有殴打故意。但如果持续时间长，或者在楼梯口、道路旁等危险位置进行殴打，也可以认定行为人有伤害的主观故意；又或者身高体壮的青年人殴打老弱病残幼等，两方力量悬殊大，也可以认定行为人有伤害的主观故意。

结合本案，犯罪嫌疑人常某某只有简单的拉拽一个动作，没有其他殴打行为；拉拽的部位为肩膀，并不是要害部位；没有使用作案工具；拉拽的行为持续时间短，只是一个动作的瞬间；犯罪嫌疑人常某某与被害人谷某某之间没有明显的矛盾，没有争执；犯罪嫌疑人常某某虽然为男性，但其是未成年人，被害人是成年女性，力量没有明显的悬殊。综上，犯罪嫌疑人常某某如果有主观故意，也仅仅是殴打的故意，而不是伤害的故意。

2. 犯罪嫌疑人常某某的行为构成过失犯罪。《刑法》第15条规定："应当预见自己的行为可能发生危害社会的结果，因为疏忽大意而没有预见，或者已经预见而轻信能够避免，以致发生这种结果的，是过失犯罪。过失犯罪，法律有规定的才负刑事责任。"刑法理论上一般将过失区分为疏忽大意的过失和过于自信的过失。在实践中，过于自信的过失与故意犯罪中的间接故意很容易混淆。因为过于自信的过失和间接故意都预见了危害后果，只不过对于结果的发生，在间接故意中行为人是放任态度，在过于自信的过失中是行为人轻信能够避免；而疏忽大意过失又区分于过于自信过失和间接故意，它是应该预见危害后果但没有预见，即疏忽大意过失根本就没有预见到危害后果会发生，更不要说是追求或放任危害结果的态度了。同时，危害结果发生的概率在间接故意中是必然发生的，在过失中则是可能发生的。

本案犯罪嫌疑人常某某所持有的主观罪过系疏忽大意的过失。谷某某脚腕处轻伤的损害后果并不是常某某所希望或放任发生的。但结合案发当时的环境、张某某的行为，犯罪嫌疑人常某某应当预见到在狭小的空间内，在谷某某和张某某还互相撕扯在一起的情况下，其作为年轻力壮的青年，拉拽行为可能会造成一定的后果，但由于本人的疏忽大意而没有预见，最终导致危害结果的发生。因此，犯罪嫌疑人常某某的行为是过失犯罪，鉴于被害人是轻伤，刑法规定过失致人重伤才需要承担刑事责任，故犯罪嫌疑人常某某的行为不构成犯罪。

3. 本案不属于意外事件。意外事件，既不是出于故意，也不存在主观上的过失，而是由于不能预见的原因所引起的，以致发生危害结果。可见，意外事件要求行为既无故意，也无过失。

本案中，犯罪嫌疑人常某某有轻微伤害行为，并且应该预见到自己的行为可能会发生危害后果，不论是肩膀处还是身体其他部位的伤害后果，但由于疏忽大意而未能预见，并是该结果是可能预见的。因此，该案不属于意外事件。

综上，司法实践中间接故意与过失犯罪、意外事件之间存在争议，但是，如果只是简单以"结果"论，容易发生刑罚轻重与行为人客观行为不相适应情形，违背了"罪责刑相适应原则"。只有全面考量行为人的行为是否符合犯罪构成要件，准确把握行为人的心理状态才能做到既不放纵犯罪又能够保护行为人的合法权利。

(河北省唐山市路北区人民检察院　孙　爽)

利用"入户"窃得的车钥匙盗窃"户外"电动车的行为应定何罪

一、基本案情

2012年1月至2017年7月，吴某某因三次盗窃被判刑。2017年10月15日14时许，吴某某回家上楼经过邻居刘某某家门时，发现房门未关，遂产生盗窃念头，进入刘某某家，趁其熟睡之机盗窃电动车钥匙一把、一字螺丝刀一把，并用窃得的车钥匙在楼下试开车辆，在打开电动车的电门锁后，因认为当时盗窃电动车易被发现，遂先行离开。当日21时许，吴某某再次到楼下，使用窃得的车钥匙将电动车偷走。经鉴定，涉案螺丝刀价值人民币2元，电动车价值人民币1800元。

二、分歧意见

本案中，吴某某的行为无疑构成盗窃罪，但对其利用"入户"盗窃的车钥匙盗窃"户外"电动车的行为是否属于"入户盗窃"，存在不同意见。

第一种意见认为，吴某某"入户"盗窃钥匙的目的是盗窃"户"外的电动车，两者系一行为的两个阶段。车钥匙作为控制和使用电动车的载体，"入户"盗窃车钥匙的行为在整个盗窃行为中起决定性作用，故吴某某在户外窃取电动车的价值应计入"入户"盗窃数额，整体行为属于"入户盗窃"。理由如下：

利用"入户"盗窃的车钥匙盗窃"户外"电动车的行为是一次盗窃行为。刑法意义上的一行为，应是符合具体犯罪构成要件的一系列动作表示，需要结合各行为要素综合评判。

首先，吴某某的前后行为虽然存在明显间隔，但其犯罪意图中盗窃的目的是明确的，即窃取户外的电动车，盗窃车钥匙在其认知上只是行为的一部分而非一个独立或者完整形态。

其次，本案前后行为虽有时间间隔，却始终未被客观事实所阻断，如"入户"行为被发现后电动车防护措施出现变化，或者放置位置有重大变化等。吴某某试开电动车后暂时离开的行为，非被迫因客观行为而中断，而系其为安全起见所作出的分步实施行为。因此，不能仅因为前后行为存在间隔即认为系两次行为。

最后，从行为对象角度来看，前后行为具有统一性。吴某某盗窃车钥匙也并非为了车钥匙自身微薄的客观价值，盗窃车钥匙的行为无法独立构成犯罪，进而被评价为单独的盗窃行为。总之，应从前后行为的整体性角度分析是否为一行为，而非仅从车钥匙的客观价值角度评价"入户"行为的构成要件符合性。这类似于"两高"《关于办理盗窃刑事案件适用法律若干问题的解释》第5条规定的在盗窃记名的有价权利凭证的案件中，以兑现数额计算犯罪数额的认定方法，即立足于最终对象财物价值，而非权利凭证自身的客观价值。

第二种意见认为，吴某某室外盗窃电动车的行为，不属于"入户"盗窃。理由如下：

首先，本案中吴某某当日14时入户盗得电动车钥匙，当日21时盗得户外的电动车，两次盗窃行为存在明显时间间隔。认定本案中的两次盗窃行为是刑法意义上的一次盗窃行为，违背了常识。所谓刑法意义上的一次盗窃行为，是指盗窃的主观故意及盗窃的客观行为同时存在（主客观相统一）的持续过程，不可能存在明显的时间空间间隔（相对于行为人及其作案手段而言）。本案吴某某有足够的时间去搞其他活动，盗窃的主观故意及客观行为毫无疑问是间断的。前述理由中所谓前后两次盗窃行为未被客观事实所阻断牵强附会。至于类比"两高"《关于办理盗窃刑事案件适用法律若干问题的解释》第5条盗窃记名的有价权利凭证的情形，更是不具有可比性。记名的有价凭证本身就是权利凭证，可以兑现，本案的车钥匙不属于权利凭证，不存在兑现的可能性。

其次，电动车钥匙不属于财物，控制了钥匙根本不代表控制或者占有了与钥匙关联的电动车。现实中，财物本身是否在户内与权利人是否在户内具有财产权并非完全重合，如权利人通过占有户内的有价支付凭证等物品，进而可以对别处的关联财物实现控制。既然财物可以通过形式占有实现控制，那么窃取户内形式占有载体的行为就已经侵犯了权利人对关联财物的控制。无论实际在何处获取关联财物，对财产权的侵犯在"入户盗窃"时已经发生。这种论证背离了客观事实。例如盗窃信用卡去自动取款机上取款，盗窃信用卡只是控制了信用卡，并没有对信用卡中的存款实现控制。只有当行为人在柜员机上冒用被害人的信用卡取出存款，才真正实现了对被害人财物的实际控制。这种盗窃信用卡并使用的行为，法律拟制规定为盗窃行为。事实上存在盗窃信用卡的行为和冒用他人信用卡两个行为。本案中吴某某户内盗得电动车钥匙，形式上既没有占有户外的电动车，也没有实质上控制电动车。因此，入户盗得车钥匙后，对室外放置的关联财物电动车的侵犯就已经发生的论断，属于主观臆测。

最后，对于盗窃电动车而言，有没有钥匙不是必要条件。更为重要的是，使用钥匙启动了电动车，只要不移动位置，电动车仍然属于车主所控制的（观念控制）范围。唯有实施了骑走电动车的盗窃行为，行为人才真正控制了电动车。

三、评析意见

笔者同意第一种意见，理由如下：

1. 作为盗窃对象的"财物"概念，其内涵已经发生变化：凡是具有一定客观价值或者使用价值的财物，原则上都可以成为财产犯罪的行为对象，如信用卡、存折、钥匙等物品。与客观价值的客观性和普遍认同不同，使用价值只有在使用中才能体现，静态的使用价值，如未使用的信用卡，尚不足以使物品直接成为"财物"。而物品的使用过程又多表现为对其他关联财物的占有和控制，所以正是物品经使用后所达到的占有关联财物的结果，实现了其使用价值，进而才使其成为"财物"。此时，具有使用价值的物品和关联财物共同构成了一个整体性的财产权益。权利人通过直接占有财物体现所有权时，财物和财产权的存在空间是一致的，而通过控制具有使用价值的物品占有关联财物时（形式占有），财物和部分财产权益可能会存在地点分离。

2. 客观行为要结合需要保护的法益才能判断。"入户"盗窃保护的法益是住宅安宁权及住宅内的财产权，因此，只要行为已同时侵犯了两种法益，就应当符合"入户"盗窃的客观行为要求。

3. 从司法效果来看。"入户"盗窃和"数额较大"类盗窃的构成要件不同，如果坚持"入户盗窃"需在户内获取财物的标准，如本案的情形，就会出现要么类似前两种观点强行割裂一行为、分开评价的情形，要么因"户外"财物价值不足，不以盗窃罪论的情形。这些做法或者不符合客观事实，或者徒增法律漏洞，达不到良好的司法效果。

4. 实践中也要注意，并非所有与别处财物具有联系的物品都是形式占有的载体，需要综合考量以下因素：一是联系的直接性。载体的使用价值应当直接体现财产性，反之不然。二是联系的必要性。三是联系的效用性。在获取财物未必一定要通过载体的场合，如窃取户外的车辆并非一定要获取车钥匙等，需要考虑联系的效用性。就社会认知而言，车辆之所以能够安心放置在"户"外公共场所，是因为可以解锁并驱动车辆的钥匙已经被权利人安全控制在"户"内，一旦获得了钥匙，就意味着可以相对轻易地在"户"外实现对车辆的控制，即整体行为中，获取钥匙的行为较启动车辆的行为更为重要，据此，车钥匙应视为载体。

（河北省唐山市路北区人民检察院　赵　娜）

马因受惊撞死他人，所有人是否承担刑事责任

一、基本案情

贾某曾养过马，其看到有其他马夫在某景区（非封闭式管理，夏季游客众多）街道内牵马供游客骑乘赚钱，遂于2017年7月，在未经相关部门许可的情况下，也牵着新买不久未受过专业训练的马匹（贾某认为该马老实）经营该项目一个月余。景区管理人员出于安全和卫生考虑不让开展此类项目，曾多次口头禁止贾某及其他马夫。案发当日下午6时许，贾某所牵马匹在供游客骑乘时忽然受惊，贾某未能将马匹有效控制住，马脱缰后在游客众多的景区街道内乱窜，撞伤多名游客，游客刘某某被撞倒在地后头部受伤出血，送医院抢救无效后死亡。受惊的马匹最后是被另一马夫张某牵住制服才没继续冲撞更多人。贾某供述中承认"马受惊的话，游客肯定会受伤挺严重的"。

二、分歧意见

第一种意见认为，马受惊后撞人致死系意外事件。因贾某主观上不能预见马作为动物会何时会受惊，这是个概率性事件，而被害人死亡的结果是"马"作为动物的冲撞造成的，并非贾某本人造成的，贾某的行为不构成犯罪。

第二种意见认为，贾某应当预见马受惊后所带来的危险，但因疏忽大意没有预见，最后造成马受惊撞人致死的结果。贾某的行为与被害人死亡结果之间存在刑法上的因果关系，贾某构成过失致人死亡罪。

第三种意见认为，贾某构成过失致人死亡罪，但不属于疏忽大意的过失，属于过于自信的过失，即贾某能够预见马这种动物有受惊的风险，在景区牵马供人骑乘存在危险性，但因认为该马老实，自己也养过马，因此过于轻信该危险能够避免。

三、评析意见

笔者同意第三种意见,理由如下:

《刑法》第15条第1款规定:"应当预见自己的行为可能发生危害社会的结果,因为疏忽大意而没有预见,或者已经预见而轻信能够避免,以致发生这种结果的,是过失犯罪。"因此,应当预见是过失犯罪的前提,所谓应当预见包含两层含义:一是预见义务;二是预见能力。究竟是意外事件还是过失致人死亡,关键在于犯罪嫌疑人是否有预见能力和预见义务。

1. 预见能力既不能以一般人的认识能力来完全代替行为人的认识能力,也不能完全以他本人的标准来说明其预见能力。必须以行为人本人所属的"一般人"为素材,本案中犯罪嫌疑人贾某作为一名养过马的人,能够知道马这种动物有"受惊"的可能性,而且其也明知马受惊的表现是狂奔、不受控制,而不受控制的马在人员密集的区域横冲直撞,就会伤害到人。贾某的供述亦承认"马受惊的话,游客肯定会受伤挺严重的"。这说明其能预见到不受控的马会对游客造成伤害,况且这匹马还是贾某从外地买回来一个月左右的新马。因此,贾某只是感觉该马老实,但并不完全了解该马的习性。

2. 对于预见的判断标准应该是在景区从事该行为是否对游客有危险,而不是偷换概念,以贾某能否预测该马作为动物具体什么时间受惊为标准。景区的管理人员出于安全多次口头禁止,也说明一般人都能预见到在人员密集的景区内让游客骑马是有安全隐患的。而贾某也不是第一天在景区通过让游人骑马赚钱,其明知景区内夏天游人很多,也明知本案中的环境是一种特殊的环境:人多、不可控因素也多,马被惊扰之后损害后果也大。可贾某没有听从管理,违背了景区禁止义务。有景区管理规定,亦有工作人员口头劝说,是否张贴告示并不是贾某免责的事由。

3. 贾某能够预见经营该行业有风险,却轻信能够避免,一是对自己的能力过于自信;二是对马的习性过于自信,其认为即使没有受过专业训练的马,自己有过养马经验,也有能力控制。事实却证明贾某在马受惊时并不能将其有效控制,受惊的马狂奔并冲撞人群,被害人因被马碰撞致头部受伤,抢救无效死亡。由此可见,贾某并不具备控制马的能力,他高估了自己的能力。贾某擅自在人员密集的景区内经营骑马项目正是基于其过于自信,而贾某的行为与被害人死亡结果之间存在刑法上的因果关系,因此笔者认为本案中贾某是过于自信的过失,而非意外事件和疏忽大意的过失。

(河北省滦州市人民检察院 霍芳芳)

冒充买家删除差评的行为如何定性

一、基本案情

2017年5月至2018年2月，李某某在工作单位及自己家中，单独或伙同他人通过聊天软件联系需要修改中差评的某购物网站卖家，并从黄某等处购买发表中差评的该购物网站买家信息5800多条。李某某冒用买家身份，骗取购物网站客服审核通过后重置账号密码，登录购物网站内部评价系统，删改买家的中差评1537个，获利12万余元。

二、分歧意见

对于李某某的行为应当如何定性，存在以下三种不同意见：

第一种意见认为，李某某冒用购物网站买家身份进入网站内部评价系统删改购物评价，属于对计算机信息系统内存储数据进行修改操作，应当构成破坏计算机信息系统罪。理由是：购物网站评价系统是对店铺销量、买家评价等多方面因素进行综合计算分值的系统，其内部储存的数据直接影响到搜索流量分配、推荐排名、营销活动报名资格、同类商品在消费者购买比较时的公平性等。买家在购买商品后，根据用户体验对所购商品分别给出好评、中评、差评三种不同评价。所有的评价都是以数据形式存储于买家评价系统之中，成为整个购物网站计算机信息系统整体数据的重要组成部分。侵入评价系统删改购物评价，其实质是对计算机信息系统内存储的数据进行删除、修改操作的行为。这种行为危害到计算机信息系统数据采集和流量分配体系运行，使网站注册商户及其商品、服务的搜索受到影响，导致网站商品、服务评价功能无法正常运作，侵害了购物网站所属公司的信息系统安全和消费者的知情权。行为人因删除、修改某购物网站中差评数据违法所得25000元以上，构成破坏计算机信息系统罪，属于"后果特别严重"的情形，应当依法判处五年以上有期徒刑。

第二种意见认为，李某某的行为仅符合非法侵犯公民个人信息罪的构成要件，不构成破坏计算机信息系统罪。理由是：本案中，李某某利用非法获取的公民个人信息，冒用买家身份，骗取购物网站客服审核通过后重置账号密码，以买家身份登录该购物网站内部评价系统，删改买家的中差评1537个，非法获利12万余元。其中，关键是删改了中差评。这个中差评，本身是注册客户购物后给予所购商品及其商家服务作出的评价，属于购物网站中的原始数据，且属于购物客户本人按规则允许删除、修改的数据。此类原始数据删除、修改，对于购物网站内部的评价系统的正常运行而言，是不可能产生"后果严重"结果的。买家删改自己购物的中差评数据，对被删改了中差评的卖家而言有利，能够直接影响到他们的网店的搜索流量分配、推荐排名、营销活动报名资格、同类商品在消费者购买比较时的公平性等。不过，需要强调的是，删改中差评数据，直接影响花钱删改中差评的卖家自己，不直接影响其他卖家。例如，原本没有中差评的卖家而言，他们仍然是没有中差评的卖家。现在的情况是，有少数本来有中差评的卖家，通过花钱删改了中差评，也进入了没有中差评的卖家行列而已。花钱删改中差评，就是为了使自己网上商铺商业信誉和商品声誉显得完美无缺而已。这种情形，并没有造成"后果严重"结果，故李某某的行为不可能符合《刑法》第286条第2款规定，不构成破坏计算机信息系统罪。李某某非法获取公民个人信息5800多条，符合《刑法》第253条之一的规定，构成侵犯公民个人信息罪。

第三种意见认为，李某某违反国家规定，以营利为目的，通过信息网络为购物网站某卖家有偿提供删除信息服务，扰乱市场秩序，违法所得12万余元，根据最高人民法院、最高人民检察院《关于办理利用信息网络实施诽谤等刑事案件适用法律若干问题的解释》第7条规定，构成非法经营罪，属于"情节特别严重"情形。同时，李某某的行为触犯了侵犯公民个人信息罪。本案中，李某某出于非法经营一个犯罪目的，实施了侵犯公民个人信息和非法经营两个犯罪行为，两个行为之间存在手段与目的牵连关系，分别触犯侵犯公民个人信息罪和非法经营罪，属于牵连犯。对于牵连犯，除我国刑法已有规定的外，从一重罪论，应当以非法经营罪定罪处罚。

三、评析意见

笔者同意第三种意见，理由如下：

根据《刑法》第286条规定，破坏计算机信息系统罪是指违反国家规定，对计算机信息系统功能或计算机信息系统中存储、处理或者传输的数据和应用程序进行破坏，或者故意制作、传播计算机病毒等破坏性程序，影响计算机系统正常运行，后果严重的行为。司法实践中，大多数破坏计算机信息系统罪案件的行为方式是违反国家规定，对计算机信息系统中存储、处理或者传输的数据和应用程序进行删除、修改、增加的操作。有法律人士认为，《刑法》第286条第2款中的"存储数据"被修改，后果严重的情形，特指计算机信息系统中存储的数据，一旦被修改，将导致计算机信息系统产生"后果严重"的结果，换言之，虽然数据被修改，但信息系统能正常运行的话，就不构成破坏计算机信息系统罪。在已有的司法判例中，上述观点没有获得支持。但笔者认为上述观点的存在具有合理性。为了便于理解，笔者将对案情进行修改，大家就一目了然了。假设李某某受雇愿意花钱删改中差评的卖家，然后逐个找到作出中差评的买家本人，通过游说和给付钱款的方式，让买家本人把自己购物后所作的中差评全部删改了，修改成为好评，我们还认为李某某构成破坏计算机信息系统罪吗？假设本案被删改的1537个中差评，涉及的买家只有一名买家或者数名买家，你能说买家本人构成破坏计算机信息系统罪吗？这种方式不构成破坏计算机信息系统罪，本案李某某的行为同样构不成此罪。即计算机中存储的数据，并不是所有的数据被删改了都构成破坏计算机信息系统罪的。

根据《刑法》第253条之一规定，侵犯公民个人信息罪是指违反国家有关规定，向他人提供（包括出售）公民个人信息或者非法获取（包括窃取）公民个人信息的行为。本案中，李某某违反国家有关规定，通过购买方式获取公民个人信息5800多条，违法所得12万余元，根据最高人民法院、最高人民检察院《关于办理侵犯公民个人信息刑事案件适用法律若干问题的解释》第5条第2款第3项，构成侵犯公民个人信息罪，属于"情节特别严重"，应处三年以上七年以下有期徒刑，并处罚金。

根据《刑法》第225条规定，非法经营罪，是指未经许可经营专营、专卖物品或其他限制买卖的物品，买卖进出口许可证、进出口原产地证明以及其他法律、行政法规规定的经营许可证或者批准文件，以及从事其他非法经营活动，扰乱市场秩序，情节严重的行为。本案中，李某某违反国家规定，以营利为目的，通过信息网络为购物网站卖家有偿提供删改信息服务，扰乱市场秩序，违法所得12万余元，情节特别严重，应处五年以上有期徒刑，并处违法所得一倍以上五倍以下罚金或者没收财产。鉴于非法经营罪的法定刑高于侵犯公民个人信息罪的法定刑，从一重罪处断，应当对李某某的行为以非法经营罪定罪处罚。

（河北省唐山市路北区人民检察院　赵　娜）

为索取债务非法拘禁他人行为中"作为义务"如何认定

一、基本案情

2015年12月28日晚,常某驾车载付某、王某甲、褚某去吃饭途中偶然遇到王某乙,王某乙欠常某岳母张某某90余万元未还且长期避而不见,于是常某、王某甲、付某下车将王某乙强行带至车上,并带至张某某家中。当晚12时许,常某、付某、王某甲、褚某将王某乙铐在张某某家东屋暖气管上,当时张某某不在场。当晚常某、付某在此处居住,张某某、王某甲、褚某未在此处居住。2015年12月29日早,付某通知法院工作人员到场向王某乙送达传票时,法院工作人员发现王某乙被铐,遂报警。

二、分歧意见

本案中,常某、付某、王某甲、褚某因索取债务限制王某乙人身自由,并且使用了戒具,涉嫌非法拘禁罪。其中,常某曾因故意犯罪,具有社会危险性被批准逮捕;付某、王某甲、褚某被取保候审。

对于常某的岳母张某某是否构成共犯,有以下两种不同意见:

第一种意见认为,常某等人的索债行为是因为张某某与王某乙之间的债权债务纠纷,且非法拘禁王某乙的地点在张某某家中,张某某对于常某等人将王某乙带至其家的情况是知情的,张某某作为该处房屋的所有人,对于常某等人的行为有阻止义务但未阻止,综上,张某某涉嫌非法拘禁罪。

第二种意见认为,成立共犯需要有明示或者默示的犯意联络,虽然该笔债权的债权人是张某某,但是没有相关证据证明张某某与常某等人有明示或默示的犯意联络,所以非法拘禁的故意无法确定。同时,该房屋虽然为张某某所有,但是其排除现实危险的义务不具有排他性,所以不能将张某某未阻止的行为认定是其涉嫌非法拘禁罪的实行行为。

三、评析意见

笔者同意第二种意见，理由如下：

1. 根据证据，张某某若成立共犯，则应讨论其是否属于"承继的共犯"或"事中的共犯"，因为张某某并未参与先前的策划或者实施非法拘禁行为。笔者认为，本罪是典型的持续犯，那些中途加入其中，帮忙送水送饭（明知他人实施了非法拘禁行为）或者替其他行为人看守被害人的，应视为是非法拘禁行为的延续或者提供帮助的行为。这些中途加入者就应与其他行为人一起构成本罪的共犯。

但在本案中，张某某对被害人王某乙只是提出要求其还债，并且在常某等人拘禁王某乙之前离开，笔者认为，张某某后续的索债取钱行为并不直接侵犯被害人的人身自由，无须追究责任。

2. 根据现行刑法理论，法益的危险发生在行为人支配的领域时，行为人具有实质的法义务。但是，在这种场合，只有该领域的支配者可以排除危险时（具有排他性），才能要求该领域的支配者履行义务，这种排他性的支配，既不排除同时犯，也不排除共犯。在本案中，该处房屋虽然为张某某所有，但常某、付某、王某甲、褚某都是具有完全刑事责任能力的成年人，并不是只有张某某可以排除王某乙被非法拘禁的危险，因此，虽然其是该处房屋的房主，但是其并不单独具有排除危险的义务。

该案中，张某某对于王某乙被非法拘禁没有实质的作为行为，而其是否因为是房屋主人和债权人应当承担责任，主要矛盾集中在对其所有的房屋内发生的非法拘禁行为是否有阻止义务，这一问题在学界观点不尽相同，目前流行的"作为义务的实质说"，阐明了司法实务上惩罚不作为犯的实质根据，使得司法活动的结论具有相对合理性，但是这也只是一种学说而已。

常某被唐山市古冶区人民检察院依法批准逮捕，但未对张某某进行立案监督。

（河北省唐山市古冶区人民检察院　付宁宇飞）

抢劫过程中实施强制猥亵妇女的行为构成一罪还是数罪

一、基本案情

2018年3月，被告人郭某某因经济拮据而萌生抢钱的想法。同月17日18时许，被告人郭某某在唐山市路北区长宁桥上寻找作案目标。当日21时30分许，被告人郭某某尾随被害人何某至长宁桥北侧河边小路上，其从后方捂住何某嘴巴，并用手拉何某背包但未能得手。被告人郭某某又转而强行抚摸何某的胸部和下身，并持续一定时间。何某对此实施了一定反抗行为，并为保护自己而顺势蹲在地上，其背包也掉落在地。被告人郭某某在继续用手控制何某身体的情况下，从何某背包内抢得一皮夹后逃逸。该皮夹有人民币970元及何某身份证等物。经鉴定，该皮夹价值10元。

二、分歧意见

本案在审理过程中，对于被告人郭某某的行为应如何定罪处罚，存在两种不同意见：

第一种意见认为，本案应以抢劫罪一罪处理，强行抚摸被害人身体行为可作为量刑情节予以评价。因为被告人郭某某以暴力方法抢劫公民财物，其在抢劫过程中实施的强行抚摸被害人身体等行为系抢劫罪暴力内容之一，不应单独评价为强制猥亵妇女罪。如果此行为既评价为强制猥亵妇女罪中的暴力行为，又评价为抢劫罪中的暴力行为，则存在重复评价之嫌。

第二种意见认为，本案应以抢劫罪与强制猥亵妇女罪实行并罚。因为被告人郭某某在实施抢劫行为过程中，临时起意采用捂嘴、控制被害人身体等方法，不顾被害人反抗，强行抚摸被害人身体并达到一定程度，其行为已构成强制猥亵妇女罪。被告人郭某某在实施完毕强制猥亵妇女行为后，在继续控制被害人人身的情况下，继续强行抢走被害人钱包的行为构成抢劫罪。强制猥亵妇女罪与抢劫罪并不构成牵连犯情形，应实行数罪并罚。

三、评析意见

笔者同意第二种意见，理由如下：

1. 在抢劫过程中实施的强制猥亵妇女行为符合强制猥亵妇女罪的构成要件。根据刑法规定，以暴力、胁迫或者其他方法强制猥亵妇女的，构成强制猥亵妇女罪，处五年以下有期徒刑或者拘役。该罪在客观方面表现为使用暴力、威胁或其他方法强行对妇女实施性交以外的猥亵行为。该猥亵行为是指性交以外的带有明显的性色彩、性倾向的下流行为，常见的情形有：鸡奸妇女；强迫妇女口淫；用生殖器顶擦妇女阴部或其他身体部位；抠摸、舌舔妇女乳房等身体部位；强行亲吻、拥抱妇女等行为。该罪在主观方面是直接故意，且行为人在主观上具有明确的犯罪目的，即具有寻求刺激或者挑逗他人产生性欲的目的。

本案中，被告人郭某某基于抢钱目的而对被害人实施了捂嘴及拉包行为。在未能得手后，被告人郭某某又转而对被害人实施了强行抚摸身体的行为，考察该行为是否构成强制猥亵妇女罪，对照该罪犯罪构成，可从以下三方面进行分析：首先，该行为系强制行为，建立在暴力基础之上。被告人郭某某在抢包未能得手后，在继续对被害人实施捂嘴及控制身体的基础上，不顾被害人的反抗，强行实施了抚摸身体行为。其次，该行为系猥亵行为。被告人郭某某强行抚摸被害人的身体部位为胸部及下身，系女性的重要身体部位，而且该行为持续了一定时间，实施的程度较重，故该行为属于强制猥亵妇女罪构成要件中的猥亵行为。最后，该行为系故意为之。被告人郭某某并非无意中触碰到被害人的身体部位，而是在抢劫过程中另起犯意，故意强行抚摸被害人身体，且抚摸的身体部位非常明确，并且抚摸行为持续了一定时间，前述情况也反映出被告人为寻求精神刺激而实施前述行为的心理状态，这也与被告人在庭审中供述的出于占便宜想法而抚摸对方的说法是相符合的。因此，被告人郭某某在抢劫过程中另起犯意实施的强制猥亵妇女行为符合强制猥亵妇女罪的主客观构成要件，应以强制猥亵妇女罪定罪处罚。

2. 在抢劫过程中实施的强制猥亵妇女行为单独构罪与抢包行为构成抢劫罪并不冲突。强制猥亵妇女罪与抢劫罪均要求行为人采用"暴力、胁迫或者其他方法"实施犯罪。本案中，被告人郭某某系采用暴力方法，基于抢钱目的而首先实施了捂嘴与拉包的行为；在未能得手后，其暂时中止（指中止行为，非犯罪形态上的犯罪中止）先前的抢劫行为，转而强行抚摸被害人身体；

后在实施完毕前述猥亵行为后,在继续控制被害人身体的情况下,又继续实施抢劫行为,并抢走了被害人的钱包。就本案而言,被告人郭某某系在实施抢劫的过程中又实施了强制猥亵妇女行为,其实施的捂嘴、控制身体等暴力方法贯穿了犯罪的全过程,在实施抢劫过程中采用了暴力方法,在实施猥亵过程中也采用了暴力方法,因此,各自行为分别构成抢劫罪与强制猥亵妇女罪,并不存在对暴力行为的重复评价问题。

3. 本案不属于强制猥亵妇女罪与抢劫罪的牵连犯情形,应实行数罪并罚。根据刑法理论,牵连犯是指犯罪的手段行为或结果行为,与目的行为或原因行为分别触犯不同罪名的情况。牵连犯的核心在于牵连关系的认定。关于牵连关系,理论上有客观说、主观说、折中说及类型说之分。其中,类型说观点认为,只有当某种手段通常用于实施某种犯罪,或者某种原因行为通常导致某种结果行为时,才宜认定为牵连犯。折中说观点认为,牵连关系是以牵连意图为主观形式,以因果关系为客观内容的有机统一体。其中,牵连意图的内涵之一是行为人在实施数个行为时只追求一个犯罪目的。对于上述观点,本文认为,折中说观点比较系统全面,但采用类型说观点对于牵连犯认定比较直接明了,因此在司法实践中,可以结合前述两种观点进行认定。

本案中,被告人郭某某在抢劫过程中又实施了强制猥亵行为,分别构成抢劫罪与强制猥亵妇女罪。根据类型说观点,只有当某种手段通常用于实施某种犯罪时,才能认定为牵连犯,而强制猥亵妇女行为显然并不通常用于实施抢劫犯罪,因此二者不构成牵连犯。类似的案例有行为人在实施强奸行为后又实施了抢劫行为,由于强奸行为同样不是抢劫犯罪的通常行为手段,因此也不构成牵连犯。对于此种情形,根据相应司法解释规定,应以强奸罪与抢劫罪实行数罪并罚。

另外,被告人郭某某实施强制猥亵妇女行为及抢劫行为也并非出于同一犯罪目的。虽然被告人郭某某在侦查、公诉阶段均辩称自己系为了转移被害人视线以便抢包而强行抚摸对方身体,但如前所述,其用手拉被害人背包未能得手后,不顾被害人反抗,强行抚摸了被害人的重要身体部位,且该行为持续了一定时间,其若只是为了转移被害人视线,则完全可以快速地实施该行为并在成功转移被害人视线后迅速抢走钱包逃逸,但实际情况并非如此。显然被告人郭某某在实施抢劫过程中又临时起了强制猥亵对方的犯意,并在该犯意支配下实施了前述强制猥亵妇女行为。而且,被告人郭某某在庭审中也供述自己是出于占对方便宜的想法而强行抚摸了被害人的身体。因此,被告人郭某某出于两个犯罪目的实施了两个不同的犯罪行为,根据折中说的观点,本案也不构成牵连犯。

(河北省唐山市路北区人民检察院　赵　娜)

与他人夺刀过程中致对方死亡的行为如何定性

一、基本案情

2017年2月11日20时许，吴某某外出回到家中，发现其前妻郭某某正在与孙某某（男）微信视频聊天，吴某某非常生气，欲抢夺前妻电话失败，就用自己手机打电话给孙某某，通话中双方互骂并约决斗。吴某某从家中东屋拿了一把单刃尖刀，准备出门决斗，后被郭某某将刀抢下放到南屋床上，吴某某不甘心，再次从南屋床上将刀拿起，于是郭某某再次与吴某某抢刀，在抢刀过程中，郭某某用力过猛，一下从吴某某手中将刀抢去，刀扎伤郭某某左大腿，导致其大量失血，后吴某某拨打120将郭某某送至医院，经医院抢救无效于当日死亡。

二、分歧意见

此案在定性上出现三种不同意见，即吴某某的行为构成故意伤害致人死亡罪（间接故意）、意外事件还是过失致人死亡罪？

第一种意见认为，吴某某见到前妻与他人视频聊天，心生妒意，抢夺前妻手机失败后，用自己手机给孙某某打电话约斗，随后拿刀准备出门，于是郭某某第一次抢刀。后郭某某将刀放往别屋，吴某某仍不甘心，继续拿刀，其内心明知郭某某还会过来抢刀，在争抢过程中完全可能出现郭某某身体受伤的危害后果，但其采取了放任态度，依然与郭某某争夺，最终郭某某在争抢中被刀刺伤致死。因此吴某某的行为应认定为故意伤害致人死亡（间接故意）。

第二种意见认为，吴某某拿刀只是想去找孙某某决斗，其对郭某某并没有直接或者间接的伤害故意；且吴某某一直强调自己身体不好，抢不过郭某某，第一次拿刀被郭某某抢走没有发生任何危害后果，在这种情况下，其对郭某某会因为抢刀而被刺伤致死根本没有预见可能性。故郭某某的死亡应认定为意外事件。

第三种意见认为，吴某某拿刀的目的是找孙某某决斗，其对前妻无伤害故意，但是其对自己拿刀、郭某某抢刀可能造成对方被伤害或者死亡的结果应当预见而没有预见，对危害结果的出现是有过失的，因此吴某某的行为应认定为过失致人死亡罪。

三、评析意见

笔者同意第三种意见，吴某某的行为构成过失致人死亡罪。理由如下：

1. 从间接故意与疏忽大意过失的理论区别来分析。（1）认识因素上是否预见到了危害结果可能发生：间接故意要求行为人已经预见可能发生危害结果，而疏忽大意的过失客观上并没有预见。（2）意志因素上对危害结果的发生持不同态度：间接故意的意志因素是放任，不希望也不反对，即发生与否均无所谓，是对合法权益的积极蔑视态度；而疏忽大意的过失意志因素是排斥、反对、不希望危害结果发生，是对合法权益的消极未能保护状态。

本案中，吴某某欲拿刀与情敌决斗，其直接伤害故意指向的是孙某某，并非郭某某，那他对郭某某有没有间接伤害故意呢？答案是否定的。从其供述可知，其拿刀是想出门找孙某某，并不想伤害前妻，吴某某对危害结果的发生是反对的、不希望的，其对郭某某的死只有过失，并无故意。

2. 从过失致人死亡与意外事件的区别来分析。过失致人死亡与意外事件主观上都没有预见到危害结果的发生，关键的区分点在于：行为人在当时的情况下，是否应当预见，如果应当预见，但是因为疏忽大意而没有预见，则属于过失致人死亡；如果是不能预见的原因引起死亡，就是意外事件，行为人不负刑事责任。

本案中，两次抢刀过程中，吴某某作为有完全责任能力的成年人，应当预见到抢夺尖刀可能造成人身伤害或者死亡的危害后果，尤其是第二次抢刀，刀尖朝向郭某某且没有刀鞘保护，在这种情况下，吴某某对郭某某的死亡是一种过失的心理状态。

综上，吴某某的行为应当认定为过失致人死亡罪。

（河北省唐山市古冶区人民检察院　段海燕）

持伪造驾驶证驾驶
发生交通事故的是否数罪并罚

一、基本案情

2017年11月的一天，犯罪嫌疑人金某使用伪造的名为"赵某某"的"A2"类驾驶证（金某真实驾驶证准驾车型为"B2"），驾驶已报废半挂货车沿唐港路由西向东行驶至唐山市丰南区某种苗基地前时，与相对方向未取得驾驶证的郭某驾驶的无牌二轮摩托车相撞，造成郭某受伤、车辆受损的交通事故。肇事后，金某驾车逃离现场。四日后，公安机关经侦查锁定了肇事车辆，并经查询车辆信息联系到了车主，经车主确认，当日驾驶肇事车辆的司机系"赵某某"。公安机关依法传唤肇事司机，三日后，"赵某某"向公安机关投案，向民警提供了上述伪造的驾驶证并接受询问两次，至当日第三次笔录承认了真实身份为金某。经查，金某使用伪造的驾驶证多年，目的是想开半挂多挣钱，但驾驶本尚未升级，遂于2014年通过小广告联系的制售假证的人，买了一个假的A2驾驶本。经交管部门认定，金某负此次事故的主要责任，郭某负次要责任；经司法医学鉴定中心鉴定被害人郭某伤情属于重伤二级。

二、分歧意见

第一种意见认为，金某构成交通肇事罪和使用伪造的身份证件罪，应数罪并罚。理由是：金某交通肇事致一人重伤，负事故主要责任，且有无驾驶资格驾驶机动车辆、明知是报废车辆而驾驶、为逃避法律追究逃离事故现场的情形，应以交通肇事罪处罚；金某持伪造的驾驶证驾驶机动车，后发生交通事故，投案后仍使用伪造的证件身份接受公安机关调查，其行为构成使用虚假身份证件罪，且应当数罪并罚。

第二种意见认为，金某仅构成交通肇事罪。对于金某使用伪造的驾驶证的行为，因其属于《刑法》第 280 条之一规定的"有前款行为，同时构成其他犯罪的，依照处罚较重的规定定罪处罚"的情形，应仅以处罚较重的交通肇事罪定罪处罚。正如醉酒驾驶机动车并发生交通事故，且构成交通肇事罪一样，应仅以处罚较重的交通肇事罪追责。

第三种意见认为，应当仅以交通肇事罪定罪处罚，但理由是使用伪造证件的行为与交通肇事的行为是牵连犯，即金某是为了驾驶半挂车才使用伪造的驾驶证的，两个行为存在手段与目的的关系，应按照"处断的一罪"处理，仅构成交通肇事罪。

三、评析意见

该案对于交通肇事的行为没有异议，争议的焦点在于肇事者持伪造驾驶证的行为如何评价。故仅就这一情形作简要评析，笔者同意第一种意见。

1. 刑法规定的"有前款行为，同时构成其他犯罪的，依照处罚较重的规定定罪处罚"这一条款的理论基础是想象竞合犯。即行为人实施一个犯罪行为，同时触犯不同罪名的犯罪形态。笔者认为，金某的行为不符合想象竞合犯的"一个犯罪行为"的属性，其使用伪造的驾驶证的行为与发生交通事故后逃逸的行为是两个不同的犯罪行为。不能视为实质的一罪，而应按照数罪予以并罚。针对不同意见提出的醉酒驾驶机动车并发生交通事故，且构成交通肇事罪的例证，笔者认为与金某的行为并不能类比。因为醉酒驾驶机动车，与驾驶机动车发生交通事故，在本质上是"一个犯罪行为"，是可以认定为想象竞合犯，并以实质的一罪择一重罪处罚的。金某伪造驾驶证与驾车发生交通事故是两个独立的犯罪行为，属于一人犯数罪的情形。

2. 金某使用伪造证件的行为与交通肇事的行为不应评价为牵连犯。牵连犯是指出于一个犯罪目的，实施数个犯罪行为，数个行为之间存在手段与目的或者原因与结果的牵连关系，分别触犯数个罪名的犯罪状态。简言之，就是行为人实施某一犯罪，而其手段或者结果又触犯了其他罪名。笔者认为，一方面，从案件情况来看，金某具备 B2 车型驾驶资质，且具备一定行车经验，因想多挣钱，才使用伪造的证件越级驾驶，所以金某使用假驾驶证的行为并不必然导致其交通肇事的结果，二行为之间不存在因果关系；另一方面，使用伪造的驾驶证也不是交通肇事罪的手段，且交通肇事系过失犯罪，不存在目的性。因此，使用假驾驶证的行为与交通肇事的行为既不是手段也不是结果，不具有牵连关系，故二行为也应以数罪认定。

3. 笔者认为，我国《刑法》第 280 条之一规定："在依照国家规定应当提供身份证明的活动中,使用伪造、变造的或者盗用他人的居民身份证、护照、社会保障卡、驾驶证等依法可以用于证明身份的证件,情节严重的,处拘役或者管制,并处或者单处罚金。"本条为 2015 年《刑法修正案(九)》增设。笔者认为,金某持伪造的驾驶证驾车发生交通事故后逃逸,并在接受公安机关调查时仍然使用该伪造的证据接受调查,且经查询,其持"赵某某"驾驶证处理交通违法达数十次,严重扰乱了交通管理的秩序,认定为情节严重符合该条所要保护的法益。所以,无论从犯罪主体、主观方面,还是客观方面和客体方面,金某的行为都符合该罪之构成要件,构成使用虚假身份证件罪。

综上,应当对金某以交通肇事罪、使用虚假身份证件罪数罪并罚。

(河北省唐山市丰南区人民检察院 孙立强 王向征)

不法侵害结束后行为人继续实施"防卫"的如何定罪处罚

一、基本案情

2018年4月16日10时许,在某精神卫生中心住院的甲和乙先后从该医院的康复大厅走出来,行至医院的锅炉房附近时甲自认为乙欲对其进行加害,遂用一把单刃折叠刀向乙后背连扎数刀,在其行凶过程中被路过的精神卫生中心工作人员丙发现,丙上前制止,丙快到甲乙跟前时,甲已经把乙压倒在地上,乙腹部朝上,甲又连扎了几刀,丙绕到甲背后,一把抱住了甲,将甲控制住后几秒钟时间内,与听到喊声赶来的工作人员共同将甲制服,乙经抢救无效死亡。

二、分歧意见

(一)事实认定

本案中,甲自述其与乙从康复大厅出来行至锅炉房,乙掏出刀欲加害甲,甲为保护自己夺刀进行反击,具有防卫的意识。被害人死亡,无法提供当时案件信息,案发地没有监控录像,目击证人看到甲刺乙过程,但无法对事情起因及单刃折叠刀由谁持有提供证明,后与甲乙两人家人及周边病友、主治大夫、管床护士核实均未发现两人之前持有过该单刃折叠刀,该案就是否为乙持刀加害甲,甲夺刀后反扎乙的情节存在争议。

(二)行为定性

第一种观点认为,甲的行为构成正当防卫。理由是:甲自述其与乙从康复大厅出来行至锅炉房,乙掏出刀欲加害甲,甲为保护自己夺刀进行反击,具有防卫的意识,其行为是针对乙的不法侵害作出的自我保护行为,应当认定为正当防卫。

第二种观点认为，甲的行为构成防卫过当。理由是：甲虽具有防卫意识，但在从乙手中夺下单刃折叠刀后向乙后背腹部连扎数刀，致使其胸腹部多器官受损抢救无效死亡，其行为明显超出防卫的强度，应当认定为防卫过当。

第三种观点认为，甲的行为构成故意杀人罪。理由是：犯罪嫌疑人甲从乙手中夺下单刃折叠刀后对乙背部连扎数刀，具有对不法侵害防卫的情况，但乙倒地后，已失去继续实施不法侵害的可能性，甲又连扎了其腹部几刀，其行为针对的并非为不法侵害，具有报复的心态，且其用刀连续扎其致命要害部位，应当以故意杀人罪定罪处罚。

（三）刑事责任能力认定

第一种观点认为，甲乙二人为精神病人，其对自己的行为缺少认知和控制能力，且当时甲乙二人正在精神卫生中心接受治疗，案发地也是精神病院，甲不应当承当刑事责任。

第二种观点认为，甲虽为精神病人，且案发时正在精神病院接受治疗，但不能直接认定甲为完全无刑事能力人，要根据其主治医师、病友、家人的证明及医学鉴定，综合判断案发时甲的精神状态，以确定其刑事责任能力。

三、评析意见

1. 关于事实认定方面，笔者认为应当认定甲夺刀后反扎乙行为，理由如下：（1）该案中甲自述，乙用刀扎甲，甲夺刀过程中左手手指受伤，其左手确有伤口（除此伤口外无其他伤口），与其自述一致，且由于案发时间相对较短，目击者目睹案发后段情况并将甲制服，排除甲案发后伪造伤口混淆事实的可能性。（2）甲和乙先后从该医院的康复大厅走出来，行至医院的锅炉房案发。在康复大厅时，医护人员、病人都未发现两人持有折叠刀（长约10厘米），案发现场留有乙的挎包，包内留有乙的个人物品，具有藏匿折叠刀的可能性。（3）综合全案考虑，根据有利于犯罪嫌疑人的原则，应当认定甲夺刀的情节。

2. 关于行为性质的认定，笔者认同第三种观点，理由如下：正当防卫需要具备以下几个条件：（1）不法侵害现实存在；（2）不法侵害正在进行；（3）具有防卫意识；（4）针对侵害人防卫；（5）没有明显超过必要限度。本案中，乙倒地前后为不法侵害的重要节点，之前乙正在进行也有可能继续实施不法侵害，甲的夺刀及反击行为具有正当防卫所需具备的条件，乙倒地后失去不法侵害可能，继续实施行为具有报复的心态，其主观上对乙的损害结果的发生具有希望、放任的心态，且其用刀连续扎其致命要害部位，其行为构成了故意杀人罪。综上，甲的行为应当认定为故意杀人罪。

3. 关于刑事责任能力的认定，笔者认同第二种观点，理由如下：我国《刑法》第 18 条规定，精神病人在不能辨认或者不能控制自己行为的时候造成危害结果，经法定程序鉴定确认的，不负刑事责任，但是应当责令他的家属或者监护人严加看管和医疗；在必要的时候，由政府强制医疗。间歇性的精神病人在精神正常的时候犯罪，应当负刑事责任。尚未完全丧失辨认或者控制自己行为能力的精神病人犯罪的，应当负刑事责任，但是可以从轻或者减轻处罚。由此可以看出，精神病人应否负刑事责任，关键在于行为时是否具有辨认或者控制自己行为的能力；而行为时是否有辨认或者控制能力，既不能根据行为人的供述确定，也不能凭办案人员的主观判断来确定，必须经过法定的鉴定程序予以确认。本案中，犯罪嫌疑人甲案发前在精神病院接受治疗，经委托专业司法鉴定机构根据其主治医生、管床护士、同病区病友描述，犯罪嫌疑人到案后供述及相关材料，综合认定出具了犯罪嫌疑人甲在案发时为限制刑事责任能力人的鉴定意见，因此甲应当承担故意杀人罪的刑事责任，考虑到其当时为限制行为能力人可以从轻减轻其相应责任。

（河北省唐山市路南区人民检察院　李东升）

因生意竞争而唆使他人抢劫行为中盖然性教唆与实行过限界限如何把握

一、基本案情

2009年夏天,陈某某(女)与被害人张某从事海产品运输生意,后因生意竞争对被害人张某产生不满。于是,陈某某及其男友赵某某找到李某某商量让他找人教训被害人张某。陈某某、赵某某告诉了李某某有关被害人张某的车辆特征、行走路线和出行时间。在此期间,李某某曾通过陈某某做担保所借高利贷10000元(即将到期),当李某某询问陈某某受害人张某车上是否有钱时,陈某某告知其收蛤的车上都备有1万多元钱。2009年7月11日晚上,李某某纠集多人,手持镐柄、砍刀等作案工具将被害人张某的车辆拦下,通过语言威胁、镐柄殴打等手段威胁被害人,砸破张某的货车玻璃,拿走其账本3个,并将车内钱包中的17800元拿走。7月12日凌晨,李某某将3个账本及10000元现金交给陈某某和赵某某,后赵某某于7月12日中午将10000元现金用于偿还了高利贷。检察机关以抢劫罪对陈某某依法提起公诉,人民法院以抢劫罪对陈某某判处刑罚。

二、分歧意见

陈某某的行为是否构成抢劫罪,其行为涉及盖然性教唆犯罪和共同犯罪中实行过限两个问题是本案的焦点。

三、评析意见

笔者认为,陈某某的行为构成抢劫罪。具体理由如下:

所谓实行过限,又称共同犯罪中的过剩行为,是指在共同犯罪中,由实行犯实施的超出共同犯罪人共同谋议之罪范围的犯罪行为。其具有以下特征：（1）实行过限行为首先必须是一种犯罪行为；（2）实行过限行为发生在共同谋议之罪的实施过程中；（3）这种行为是由实行犯基于本人的故意或过失单独实施的；（4）这种行为超出了共同犯罪人共谋之罪的范围。由于实行过限行为，是实行犯在实施共同犯罪过程中单独实施的超出共同犯罪人共同谋议的犯罪行为，其他共犯对这种行为在主观上没有罪过，因此，过限行为的刑事责任只能由该实行犯独自承担，其他共犯对此不承担刑事责任，而仅承担共同谋议之罪的刑事责任。

认定是不是实行过限，总的来说，关键是看实行犯的实行行为是否超出了共同犯罪人的共同谋议之罪的范围，但是在司法实践中，由于共同犯罪的复杂性，共同谋议之罪的范围往往存在盖然性、模糊性、不确定性。因此，认定是不是实行过限，通常会有些难度和混淆，需要运用证据和分析事实审慎加以判定。对教唆人和被教唆人共同犯罪的案件来说，主要是审慎分析教唆人的教唆内容。教唆犯是犯意的发起者，没有教唆犯的教唆，就不会有该罪行为的发生，特别是使用威胁、强迫、命令等方法的教唆犯，因此，教唆犯在共同犯罪中起主要作用。在教唆犯罪的情形下，判定实行行为过限的基本原则是看被教唆人的行为是否超出了教唆的范围。在教唆内容较为明确的情形下，认定被教唆人的行为是否属于实行过限较为容易，被教唆人实施了超出教唆内容范围以外的行为，应分别追究不同的刑事责任。如果教唆犯的教唆内容较为概括的情形下，由于教唆内容不太明确，确定被教唆人的行为是否实行过限就较为困难。尤其是教唆者出于教唆伤害他人的故意往往使用诸如"收拾""教训""整他""弄他""搞他""摆平他"等内涵外延模糊的言语，在不同的语言环境中，不同文化程度、阅历背景的人所理解的含义往往是有分歧的。对于这种盖然性的教唆，实际的危害结果取决于实行行为的具体实施状况，但无论哪一种结果的出现都是由教唆犯的授意引起，均可涵盖在教唆犯的犯意中。因此，在这种情况下，由于教唆犯的盖然性教唆，即在教唆内容不明确或不太明确的情况下，教唆人的教唆行为使被教唆人产生了犯意，实施了教唆故意涵括内的犯罪行为，只要没有明显超出教唆范围的，都不应视为实行过限，教唆人和被教唆人应共同对其承担刑事责任。

司法实践中，对于教唆故意范围的认定，主要看教唆者的教唆内容是否明确，即教唆犯对被教唆人的实行行为有无明确具体的要求，如正面明确要求用什么犯罪手段达到什么犯罪结果，或者明确要求打断被害人的腿或胳膊，或者明确要求打击被害人的头部等。又如反面明确要求不能达到什么犯罪结果，或者在伤害中明确要求不得使用棍棒、刀具，或者明确要求不得打击被害人的要害部位等。如果教唆的内容明确，则以教唆内容为标准判断实行者行为是否过限。如果教唆内容不明确，则属于一种盖然的内容，除非实行行为显而易见地超出教唆内容，否则一般情况下不应认定为实行行为过限。

具体到本案中，陈某某与其男友赵某某找到李某某要教训一下被害人张某，并未明确表示教训的手段、程度和内容，属于一种盖然性的教唆内容。由于陈某某曾为李某某所借高利贷10000元到期，在李某某提出被害人车上是否有钱的问题时，陈某某明确表示收蛤车上备有金钱，并且事后陈某某将李某某之前在被害人车里拿到的10000元收下偿还了高利贷。这些行为都可以表明陈某某已经预见和应当知情李某某具有抢钱的意图和行为，同时，陈某某在知情李某某有抢劫意图后，并未予以明确、有效的制止行为，其与实行犯李某某在实行犯罪当场临时达成了犯意沟通，是对实行者的行为予以默认或支持。因此，李某某的抢劫行为也不属于实行过限，其对行为造成的危害结果应当共同承担。

综上，应当认定陈某某的行为构成抢劫罪，但是可以综合考虑其在共同犯罪中的作用、地位和社会危害性予以量刑处罚。

（河北省唐山市曹妃甸区人民检察院　赵　磊）

因开玩笑发生冲突
导致一方死亡的如何认定行为人的主观故意

一、基本案情

犯罪嫌疑人杜某某与魏某某分别系两个工程队的工人,因两个工程队经常一起施工而熟悉,双方工作之余经常开玩笑。2018年7月27日12时许,在唐山市丰南区岔河镇某村村内街道上,犯罪嫌疑人杜某某酒后与被害人魏某某再次开玩笑时发生口角,互相辱骂对方,后双方发生肢体冲突,杜某某趁魏某某倒地之际,用现场的铁锹猛拍魏某某头部一下,致魏某某当场昏迷,后被工友及时送医院救治,经抢救无效于2018年7月29日11时29分临床死亡。2018年8月12日,经鉴定魏某某系被他人用钝性物体打击头部致重度颅脑损伤死亡。犯罪嫌疑人杜某某亦到医院检查治疗,后被公安民警抓获归案。

二、分歧意见

第一种意见认为,本案应认定犯罪嫌疑人杜某某的行为构成故意杀人罪。理由是:杜某某作为一名精神正常的成年人,与魏某某因琐事发生争执后互殴,致魏某某倒地后,又用现场施工所用的铁锹朝魏某某头部猛击,致魏某某当场昏迷,虽经在场工友及时送至医院抢救,但终因伤势过重而死亡,魏某某的死亡与犯罪嫌疑人杜某某的伤害行为具有直接的因果关系。犯罪嫌疑人杜某某案发前虽然饮酒,但我国刑法明确规定醉酒的人应当负刑事责任,且本案有证人证实杜某某当天饮酒后意识清楚、行为正常;客观方面,犯罪嫌疑人杜某某使用重量较大的铁锹猛拍魏某某头部,在场证人证实力量很大,听到"砰"的一声,且见到魏某某头部被拍击后撞击水泥地面然后弹起,尸检报告亦证实魏某某头部双侧受重创致颅内出血。综合分析,犯罪嫌疑人杜某某持铁锹猛击魏某某头部,对魏某某的死亡结果持放任态度,属间接故意,客观上造成了魏某某死亡的结果，应当以故意杀人罪追究其刑事责任。

第二种意见认为，犯罪嫌疑人杜某某的行为构成故意伤害罪（致人死亡）。理由是：犯罪嫌疑人杜某某与魏某某系工友关系，平时关系融洽，经常开玩笑，没有任何矛盾积怨；案发当日的起因也是因为开玩笑过火引发争吵后互殴，存在矛盾逐渐升级的过程，但没有巨大矛盾及利害关系，杜某某不具有杀死或者放任魏某某死亡的作案动机与主观故意。客观方面，犯罪嫌疑人杜某某作案所用工具是顺手从施工现场捡拾的铁锹；关于击打的部位，犯罪嫌疑人杜某某辩解称其想要击打的是魏某某肩部，但因魏某某挣扎及自己饮酒后控制力下降而击中头部，死亡结果并不是其希望或者放任的，综合本案其他证据应当采信其辩解意见。但杜某某使用铁锹朝魏某某肩部用力拍击，意图造成魏某某身体伤害，且不能完全排除有击中头部之可能，其故意伤害的主观故意是存在的，客观上造成了魏某某受伤经抢救无效死亡的结果，应以故意伤害罪（致人死亡）追究其刑事责任。

三、评析意见

笔者同意第二种意见，理由如下：

根据司法实践的经验，区分故意伤害罪（致人死亡）和间接故意杀人罪的过程，其实是判断行为人主观故意内容的过程，我们必须坚持主客观相一致的原则，结合本案，以下几个方面的内容是有必要考虑的：

1. 当事人双方的关系以及导致案发的真实原因。本案双方当事人系工友关系，多人证实双方关系融洽，经常互开玩笑，没有任何矛盾积怨，本次案发就是因开玩笑过火导致，没有证据能够证实犯罪嫌疑人杜某某具有故意杀人的直接或间接故意。

2. 加害行为有无节制。犯罪嫌疑人杜某某与魏某某从争吵至互殴至最后顺手用铁锹打人，整个行为符合事态逐渐升级的过程，因此本案是偶发事件；杜某某拍击次数为一下，在其可以继续实施加害行为的前提下自动停止了加害行为，可见其不是为了追求魏某某死亡或者严重的身体伤害，而仅仅是发泄自己当时的气愤。

3. 依法采纳犯罪嫌疑人的合理辩解。犯罪嫌疑人杜某某辩解其想要殴打的部位是魏某某的肩部，因自己酒后控制行为动作能力有所下降，以及魏某某挣扎躲避导致自己击中魏某某头部，结合案件其他证据，符合案发时的情境，应当依法予以采信。

综上，上述案件事实因素对判断行为人故意的内容有重要帮助，但是不能将这些案件的事实因素绝对化，在实践中需要综合各种案件事实因素后，才能正确区分故意伤害罪（致人死亡）与（间接）故意杀人罪。

　　本案发生在工友之间，系因日常琐事引发，犯罪嫌疑人杜某某的主观恶性较小，并积极认罪悔罪，司法机关在办案过程中应积极引导双方当事人达成调解，化解社会矛盾，使被害人亲属得到应有的经济赔偿及精神抚慰，早日走出犯罪行为带来的伤痛；也使犯罪嫌疑人能够得到从宽处罚，尽早回归社会。同时，积极开展释法说理工作，努力使当事人双方真正化解矛盾，做到案结事了。司法机关还要积极开展法治宣传教育工作，真正做到谁执法谁普法，引导广大群众正确处理亲朋、邻里、工友之间的矛盾，遇事冷静不冲动，自己解决不了的事情及时寻求相关单位或司法部门的帮助，避免悲剧的发生。

（河北省唐山市丰南区人民检察院　郑文泉）

行为人在明知情况下仍参与生产、销售假酒的行为系犯罪既遂还是未遂

一、基本案情

犯罪嫌疑人余某，2018年6月至2019年1月，以次充好，生产假冒五粮液、剑南春、国窖1573、洋河海之蓝等假酒，并将生产的假酒销售给某市亿都烟酒店老板朱某等人，犯罪嫌疑人曲某在明知是假酒的情况下，帮助余某生产。现场查扣假酒共计价值241992元，销售给朱某的假酒共计9600元。

二、意见分歧

第一种意见认为，犯罪嫌疑人曲某在明知是假酒的情况下，仍帮助余某生产；现场查扣假酒共计价值241992元，销售给朱某的假酒共计9600元。综上，犯罪嫌疑人余某、曲某构成生产、销售伪劣产品罪（既遂）。

第二种意见认为，因此案中销售给朱某的假酒共计9600元的既遂部分事实不清、证据不足，但余某、曲某涉嫌生产、销售伪劣产品案中扣押的尚未销售的假酒金额达到24万余元，其犯罪事实已达到逮捕标准。综上，犯罪嫌疑人余某、曲某的行为构成生产、销售伪劣产品罪（未遂）。

三、评析意见

笔者同意第二种意见。犯罪既遂是犯罪的一种基本形态，法学界关于犯罪既遂的标准一直存在争论。在司法上，坚持罪刑法定原则，应当以"犯罪构成要素齐备说"作为认定犯罪既遂的标准；在立法上，则应当从犯罪事实和刑事政策的角度出发，以"犯罪目的实现刑事政策说"作为确立犯罪既遂形态的标准。在生产、销售伪劣产品犯罪中，可能存在只有既遂，或者只有未遂，或者既遂与未遂并

存的三种形式。对于既有既遂又有未遂的情形如何定罪处罚理论界与实务界一直存在不同的观点与做法。此案若既遂部分也构成犯罪，即属于此种情形。观点一是，对全案仅追究既遂部分的刑事责任，不再追究未遂的刑事责任，或者仅将未遂作为从重处罚的量刑情节考虑。观点二是，分别以既遂犯罪和未遂犯罪定罪处罚，然后确定全案所应判处的刑罚。观点三是，将未遂与既遂部分的数额累计计算，全案以既遂认定，依法确定应适用的法定刑幅度，之后再考虑部分未遂情节，酌情从轻处罚。观点四是，既遂犯罪和未遂犯罪分别达到不同量刑幅度的，依照处罚较重的规定处罚，达到同一量刑幅度的，以既遂犯罪处罚。笔者同意第四种观点。

上述观点一中，在既遂数额大于、等于或略小于未遂数额时不存在问题，但是当既遂数额较小，而未遂数额又特别巨大的情形中，就容易出现罪刑失轻问题。上述观点二中的做法缺少理论依据与法律依据。无论是我国理论界通说还是在司法实践中，针对同种数罪能否实施并罚问题，除非在特定情况下可以，在判决之前的同种数罪均不并罚，仅按照一罪处理。因此，在生产、销售伪劣产品犯罪中，不能将销售金额与未销售的货值金额分别量刑并实施并罚，而只能以一罪论处。上述观点三中同样存在诸多问题，在数额型财产犯罪中，犯罪未遂的危害要远远小于既遂。正因为如此，在以盗窃罪、诈骗罪为典型的犯罪中，犯罪未遂的定罪起点数额都是以数额巨大为标准。同样，在最高人民法院、最高人民检察院《关于生产、销售伪劣商品刑事案件具体应用法律若干问题的解释》出台后才将犯罪未遂作为犯罪处理，犯罪未遂的定罪起点数额要求是既遂数额即销售金额的3倍。另外，既遂与未遂部分数额累计计算还面临着对整个犯罪的既、未遂形态无法认定的问题，在既、未遂并存的情况下，无论是将整个犯罪认定为既遂还是未遂均不合理。此外，按照这种做法，当既遂数额较小，而未遂数额特别巨大时，同上述第一种做法一样，容易出现量刑失衡问题，不符合罪责刑相适应原则。

由此看来，就未遂与既遂并存的生产、销售伪劣产品犯罪既不能仅以既遂部分或仅以未遂部分论处，简单可根据销售金额或者未销售的货值金额来选择量刑幅度；也不能将既遂部分的销售金额与未销售部分的货值金额累计相加，而应按照吸收犯中"重行为吸收轻行为"的原则来处理。首先要分别根据行为人的既遂数额和未遂数额判定其各自所对应的法定刑幅度，未遂部分还需同时考虑可以从轻或减轻处罚；之后根据比较结果，如果既遂部分所对应的量刑幅度较重，或者既、未遂所对应的量刑幅度相同的，采用既遂吸收未遂方法，即以既遂部分所对应的量刑幅度为基础酌情从重处罚；反之，如未遂部分对应的量刑幅度较重的，则需要采用未遂吸收既遂的方法，以未遂部分对应的量刑幅度为基础，酌情从重处罚。

（河北省唐山市人民检察院　凌　翎）

刑法分则篇

危害公共安全罪

车主指使雇员无证驾驶致雇员死亡的是否构成交通肇事罪

一、基本案情

2017年3月13日0时44分许,李某某指使雇员王某某无证驾驶无牌照自卸货车沿某省道由北向南行驶时,与由南向北行驶的马某某驾驶的半挂车相撞,所驾车辆发生变向,后又与由北向南行驶的关某某驾驶的半挂车相撞,造成雇员王某某当场死亡、三车及路边电力设施受损的重大交通事故。经交警部门事故责任认定:李某某、王某某共同承担事故的主要责任。检察机关经依法审查后按交通肇事罪提起公诉,李某某委托辩护律师为其进行无罪辩护,一审法院按照交通肇事罪对李某某定罪处罚。

二、分歧意见

在审查起诉阶段和开庭审判阶段,李某某的辩护律师均提出了无罪辩护意见,认为李某某不构成交通肇事罪,本案属于民事赔偿案件,其主要理由为:

一是李某某雇佣王某某无证驾驶无牌照货车发生交通事故,致使雇员王某某死亡,但雇员王某某本身也承担事故主要责任,且没有造成他人伤亡。

二是虽然最高人民法院《关于审理交通肇事刑事案件具体应用法律若干问题的解释》第7条规定:"单位主管人员、机动车辆所有人或者机动车辆承包人指使、强令他人违章驾驶造成重大交通事故,具有本解释第二条规定情形之一的,以交通肇事罪定罪处罚。"但是,其认为指使他人违章驾驶造成重大事故,是指驾驶行为造成他人死亡(或重伤)的结果并负事故主要责任以上,不包括驾驶人自己死亡的情况,并认为这是《刑法》第133条关于交通肇事罪的常识。并且,《刑法》第133条是交通肇事罪司法解释第7条的前提依据,其中规定:交通肇事罪的前提,是肇事者造成自己以外的受害人死亡,即根据刑法原则和刑法理论,要具有社会危害性。公安机关如果定一个主要责任的肇事者为被害人,有损法律的尊严。

三是认为要认定车辆所有人指使行为涉嫌交通肇事罪,要求被指使的驾驶人构成基本犯,即驾驶人构成交通肇事罪的,车辆所有人才有可能连带被追究交通罪。同时更断言查尽网络、问遍专家,也没有一件关于驾驶者给自己致死(或重视),车辆所有人被追究刑事责任的案例,因为法律没有规定这种情况为犯罪。

三、评析意见

笔者认为,表面看,辩护人的观点理由十分充分,但是仔细分析起来却自相矛盾。辩护人认为李某某不构成犯罪是基于这样一种逻辑,即雇员王某某应对自己的行为负责,王某某自己致死的行为属于法律自负行为,不需要负刑事责任。

认为王某某个人致死行为不构成犯罪的刑法学理论基础是法益保护这一原则,其涵盖两个概念:一是没有被害人或者自己是被害人,也没有侵犯可以还原为国家或社会法益(超个人法益)的行为,不得规定为犯罪。例如,同性恋行为、吸食毒品的行为没有侵害他人法益,也没有侵犯超个人法益,不得规定为犯罪行为。二是对于参与有处分权的自我损害行为,不能规定为犯罪。例如,不应当将向他人吸食、注射毒品的人提供吸食、注射工具的行为规定为犯罪,因为吸食、注射毒品只是一种伤害身体的自损行为,没有侵犯他人的法益。

在我国刑法中,具体刑法规范的保护法益可以从刑法分则各章的章名中得以明确,因此,交通肇事罪所处的章节决定了,其侵犯的法益(传统刑法理论上所说的犯罪客体)是公共安全。因此,从本案的本质上看,李某某和王某某的行为共同侵害了公共安全这一法益,李某某指使王某某驾驶无牌照货车上路行驶,违反交通运输管理法规,在这一过程中已经对公共安全这一法益产生了具体侵害。

同样如果车主将自己的机动车交给醉酒者、无证驾驶者驾驶,没有防止伤亡结果发生的,驾驶者与车主均成立交通肇事罪。也就是说,李某某构成犯罪与其在不在车上没有任何关系。

最后,笔者特别重申的是,交通肇事罪所保护的公共安全法益,并非某一具体主体的人身权和财产权，对于具体人身权、财产权的侵害应当是用来评价该行为是否已经实际危害了公共安全的依据。因此，在本案中李某某成立交通肇事罪时，无须考虑死的是谁，而车主李某某明知行为人无驾驶资格而指使其驾车上路，最终造成一人死亡结果发生，应当承担刑事法律责任。而雇员王某某已经死亡，依法不再对其追究刑事责任。

（河北省唐山市曹妃甸区人民检察院　赵　磊　张学茹）

发生交通事故后未停车查看便驾车离开的可否适用"逃逸致人死亡"情节

一、基本案情

2018年2月10日21时40分许,李某无证驾驶无号牌两轮摩托车适遇前方同向行驶的张某驾驶的正三轮载货摩托车,李某所驾摩托车与前方车辆尾部发生碰撞,造成李某倒地受伤,张某感觉其车被撞,但未停车查看现场情况便驾驶车辆离开现场。伤者李某于当晚经抢救无效而死亡。经法医学尸体解剖检验,确定死者李某系身体遭受钝性外力作用致严重内脏损伤而死亡。交警部门对此次事故作出责任认定:张某驾驶逾期未检验的车辆夜间上路行驶、违法载人、所载货物超长遮挡后尾灯造成后车驾驶人视线障碍,且在事故发生后逃逸,其行为违反了《中华人民共和国道路交通安全法》第13条第1款、第49条、第70条及《中华人民共和国道路交通安全法实施条例》第54条第1款、第58条、第92条的规定,负本次事故的主要责任;李某无证驾驶无号牌摩托车上道路行驶违反了《中华人民共和国道路交通安全法》第8条、第19条第1款的规定,负本次事故的次要责任。

二、分歧意见

本案中张某的行为是否构成交通肇事罪,在办理过程中存在两种意见:

第一种观点认为,上述犯罪嫌疑人的行为构成交通肇事罪。理由是:根据《刑法》第133条规定以及最高人民法院《关于审理交通肇事刑事案件具体应用法律若干问题的解释》第2条第1款第1项的规定:交通肇事致死亡一人或者重伤三人以上,负事故全部或者主要责任的,处三年以下有期徒刑或者拘役。本案张某存在违反交通运输管理法规的行为,发生了造成一人死亡的重大交通事故,交警部门认定张某负事故的主要责任。其行为符合《刑法》第133

条及相关司法解释的规定，构成交通肇事罪。

第二种观点认为，张某的行为不构成交通肇事罪。理由：《刑法》第133条规定的交通肇事罪是指违反交通运输管理法规，发生重大交通事故，致人重伤、死亡或者公司财产遭受重大损失的行为。从犯罪构成上看，其客观要件为：（1）行为人必须有违反交通运输管理法规的行为；（2）发生重大事故、致人重伤、死亡或者公司财产遭受重大损失的严重后果；（3）行为人违反交通运输管理法规的行为与所发生的重大事故之间存在因果关系。也就是说，过错行为与后果之间必须是有直接的因果关系。本案中，张某确实存在违反交通运输管理法规的行为，其事故发生后逃逸属事实，交警部门依此认定张某负主要责任。但该案张某的违章行为与交通事故的发生没有刑法上的因果关系，交通事故发生在前，张某逃逸行为在后，逃逸与事故发生也没有刑法上的因果关系。本案发生的主要原因是被害人李某无证驾驶无号牌摩托车，行驶中未与前车保持足够安全距离。张某的违章行为及逃逸行为不是引发本案交通事故的直接原因。因此，张某的行为不符合交通肇事罪的构成要件，不构成交通肇事罪。

三、评析意见

笔者同意第一种观点，本案中张某的行为构成交通肇事罪。

1. 交通肇事罪的主体是道路中参与交通运输的主体，如果肇事方是机动车驾驶人，就是一个普通的特殊主体，具有遵守道路交通安全法律、法规的规定，按照操作规范安全驾驶、文明驾驶的义务；在发生交通事故时，具有报警、保护现场、救助伤者的义务，且该义务并不以发生事故者在事故中负有责任为前提。《中华人民共和国道路交通安全法》第22条规定，机动车驾驶人应当遵守道路交通安全法律、法规的规定，按照操作规范安全驾驶、文明驾驶。第70条规定，在道路上发生交通事故，车辆驾驶人应当立即停车，保护现场；造成人身伤亡的，车辆驾驶人应当立即抢救受伤人员，并迅速报告执勤的交通警察或者公安机关交通管理部门。因抢救受伤人员变动现场的，应当标明位置。乘车人、过往车辆驾驶人、过往行人应当予以协助。本案中张某在车辆行驶过程中感觉其车被撞，应认定其明知自己驾驶车辆发生交通事故，但未停车查看现场情况，亦未履行作为驾驶者应履行的报警、救助伤者、保护现场的义务便驾驶车辆离开现场，致使事故相对方李某遭受钝性外力作用致严重内脏损伤而死亡。其逃逸行为与死者的死亡具有因果关系，应当承担相应的法律责任。

2. 张某的行为构成交通肇事后逃逸且构成逃逸致人死亡的加重处罚情节。最高人民法院《关于审理交通肇事刑事案件具体应用法律若干问题的解释》（以下简称《解释》）规定的逃逸，是指机动车驾驶人在发生交通事故后，为逃避法律追究而逃跑的行为。"因逃逸致人死亡"的构成要件有四个：一是行为人逃逸前的行为构成了交通肇事；二是肇事的结果是被害人当时没有死亡；三是行为人为逃避法律追究而逃跑，这里的法律追究不局限于刑事法律追究，亦包括行政法律追究，甚至包括承担民事赔偿责任；四是被害人因行为人的逃逸得不到救助而死亡。四个要件中，《解释》重点强调的是"被害人因得不到救助而死亡"。从刑法和《解释》的意图来看，立足点在于鼓励行为人在发生交通事故后，采取积极措施对被害人进行抢救。如果没有逃逸，那么，被害人可能被救活，行为人甚至有不构成犯罪的可能性存在。而如果行为人在交通事故后逃逸，致被害人因得不到救助而死亡，则行为人构成交通肇事逃逸致人死亡。本案中交警部门对此次事故的责任认定为，张某驾驶逾期未检验的车辆夜间上路行驶、违法载人、所载货物超长遮挡后尾灯造成后车驾驶人视线障碍，且在事故发生后逃逸，负本次事故的主要责任。张某作为交通运输参与者，其对自己驾驶逾期未检验的车辆夜间上路行驶、违法载人、所载货物超长遮挡后尾灯造成后车驾驶人视线障碍等情况应当是明知的，即在事故的处理过程中即使其不承担刑事责任的情况下也会承担相应的行政责任，所以其在发生事故后离开现场可以认定其为逃避法律追究而逃逸，如果李某系因此次交通事故发生后死亡，则张某只构成《解释》第3条规定的法定加重情节，应当在三年以上七年以下有期徒刑的法定刑范围内处罚；如果李某没有死亡，但由于行为人的逃逸而致使其因得不到救助而死亡的，则张某的行为构成交通肇事罪的重罪情形，对其应当在七年以上有期徒刑的法定刑范围内处罚。

3. "因逃逸致人死亡"的认定，不以逃逸前的交通肇事行为构成犯罪为前提，且行为人在逃逸前的交通事故中的责任大小也不影响"因逃逸致人死亡"的认定。《刑法》第133条规定了构成交通肇事罪的一般情形以及"交通运输肇事后逃逸或者有其他特别恶劣情节"和"因逃逸致人死亡"两种特殊情形。无论是一般情形还是两种特殊情形，《解释》均作了详细规定。《刑法》第133条先后列明了交通肇事罪的三种类型，且量刑逐步加重，但刑法并未明确规定三者系递进关系，认定后两者应以前者为前提。刑法理论认为，情节加重犯、结果加重犯均系对基本构成要件的修正，但情节加重犯系在基本构成要件基础上增加了加重情节，其构成要件完全覆盖了基本构成要件，从这个意义上，可以说是以基本构成要件为基础。刑法所规定的"因逃逸致人死亡"类型中，逃逸为加重情节，"死亡"则为加重结果。从犯罪构成角度来看，一个犯罪行为只能有一种确定结果，因逃逸致人死亡的结果只能是逃逸行为导致的"死亡"，也不可能同时出现可以构成一般交通肇事的重伤结果和加重处罚的死亡结果。因此笔者认为，"因逃逸致人死亡"的认定，不以逃逸前的交通肇事行为构成犯罪为前提，且行为人在逃逸前的交通事故中的责任大小也不影响"因逃逸致人死亡"的认定。

（河北省唐山市丰南区人民检察院　李志玲）

交通事故中被害人因被连续撞击死亡的，如何划分法律责任

一、基本案情

2016年6月9日18时，被害人李某驾驶面包车由南向北行驶至某桥头时与南侧桥墩相撞后又与犯罪嫌疑人张某驾驶的重型货车相撞，造成李某死亡、两车受损的交通事故。肇事后，犯罪嫌疑人张某给车队老板马某打电话并告知其有辆面包车与桥墩相撞后与他所驾驶的车辆有所剐蹭，后马某告知张某开车走，张某遂驾车逃逸。张某驾车回到家后修理车辆，并与马某密谋订立攻守同盟逃避法律责任。经交警支队认定，犯罪嫌疑人张某承担此事故的主要责任，但被害人李某系第一次撞击致死还是第二次撞击致死的鉴定意见存在矛盾。

二、分歧意见

对于该案，有以下三种不同的观点：

第一种观点认为，该案构成交通肇事罪共犯。依据最高人民法院《关于审理交通肇事刑事案件具体应用法律若干问题的解释》第5条第2款"交通肇事后，单位主管人员、机动车所有人、承包人或乘车人指使肇事人逃逸，致使被害人因得不到救助而死亡的，以交通肇事罪的共犯论处"的规定。本案中，犯罪嫌疑人张某发生交通事故后逃逸并致一人死亡，承担事故主要责任，构成交通肇事罪。马某作为肇事车辆的车主，在明知发生交通事故后，指使肇事人逃逸，致使被害人得不到救助而死亡，成立交通肇事罪共犯，而事后作假证明包庇的行为是交通肇事行为的延续，属于事后不可罚，仅成立一个交通肇事罪。

第二种观点认为，该案构成交通肇事罪和包庇罪。犯罪嫌疑人张某发生交

通事故后逃逸致人死亡以及马某指示肇事人逃逸的行为构成交通肇事罪共犯。之后，马某与张某密谋订立攻守同盟作假证明包庇，逃避法律责任，马某又构成包庇罪，对马某应当数罪并罚。

第三种观点认为，该案不构成犯罪。虽然经交警认定，犯罪嫌疑人张某承担此事故的主要责任，但被害人李某系第一次撞击致死还是第二次撞击致死鉴定意见存在矛盾，不能排除合理怀疑，故张某不构成交通肇事罪，马某亦不构成交通肇事罪共犯及包庇罪。

三、评析意见

笔者同意第三种意见，理由如下：

1. 本案不构成交通肇事罪。本案中，根据《道路安全法实施条例》第92条规定，"发生交通事故后，当事人逃逸的，逃逸的当事人应承担全部责任，但有证据证明对方当事人也有过错的，可减轻责任"，公安机关由此认定张某承担此事故的主要责任。但本案中，张某称在案发前他只是正常行驶，然后有辆面包车从他左侧超车，先撞到道路南侧的桥墩上，然后车弹回来与他驾驶的货车相撞。痕检报告中也显示，该面包车先与桥墩发生碰撞，致使其发生侧滑，侧滑过程中又与张某驾驶的大车有所剐蹭。此外，两次鉴定意见对被害人李某系第一次撞击致死还是第二次撞击致死存在矛盾，因此，张某驾驶货车发生交通事故与李某死亡之间是否存在刑法上的因果关系不明确。

2. 本案不成立交通肇事罪共犯。根据相关司法解释规定，交通肇事罪共犯的成立主要有以下两种情况：依据最高人民法院《关于审理交通肇事刑事案件具体应用法律若干问题的解释》第5条第2款规定："交通肇事后，单位主管人员，机动车所有人、承包人或乘车人指使肇事人逃逸，致使被害人因得不到救助而死亡的，以交通肇事罪的共犯论处。"依据最高人民法院《关于审理交通肇事刑事案件具体应用法律若干问题的解释》第7条规定，"单位主管人员，机动车所有人或机动车承包人指使、强令他人违章驾驶造成重大交通事故，具有本解释第二条规定情形之一的，以交通肇事罪处罚"。本案中被害人死因的现有证据不能证实系其因不到救助而死亡，且马某未强令他人违章驾驶，亦无相关证据予以证实，犯罪嫌疑人马某在以上两种情况中交通肇事罪的共犯均不能成立，故不能将其定性为交通肇事罪。

3. 本案不构成包庇罪。包庇罪是指明知是犯罪的人而为其作假证明包庇的行为。本案中犯罪嫌疑人马某确实是有向公安机关作虚假证明的行为，也有企图掩盖张某罪行的犯罪故意。但其作假证明时是否明知张某系犯罪的人，现有证据如何认定存在矛盾点。因为张某向马某打电话介绍案情时称是对方的车撞到了自己的车上，双方车辆产生了剐蹭，对方的人受伤、车受损与自己没关系，故马某能否达到张某系犯罪的人的认知程度，现有证据不足以证实。

综上，该交通事故与受害人李某死亡之间是否存在刑法上的因果关系不明确，不能排除合理怀疑，该案事实不清、证据不足，根据存疑有利于被告人的原则，本案应当认定为无罪。

（河北省唐山市曹妃甸区人民检察院 孙卫新）

破坏社会主义市场经济秩序罪

酒后驾车引发连环碰撞的行为构成何罪

一、基本案情

2017年8月17日22时许,被告人赵某某酒后驾车行驶至遵化市钟楼十字路口处时,先与唐某某驾驶的车辆发生碰撞后并未停车,强行继续行驶,相继与吴某某、白某某、陈某某驾驶的车辆发生碰撞并造成车辆损坏,此时赵某某仍未停车,向某单行线路段逆向行驶,后又行驶至某十字路口,将正在等红灯的李某某驾驶的车辆尾部撞坏。经鉴定,赵某某血液中酒精含量为189.3mg/100ml,五辆被损坏车辆损失在2017年8月22日市场零售价格为33690元。

二、分歧意见

本案最大的争议焦点是案件定性问题,一种观点是赵某某构成危险驾驶罪。本案赵某某酒后在道路上醉酒驾驶机动车,血液中酒精含量达到80mg/100ml以上,符合危险驾驶罪的构成要件。另一种观点是赵某某构成以危险方法危害公共安全罪。以危险方法危害公共安全罪是指故意使用放火、决水、爆炸、投放危险物质以外的危险方法危害公共安全的行为。被告人赵某某醉酒驾驶机动车在街道上连续冲撞5辆车辆,中间被多次阻拦均未停车,且有逆行等行为,已经危及不特定多数人生命安全,应当以以危险方法危害公共安全罪追究被告人赵某某的刑事责任。

三、评析意见

危险驾驶罪和以危险方法危害公共安全罪的共同之处就是侵犯的客体为公

共安全，两者之间的区别表现为：（1）主观方面不同。危险驾驶罪在主观上持希望或放任的故意；以危险方法危害公共安全要求主观上是故意。（2）是否要求出现危害结果上不同。危险驾驶罪是行为犯、情节犯，只要有醉驾或追逐竞驶的行为且情节恶劣即可，不要求造成实际的危害结果；以危险方法危害公共安全罪为危险犯。（3）在行为方式上不同。危险驾驶罪只包括醉驾和追逐竞驶两种行为，以危险方法危害公共安全罪是指要求实施"防火、决水、爆炸、投毒"以外但犯危险性相当的危险行为。不应包括醉驾和追逐竞驶的行为。（4）量刑上不同。比着以危险方法危害公共安全罪，危险驾驶罪是一种较轻的犯罪，没有发生危害后果，而以危险方法危害公共安全罪都要求造成严重后果。

本案是否构成以危险方法危害公共安全罪还应该从以下几个方面考虑：

1. 本案中赵某某的行为是否属于放火、决水、爆炸、投放危险物质以外的危险方法，由于刑法条文没有明文规定本罪的具体行为结构和方式，使得本罪成了危害公共安全罪的兜底条款，但是我们应该将本罪进行限制解释，以其他危险方法应仅限于与放火、决水、爆炸、投放危险物质相当的方法，而不能泛指任何具有危害公共安全性质的方法。被告人赵某某参加同事聚餐，醉酒后驾驶机动车在道路上行驶，发生交通肇事后继续行驶，连续碰撞其他机动车辆，其实施的危险方法与放火、决水、爆炸、投放危险物质危害安全的危险方法不相当或不类似，不应认定为属于放火、决水、爆炸、投放危险物质以外的危险方法。

2. 以危险方法危害公共安全罪应该足以造成他人重伤、死亡或者使公私财物遭受重大损失的物质性结果的行为，本案中赵某某是醉酒后驾驶机动车，在发生交通事故后因惧怕司法机关追究其责任，逃窜后又引发了连环碰撞，而不是出于对现实不满、报复社会的犯罪动机，所以实施的危险方法的危险程度较小，尚不足以造成不特定多数人伤亡等严重后果。

（河北省遵化市人民检察院　王清珍）

利用"中介刷单"实施诈骗的行为如何定性

一、基本案情

2016年9月,犯罪嫌疑人黄某注册成立了某网络技术有限公司,其主要业务是进行"中介刷单"。所谓"中介刷单",是指淘宝店铺为提高信誉度和好评度,会通过中介进行虚假刷单,增加交易的笔数。具体方式是,公司通过网络等渠道发布招募刷单"刷手"的信息,有意向者通过注册成为中介的会员接受购买商品并获得佣金的"任务"。操作方式是,会员(刷手)在淘宝店铺进行虚假购买,即店铺不真实发货(一般都是发空包),会员先垫付本金,也就是网店上标注的商品价格。待确认收货后,店铺将会员(刷手)虚假购买支付的本金连同佣金把钱返到中介,中介把钱返还给会员(刷手),这个过程中淘宝店铺支付刷单佣金,一般单笔十几块钱。中介扣除一部分佣金,剩下的佣金连同会员(刷手)虚假购买支付的商品本金一起返给会员(刷手)。黄某成立该公司后,在2016年的11月、12月建立了专门的刷单平台网站,并于2017年1月,购买了一个域名用在了之前使用的刷单网站上。至2017年六七月,因会员和合作的淘宝店铺都很少,公司经营出现了资金短缺,犯罪嫌疑人黄某遂产生了骗取会员本金用于公司周转的想法。即把会员支付的商品本金支付到黄某掌握的虚假的淘宝网店的支付宝账户里,然后以高佣金作为诱饵延长返给会员本金的时间(最高可达每单500余元),之后用会员(刷手)支付的本金用于公司的周转。随后黄某在淘宝网站注册了十几家虚假的淘宝网店,且经营的都是金额较大的"商品",目的是让会员刷大单,这样有更多的资金用于公司周转。其间,该公司平台的会员虽对平台的返还佣金政策有所怀疑,但基于此前到期本金及佣金均按时支付,遂也照常"刷单"。直到2018年2月,犯罪嫌疑人黄某发现这种骗取会员本金的经营方式缺口越来越大,已经不能支付即将到期的会员本金,其回笼了所有虚假支付宝账号里转进的会员的本金,解散了刷单群,注销了公司平台网站,携款逃匿。经查,黄某共骗取涉及全国10个省、自治区、直辖市的 13 名会员（刷手）支付的商品价款合计 120 万余元。

二、分歧意见

第一种意见认为，黄某以自己控制的虚假网店骗取"刷手"购买商品的本金，因"刷手"多为受中介平台广告吸引，兼职赚取佣金的不特定人群，且遍布全国各地，其系利用互联网发布虚假信息，对不特定多数人实施诈骗，数额特别巨大。其行为应当以诈骗罪追究刑事责任，法律适用上，适用《刑法》第 266 条关于诈骗罪的规定，以及 2016 年 12 月 20 日颁布实施的最高人民法院、最高人民检察院、公安部《关于办理电信网络诈骗等刑事案件适用法律若干问题的意见》的相关规定。不同意成立其他特殊诈骗的主要理由是，从犯罪嫌疑人的客观手段看，不是典型的集资诈骗手段；从被害人的身份看，当事人并没有参与集资的目的，应当认定为一般诈骗的被害人，而不是集资诈骗的集资参与人。故认定为利用互联网实施的一般诈骗更适宜。

第二种意见认为，黄某在经营"中介刷单"业务的过程中，因公司亏损，出现资金缺口，遂产生吸收资金用于公司经营的想法，并在无力偿还后携款逃匿，其主观目的和客观行为均符合集资诈骗的犯罪特点，宜定性为集资诈骗更符合主客观统一及罪责刑相适应原则，在法律适用上，适用《刑法》第 192 条关于集资诈骗罪的规定，以及 2014 年颁布实施的最高人民法院、最高人民检察院、公安部《关于办理非法集资刑事案件适用法律若干问题的意见》，2011 年实施的最高人民法院《关于审理非法集资刑事案件具体应用法律若干问题的解释》的相关规定。

三、评析意见

笔者持第二种意见，理由是：

1. 从犯罪的主观方面分析。犯罪嫌疑人黄某在公司经营出现亏损、经营难以为继的情况下，从原本的"中介"身份，通过自己注册淘宝店铺，将销售方与中介合二为一，将"刷手"支付的商品款据为己有，但其公司本身并无其他经营收入，而其为了获取"刷手"的信任除要归还商品本金外还有额外支付佣金，其虽然暂时可以通过用尚未到期的本金支付，但随着时间的推移，可以推断其后续的资金缺口只会越来越大，必然导致其无法归还"刷手"本金的结果。故此，可以推断其具有非法占有的目的，而本案在客观上也确实发生了前述的后果，黄某携款逃匿的行为更是其非法占有目的的直接体现。

故，本案在认定诈骗类犯罪主观方面的要件是充分的。

2. 从犯罪的客观方面分析。本案中黄某实施诈骗的手段更符合非法集资的手段，而不是网络诈骗的手段。最高人民法院《关于审理非法集资刑事案件具体应用法律若干问题的解释》第4条第1款规定："以非法占有为目的，使用诈骗方法实施本解释第二条规定所列行为的，应当依照刑法第一百九十二条的规定，以集资诈骗罪定罪处罚。"非法占有的目的，前述已经阐明，而关于客观的行为要件，该解释列举了除"其他"以外十种具体形式，笔者认为本案中黄某的行为符合第四种"不具有销售商品、提供服务的真实内容或者不以销售商品、提供服务为主要目的，以商品回购、寄存代售等方式非法吸收资金的"形式。原本黄某的公司只是提供中介服务，赚取中介费，但当他开始虚构淘宝店铺，让"刷手"误以为提供佣金的仍然是出售商品的淘宝店铺的时候，其行为的性质就是既不提供真实的中介服务，也不拥有实际的商品，只是为了骗取商品本金的集资行为了。虽然其具体吸收资金的方式不是商品回购、寄存代售，但诈骗类的案件客观上确实存在立法延迟性，将黄某的这种行为认定为吸收资金的形式并不是对法律条文的扩大解释。

另外，电信网络诈骗犯罪，"是指以非法占有为目的，利用电话、短信、互联网等电信网络技术手段，虚构事实，设置骗局，实施远程、非接触式诈骗，骗取公私财物的犯罪行为"。具体到网络诈骗的形式，多是不法分子利用网络的虚拟性，采取冒充身份、伪装身份、套取信息、编造事实等多种手段，利用一些群众防范心理差、网络安全意识淡薄以及疏忽大意泄露个人信息等漏洞，采取主动接触的方式，目的是骗取钱财。其诈骗的行为，依赖互联网的性质更大一些，互联网特有的隐蔽性、技术性、广泛性，是其诈骗的基础，也是衡量其社会危害性的一个主要因素。本案中，黄某的网络技术公司本身并没有欺骗性，其与被害人基于经营交易而产生关联，而非基于骗局去主动接触。故此，黄某的行为宜认定为集资诈骗罪。

3. 从犯罪所侵犯的客体以及更为具体的犯罪对象分析。首先，利用互联网实施诈骗，其侵犯的客体主要是当事人的财产权，同时也伴随着公民个人信息被侵犯，网络管理秩序被扰乱，以及掩饰、隐瞒犯罪所得、犯罪所得收益等上下游关联犯罪的蔓延。此类犯罪不仅侵害了财产安全和其他合法权益，还严重破坏社会诚信，严重影响人民群众安全感和社会和谐稳定，社会危害性大，属于依法从严打击的犯罪类型。网络诈骗的典型特点是，犯罪分子针对的犯罪对象是广泛的不特定群体，目的是直接骗取钱财。但从立案标准上看，却不仅仅以诈骗的数额定罪，行为次数也可以作为认定犯罪的标准（发送诈骗信息5000条以上的，或者拨打诈骗电话500人次以上的；在互联网上发布诈骗信息，页面浏览量累计5000次以上的），究其原因是网络诈骗既遂存在一定概率性，也就是说，如果对方当事人有足够的警惕性，是可以识破犯罪分子的欺诈伎俩的，故而，犯罪分子对网络秩序的破坏程度也作为追究刑事责任的标准。

然而，集资诈骗罪所侵犯的客体有其另外的特点。从刑法条文上来看，集资诈骗除侵犯犯罪对象的财产权外，也破坏了社会主义的市场经济秩序，即集资诈骗罪更具备金融领域犯罪的特点。从宏观上来看，此类犯罪一般伴随一定经济环境、区域、行业的背景。本案发生也存在这种情况，随着经济社会的快速发展，一些中小企业应运而生，资金需求旺盛，但融资难问题比较突出，经济下行压力较大，企业生产经营困难增多，或者出于维持经营或者出于贪财暴富，非法集资的手段也是不断翻新，但万变不离其宗，为了获得钱财，施骗人利用的就是一些群众有投资赚钱的心理。不管采取多么隐蔽的金融手段，其主要骗取钱财的手段是以小博大，也就是先期会给投资者一定赢利，但其诈骗的目标是更大数额的投资者的本金。本案中，"刷手"本身虽然没有集资的目的，但是其在刷单平台注册"会员"为的就是赚取佣金，具备营利的目的，同时，因为存在违规网络购物的操作，没有实际收到货物却也操作"确认收货"，待事后等待返还本金，行为本身也存在"投资"的风险，客观上造成了被施骗者利用的可乘之机。而高额回报具体表现为，返给"刷手"本金的时间越长，相应的佣金也越高。故而，本案从犯罪客体分析，其也符合非法集资罪的构成要件。

（河北省唐山市丰南区人民检察院　王向征）

房地产公司销售人员私吞购房款行为构成何罪

一、基本案情

朱某、王甲、王乙系无业游民，2011年6月至2012年3月间，三人利用唐山市某家酒店客房内的互联网担任境外某赌博网站代理，共同经营接受投注。董某时为唐山A房地产公司销售经理，常参与该网络赌博，并以此欠下大量赌债。2012年2月，董某利用其担任A房地产公司销售经理的职务便利，将其负责对外销售的某号写字间低价出售给谷某，并签订订购协议书，收取谷某购房款人民币420万元，用于偿还赌债及个人消费。2012年3月，B公司与A房地产公司就同一写字间签订了订购协议书。

二、分歧意见

关于对被告人董某非法占有谷某420万元购房款的行为定性，主要有两种不同意见：

第一种意见认为，被告人董某身为A房地产公司销售经理，利用其职务便利，以该公司名义与被害人谷某签订订购协议书，收取谷某购房款420万元并非法占为己有，其购房款性质应当为公司财物。因而，董某的行为构成职务侵占罪。

第二种意见认为，被告人董某以非法占有为目的，在签订、履行合同过程中，欺骗被害人谷某，使谷某陷于认识错误并基于此与被告人董某签订了订购协议书，骗取谷某购房款420万元并据为己有，其行为构成合同诈骗罪。

三、评析意见

准确对本案中董某的行为进行定性，核心要义在于正确理解职务侵占罪的本质，厘清职务侵占罪与合同诈骗罪之间的区别，从而对董某进行罚当其罪的定性和处罚。笔者认为，董某非法占有谷某420万元购房款的行为应认定为职务侵占，主要理由如下：

（一）职务侵占罪的本质与显著特征

根据《刑法》第271条规定，职务侵占，是指公司、企业或者其他单位的工作人员，利用职务上的便利，将本单位财物非法占为己有，数额较大的行为。"侵占"在行为方式上也多表现为以侵吞、窃取、骗取等手段获取本公司、企业的财物，在此意义上，职务侵占本质上也是一种侵占、盗窃或者说是诈骗等破坏财产权的犯罪行为，其似乎并无单独设置的必要，这一点从职务侵占罪的立法沿革便可窥见一二。新中国成立后，我国刑法中并无单独设立"职务侵占罪"，而是直接把符合职务侵占罪犯罪构成要件的行为认定为贪污罪，后来随着改革开放和市场经济的发展，在1997年刑法中为其正名。刑法之所以将公司、企业中的相关人员实施上述行为单列出来另设罪名进行处罚，其根本原因正如有些学者所言，该行为侵犯的不仅有单位的财产权，还侵犯了单位所授予的职权这一法益。职务侵占罪的落脚点在于"利用职务之便"，而职务行为的本质则是公司企业为了自身发展，基于对员工的信任所创设出来的体现单位利益，在某一特定范围内行使的职权。职务并不简单地等同于工作，其既包含一定的工作内容，亦包含对单位财物一定的控制、支配和处分权力，需要行为人对公司财物的使用、流转、调拨等具有一定的处置权或者临时控制权，而这些权力均是以行为人所具有的单位职责为前提或基础的。

因此，正如职务侵占罪立法沿革所反映出来的那样，职务侵占本质上是一种"贪污"单位财物的行为，其行为不仅侵犯了单位的财产权，也破坏了单位与员工之间的诚实信用的信赖利益。换言之，虽然我国现行刑法将职务侵占罪置于分则第五章侵犯财产罪之中，体现了职务侵占行为侵犯的法益本质上仍为财产权，但单位与员工之间围绕着职权的授予所产生的信赖利益仍为该罪名需要保护的法益之一，这也正是职务侵占罪区别于其他罪名的一个显著特征。

（二）职务侵占罪与合同诈骗罪的区别

职务侵占罪与合同诈骗罪两者主要区别有二：一是主体不同，职务侵占罪是特殊主体，必须是公司、企业或者其他单位的人员；而诈骗罪的主体为一般主体。二是犯罪对象不同，职务侵占罪的对象是本公司企业的财物，这种财物实际上已被行为人所掌握，而诈骗罪的对象是不为自己实际控制的他人财物。下面笔者将从这两方面详细分析本案：

第一，被告人董某是否具有合法职务，解决被告人是否"利用职务上的便利"问题。

被告人董某是否利用了职务便利的前提条件是其是否具有合法的职务。在案件审查中，应重点审查该被告人董某是否具有所在公司的授权证明（劳动合同、岗位职责文件、授权委托书等），包括具体的职权范围、起止日期等。通过阅卷可知，本案中，董某作为销售经理，具有A房地产公司的销售职权，掌握该公司正规的销售合同，并可以直接接触到单位合同章。董某是在其工作的公司销售处向谷某推销某号写字间的，并且该写字间公司决定对外出售，双方在销售处签订了正式的订购协议书，随后加盖了公司合同章，在此期间董某的行为完全符合其职务要求，整个购房合同的签订过程也完全符合市场交易流程，而经司法机关文件检验鉴定，双方签订的订购协议书中的甲方合同专用章印文与A房地产公司提供的合同专用章印文一致，根据合同法的规定，该订购协议成立。谷某支付了合同规定的对价，履行了己方的义务，此时交付董某的420万元购房款应视为公司财物，董某将其挥霍一空，属于利用职权将其职权范围内可以控制的、支配的公司财物加以侵占，构成职务侵占行为。

本案中，虽然董某在取财时采取了欺骗的手段，但作为合同相对方的谷某，却并未因此而陷入错误认识，即谷某交付购房款的根本原因并非由于董某的欺骗行为，而是基于对董某所具有的A房地产公司销售经理这一职务身份所必然包含的，具有相关房屋销售合同的签订与执行这一单位授权的信任。谷某也并非在向董某交付购房款，而是与董某所在公司签订并履行相关合同，如果董某并无该身份，单凭其编造的虚假理由是无法使得谷某处分相关财物的。因此，董某取得财物的关键性手段并非为骗，而是利用其职权所带来的便利条件。

第二，何为"本单位财物"，解决谁是董某犯罪行为的受害人问题。

职务侵占的对象应为本单位财物，本案中谷某交付给董某的420万元购房款能否定义为公司财物，是确定本案受害人的关键。笔者认为，职务侵占罪中"本单位财物"的内涵不能作狭义理解，本单位财物不仅应包括本单位合法所现实占有的全部财产，也当然地包括"本单位以自己名义拥有或虽不以自己拥有但为本单位占有的一切物权、无形财物权和债权"。职务侵占罪中的非法占为己有，不仅指采取侵吞、窃取、骗取等手段将合法已持有的单位财物进行处分，亦包括虽不占有单位财物却利用职务之便将骗取、窃取、侵吞的"第三人"财物转化为私有的行为。

综上，本案中，董某利用其身为A房地产公司销售经理的职权，在公司授权的范围内向谷某推荐正在售卖的写字间房源，双方签订了正规的订购协议书并加盖了公司真实有效的合同章，合同成功订立，谷某交付的420万元购房款应视为公司的财产，董某非法占有谷某420万元购房款应认定为职务侵占罪。

（河北省唐山市人民检察院　柴仕双　欧阳丽娜）

对非国家工作人员行贿案的中间人如何定罪处罚

一、基本案情

被告人李某某时任河北省保定市新市区韩村乡某村村委会主任，被告人朱某某时任河北省保定市新市区韩村乡某村党支部书记。2010年五六月，被告人蒋某某欲在该村进行房地产开发项目，在与被告人李某某及史某某、朱某某协商的过程中，为非法获得土地使用权，蒋某某向史某某行贿约4100万元，并由史某某从中再给予朱某某1020万元，给予李某某1493.9445万元，剩余赃款被史某某占有。

二、分歧意见

对被告人史某某如何定性，有不同意见：

第一种意见认为，应对其定性为对非国家工作人员行贿罪。理由是：被告人史某某积极协助蒋某某给予被告人朱某某、李某某好处费，数额巨大，其行为已构成对非国家工作人员行贿罪，行贿数额以史某某给予被告人朱某某和李某某的贿赂款数额计算。

第二种意见认为，应对其定性为对非国家工作人员行贿罪和非国家工作人员受贿罪。理由是：第一种意见未能考虑被告人史某某在其中除给予朱某某和李某某的贿赂款外，自己占有赃款的行为，定性不全面。应当将史某某自己所得部分赃款定性为非国家工作人员受贿罪，对其给予朱某某和李某某贿赂款的行为定性为对非国家工作人员行贿罪，数罪并罚。

第三种意见认为，应对其定性为非国家工作人员受贿罪，受贿数额按照蒋某某向其行贿的所有数额计算，包含其又分给朱某某和李某某的部分赃款。

三、评析意见

笔者同意第三种意见,认为被告人史某某犯非国家工作人员受贿罪,受贿数额为约4100万元,理由如下:

司法实践中,有贿赂中间人参与的贿赂犯罪一般呈如下几种模式:通道式、中转式以及占有式。

1. 通道式。行贿人和受贿人通过贿赂中间人的沟通和引见,达成贿赂意思表示,贿赂中间人仅仅提供双方信息,具体的行受贿行为则由行受贿双方自行完成。事后,贿赂中间人可能收取少量财物作为报酬。在这种模式下,贿赂中间人为贿赂行为的完成提供的是一种类似居间的服务,并在贿赂双方间提供了通道。显然,这种模式比较符合介绍贿赂罪的犯罪构成。如果是非国家工作人员的行受贿,则因为法律对此并无规定,中间人不构成犯罪。

2. 中转式。与通道式贿赂中间人相比,中转式贿赂中间人在整个贿赂过程中起了更大的作用,因为这类中间人不仅提供信息,促成沟通,还帮助行、受贿双方实施具体的贿赂行为。中转式贿赂中间人一般接受行贿人或受贿人委托后,以受托人的身份参与贿赂,再将所得利益全部归于委托人。由于中转式贿赂中间人已经从事了具体的行贿或者受贿行为,其已经构成了行贿或者受贿的帮助犯,理应构成行贿共犯或者受贿共犯。

3. 占有式。在司法实践中,有相当部分的贿赂中间人不仅帮助委托人完成了贿赂行为,还部分或者全部占有了贿赂款。与前两种形态相比,这种占有式贿赂中间人显然不能仅仅根据受托人来判断其性质,因为此时中间人已经超出了受托人的利益范畴,有了自己的利益驱动,在自身利益的驱使下,对贿赂款进行了直接的占有。一般来说,根据委托人对中间人占有贿赂款是否明知,可以将占有式贿赂具体分为以下两种情形:(1)提成;(2)截留。对于第一种情况,即在委托人知情的情况下,中间人对贿赂款进行部分占有,如果委托方是受贿人,那么中间人帮助委托人收受贿赂款并分赃,理应构成受贿共犯。如果委托方是行贿人,那么则演变为行贿人为获取不正当利益向贿赂中间人和受贿人共同行贿,对此,也应当将贿赂中间人认定为受贿共犯。对于第二种情况,即委托方不知情的情况下,中间人私自对贿赂款部分或全部占为己有,如果委托方是行贿人,那么中间人有可能构成诈骗或者侵占;如果委托方是受贿人,那么中间人也构成受贿的共犯。

回到本案中,本案的被告人史某某是典型的占有式贿赂中间人。其作为非国家工作人员行受贿双方的中间人,既受行贿人蒋某某的委托,积极协助蒋某某给予朱某某和李某某贿赂款;同时又受受贿人朱某某和李某某的委托,在行受贿双方之间牵线搭桥,与行受贿双方商议确定贿赂款的数额,客观上既帮助了行贿方,又帮助了受贿方,在行贿人蒋某某将全部约 4100 万元行贿款交给史某某之后,史某某掌控所有贿赂款项的处分权,除分给朱某某和李某某外,其余部分均自己占有。

所以,史某某的行为同时符合受贿共犯和行贿共犯的构成要件,应择一重罪,即以非国家工作人员受贿罪定罪处罚。在处罚上,应以其从行贿人处收到的全部款项作为犯罪数额予以认定,以其截留下的款项作为量刑情节考虑;对于另外两名受贿人朱某某与李某某,则以其从贿赂中间人史某某处所分得的贿赂款作为犯罪数额和量刑情节予以认定。

(河北省唐山市丰润区人民检察院 张振华)

骗取金融机构信贷资金转贷牟利行为是认定高利转贷罪还是骗取贷款罪

一、基本案情

犯罪嫌疑人王某，住唐山市丰南区，于2018年6月7日因涉嫌高利转贷罪被唐山市丰南区公安局刑事拘留，同年7月12日被唐山市丰南区人民检察院批准逮捕，8月30日唐山市丰南区人民检察院以王某犯高利转贷罪向唐山市丰南区人民法院提起公诉，10月10日唐山市丰南区人民法院判决王某犯高利转贷罪，判处有期徒刑6个月，罚金人民币13万元。

2015年12月21日，犯罪嫌疑人王某为牟取非法利益，以自己实际控制的唐山市丰南区某贸易有限公司购买焦粉的名义分别于2014年1月20日、2014年11月17日、2015年12月21日，通过向银行提供伪造的货物购销合同，骗取信贷资金200万元，月利率7.975‰，该款于2015年12月22日、23日分8次转账至王某个人名下的中国银行账户。犯罪嫌疑人王某于2015年12月22日将该笔信贷资金中的30万元转贷给卢某，月利率35‰，非法获利77291.5元；于2015年12月25日将该笔信贷资金中的35万元转贷给董某，月利率35‰，非法获利9458.7元；于2015年12月30日将该笔信贷资金中的130万元的转贷给李某，月利率38‰，非法获利39032.5元。以上三笔犯罪嫌疑人王某非法获利共计125782.7元。截至2016年10月18日，王某陆续将该200万元信贷资金还清。

二、分歧意见

第一种意见认为，王某的行为构成骗取贷款罪。根据《刑法》第175条之一规定，骗取贷款、票据承兑、金融票证罪（本罪为选择性罪名），是指以欺骗手段取得银行或者其他特别金融机构贷款、票据承兑、信用证、保函等，给银行或者其他金融机构造成重大损失或者有其他特别严重情节的行为。最高人民检察院、公安部《关于公安机关管辖的刑事案件立案追诉标准的规定（二）》第27条规定，以欺骗手段取得银行或者其他金融机构贷款、票据承兑、信用证、保函等，涉嫌下列情形之一的应以骗取贷款、票据承兑、金融票证罪立案追诉：（1）以欺骗手段取得贷款、票据承兑、信用证、保函等，数额在100万元以上的；（2）以欺骗手段取得贷款、票据承兑、信用证、保函等，给银行或者其他金融机构造成直接经济损失数额在20万元以上的；（3）虽未达到上述数额标准，但多次以欺骗手段取得贷款、票据承兑、信用证、保函等的；（4）其他给银行或者其他金融机构造成重大损失或者其他严重情节的情形。

该案中，王某通过向银行提供伪造的货物购销合同，骗取银行贷款高达200万元，完全符合上述第（一）项中所提到的立案标准，因此，王某应构成骗取贷款罪。

第二种意见认为，王某的行为构成高利转贷罪。根据《刑法》第175条规定，高利转贷罪，是指违反国家规定，以转贷牟利为目的，套取金融机构信贷资金高利转贷他人，违法所得数额较大的行为。该案中，王某为非法牟取利益，套取金融机构信贷资金高达200万元，并且高利转贷他人，违法所得125782.7元。其骗取贷款行为的主要目的就是转贷给他人从而牟取非法利益（而骗取贷款罪在主观上并无特定目的），从该案来看，王某的客观行为和主观目的完全符合《刑法》第175条关于高利转贷罪之规定，因此，王某应构成高利转贷罪。

三、评析意见

笔者同意第二种意见，王某构成高利转贷罪。

1. 从客观方面来看，骗取贷款罪与高利转贷罪均设置在《刑法》第175条之中，在客观行为上存在一定的相似性。如果行为人骗取贷款以后再高利转贷给他人，其行为就可能同时符合骗取贷款罪与高利转贷罪，最终选择适用哪个罪名，要综合考虑行为人的违法所得、银行或者其他金融机构的损失等情节。对于造成银行或者金融机构重大损失的，一般选择认定骗取贷款罪，以突出犯罪行为的欺骗性和对金融秩序的严重危害性；如果行为人通过转贷牟利并没有造成银行或者金融机构重大损失，一般应倾向于认定高利转贷罪。

2. 从主观方面来看，高利转贷罪要求有特定的行为目的，即"转贷牟利"。本案中，王某在套取信用贷款后，便将其中的大部分用于转贷牟利，其客观行为直接证实了其主观故意。本罪对于"转贷牟利"的主观方面是直接故意，且要求有"转贷牟利"的目的，至于其主观故意是在骗取银行贷款前还是贷款后，在大部分情况下只能依据犯罪嫌疑人的供词来判断，并不好界定，因此，只要在骗取银行贷款后实施了转贷牟利的行为，便应当认定为高利转贷罪。骗取贷款罪在主观上并无特殊目的要求，换言之，若行为人在客观上采取欺骗的手段向银行或者其他金融机构骗取贷款，但是没有证据表明其具有"转贷牟利"的目的，就应当以骗取贷款罪来定罪处罚。

3. 从客观行为来看，在高利转贷罪法条中行为关键词为"套取"，骗取贷款罪法条中行为关键词为"骗取"，两者都具有"骗"的性质，即"虚构事实，隐瞒真相"，而"套取"的行为范畴是被"骗取"所包含的。之所以用不同的字眼加以表述，是因为高利转贷罪"套取"的对象仅针对金融机构的信贷资金；而骗取贷款罪"骗取"的是银行或者其他金融机构贷款，以及票据承兑、信用证、保函等，且后三者又不能用"套取"来取得。实际上，王某以转贷牟利为目的，套取银行信贷资金也是一种骗取贷款的行为。

4. 从结果方面来看，高利转贷罪属于结果犯。本案中，王某以提供伪造的货物购销合同从银行处套取信贷资金后，将其中的195万元用于转贷牟利，并非法获利125782.7元，其数额达到了最高人民检察院、公安部《关于公安机关管辖的刑事案件立案追诉标准的规定（二）》中规定的"违法所得数额在十万元以上"的立案追诉标准。骗取贷款罪的危害结果是对本罪所保护的金融秩序和金融信用的法定的实际损害，即"给银行或者其他金融机构造成重大损失或者其他严重情节"。主要是指以欺骗手段获得贷款以后，造成贷款不能归还，给银行造成重大损失的；采用的欺骗手段十分恶劣；多次欺骗金融机构；因采用欺骗手段受到处罚后又欺骗金融机构的等情形。对于虽然采用欺骗手段从银行获取贷款，但数额不大或者虽然数额较大但在案发前已经归还了贷款的，可以认为不属于本条的"其他严重情节"。"给银行或者其他金融机构造成重大损失"是一个客观标准，指的是上述行为直接造成经济损失，如贷款无法追回，银行基于信用所承担的还款或者付款等实际损失。

另外，在刑事处罚方面，法律规定，自然人犯本条所规定之罪，处三年以下有期徒刑或者拘役，并处违法所得1倍以上5倍以下罚金；数额巨大的处三年以上七年以下有期徒刑，并处违法所得1倍以上5倍以下罚金。单位犯本条所规定之罪，对单位判处罚金，并对其直接负责人、主管人员和其他直接负责人员，处三年以下有期徒刑或者拘役。其中对"违法所得"的认定，在法学理论界和司法实践过程中存在不同的理解，有的观点认为是借款人高利转贷所取得的利息，有的观点认为是借款人高利转贷所得利息与其应支付金融机构贷款利息之差。笔者认为，立法本意应是惩罚借款人转贷牟利的行为，第二种理解较为妥当。

综上，本案王某伪造货物购销合同套取银行信贷资金，并用以转贷牟利数额较大，构成高利转贷罪。

（河北省唐山市丰南区人民检察院 王昌平）

将购买的非法制造的注册商标标识进行组装并销售的行为如何定性

一、基本案情

犯罪嫌疑人张某，在2018年2月至12月自北京购进大量假冒国窖1573、假冒五粮液、假冒剑南春等零散的包装材料，并雇用其外甥陈某、外甥媳妇马某，在其租赁的丰南区某镇一民房内，拼装加工成独立酒盒包装后对外予以销售2万余件，累计销售额10万余元，获利3.6万元左右，经酒厂鉴定人员对该局自现场扣押的以上假冒零散包装材料鉴定，均系假冒注册商标标识，假冒注册商标标识达5万余件。

二、分歧意见

第一种意见认为，张某的行为构成销售非法制造的注册商标标识罪。根据法律规定，销售是指出售、兜售或者转手倒卖伪造的或者擅自制造的他人注册的商标标识的行为，其中包括擅自出售带有他人注册商标的废次标识之行为。该案中，张某自北京购进大量假冒国窖1573、假冒五粮液、假冒剑南春等零散的包装材料（非法制造的注册商标标识），雇人组装成独立酒盒包装，并销售2万余件，其数额达到了最高人民检察院、公安部《关于公安机关管辖的刑事案件立案追诉标准规定（二）》中对于销售非法制造的注册商标标识规定的立案追诉标准。因此，对本案张某的行为应当认定为销售非法制造的注册商标标识罪。

第二种意见认为，张某的行为构成非法制造注册商标标识罪。根据法律规定，本罪在客观方面表现为违反商标管理法规，伪造、擅自制造他人注册商标标识，情节严重之行为。所谓伪造，是指无权制作他人注册商标，即未经县级以上工商行政管理机关批准而获得指定印制商标资格的单位或个人，未经注册商标所有人的合法许可、委托和授权，私自仿照他人注册商标标识的式样、文字、图形及组合、形态、色彩、质地、特征及制作技术等制作与他人注册商标标识相同的商标标识，或者非商标所有权人，委托他人包括有权印制商标标识的单位及个人，委托他人包括有权印制商标的单位或者个人为自己非法制造他人注册商标标识的行为。注册商标标识是商标所附着的载体，一般包括商标纸、商标织带、带有商标的包装等。该案中张某将假冒国窖1573、假冒五粮液、假冒剑南春等零散的包装材料（非法制造的注册商标标识），雇人组装成独立酒盒包装（带有商标的包装物属于商标标识）的行为，属于非法制造注册商标标识。

第三种意见认为，张某的行为构成非法制造、销售非法制造的注册商标标识罪。《刑法》第215条规定的非法制造、销售非法制造的注册商标标识罪是一个选择性罪名，如果行为人只实施了其中一种行为，则定非法制造注册商标标识罪或者销售非法制造的注册商标标识罪中的一罪。如果行为人"非法制造"后又"销售"，则按非法制造、销售非法制造的注册商标标识罪定罪量刑。

三、评析意见

笔者同意第三种意见，张某的行为构成非法制造、销售非法制造的注册商标标识罪。理由如下：

1. 张某购买明知是非法制造的注册商标标识，雇人组装成完整的酒盒包装，这种行为是"伪造性"的非法制造行为，构成了非法制造商标标识罪。

（1）包装物属于商标标识。原国家工商行政管理总局（现为国家市场监督管理总局）多次制定规范性文件对商标标识予以明确。如1988年9月，原国家工商行政管理局、商标局《关于商标标识含义问题的复函》指出，商标标识一般是指独立于被标志商品的商标的物质表现形式。《商标印制管理办法》第15条规定，商标标识是指与商品配套一同进入流通领域的带有商标的有形载体。1996年6月，原国家工商行政管理局《关于收缴商标标识有关问题的答复》中又明确规定，商标标识是指带有商标但独立于被标志商品的物品，如带有商标的标签、封签、包装物等。

（2）将购买的非法制造的注册商标标识进行组装是侵犯商标标识的行为。该案中，张某将购买的非法制造的注册商标标识组装成酒盒包装的行为，侵犯了他人注册商标的专用权。侵犯他人注册商标（包括商标标识）行为的本质特征是"利用他人注册商标声誉，以生产的商品冒充商标注册人的商品，使一般消费者对商品来源产生误认,具有不同程度的欺骗性",故该行为仍侵犯了他人注册商标标识。

(3)张某行为属于非法制造商标标识。制造即"用人工使原材料成为可供使用的物品",其实质就是行为人用人工使原本各自独立的物品重新整合成能达到目标功能的物品",其整合的方法多种多样,如提炼、化学方法、按比例混合、组装等。本案中,张某将购买的非法制造的注册商标标识用人工重新组合拼装成为可再次使用的附有注册商标标识的酒类商品包装,其组装行为应当属于制造行为。2002年,原国家工商行政管理总局、国家商标局《关于加工带有商标标识的包装物是否属于商标印制行为的批复》就类似物理组合行为的定性作了较为权威的确认,批复认为,北京新拓塑料包装制品公司在其生产的塑料瓶上套上他人印制的商标标识,经热缩紧固,支撑带有商标标识的饮料瓶行为,属于"制作带有商标"的商标印制行为。本案中,张某虽然实施的是简单的人工物理组合,但仍符合制造的本质特征,应当定性为"制造",且属于非法制造的行为。参照该批复规定,将包装物与非法制造的注册商标标识进行组装的行为,也应认定为伪造注册商标标识行为,构成非法制造注册商标的行为。

2. 根据刑事法律规定,所谓销售,是指出售、兜售或者转手倒卖伪造的或者擅自制造的他人注册商标标识的行为,其中包括擅自出售带有他人注册商标的废次标识之行为。对于销售行为,只有销售属于伪造或者擅自制造的注册商标标识的,才能构成本罪。本案中,张某从北京购入大量非法制造的注册商标标识,人为组装后予以销售的行为构成销售非法制造的注册商标标识行为。

最高人民法院、最高人民检察院、公安部《关于办理侵犯知识产权刑事案件具体应用法律若干问题的解释》第3条规定:"伪造、擅自制造他人注册商标标识或者销售伪造、擅自制造的注册商标标识,具有下列情形之一的,属于刑法第二百一十五条规定的'情节严重',应当以非法制造、销售非法制造的注册商标标识罪判处三年以下有期徒刑、拘役或者管制,并处或者单处罚金:(一)伪造、擅自制造或者销售伪造、擅自制造的注册商标标识数量在二万件以上,或者非法经营数额在五万元以上,或者违法所得数额在三万元以上的;(二)伪造、擅自制造或者销售伪造、擅自制造两种以上注册商标标识在一万件以上,或者非法经营数额在三万元以上,或者违法所得数额在二万元以上的;(三)其他情节严重的情形。"本案中,张某购买多种他人伪造的注册商标标识,人为组装后予以销售2万余件,其销售数额10万余元,违法所得额3.6万余元,非法制造多种注册商标标识共计7万余件,均达到了最高人民法院、最高人民检察院、公安部《关于办理侵犯知识产权刑事案件具体应用法律若干问题的解释》中规定的定罪标准。

3. 选择性罪名，是指包含的犯罪构成具体内容，反映多种犯罪行为，既可概括使用，又可分解使用。如《刑法》第347条走私、贩卖、运输、制造毒品罪，当犯罪分子实施了其中四种行为的一种或多种时，就可以分开或整体使用。

综上，本案中张某的行为应认定为非法制造、销售非法制造的注册商标标识罪。

（河北省唐山市丰南区人民检察院　冯玉明）

使用虚假材料骗取贷款的行为如何定性

一、基本案情

2015年10月,张某以其经营的公司购买原材料需要资金为由,使用虚假的购销合同等材料,从唐山市某区农村信用社办理了400万元贷款,张某在收到该笔贷款后并未用于购买公司原材料,而是转借给其朋友李某,用于李某所经营公司的资金周转。2016年10月,该贷款到期后,因李某的公司经营亏损,李某无力偿还借款外出逃避,后张某将自己公司资产转售后偿还了该笔贷款。

二、分歧意见

第一种意见认为,张某的行为构成骗取贷款罪。根据最高人民检察院、公安部2010年5月出台的《关于公安机关管辖的刑事案件立案追诉标准的规定(二)》第27条第1款的规定,以欺骗手段取得银行或者其他金融机构贷款,数额在100万元以上的,应予立案追诉。本案张某的行为完全符合上述规定,依法构成骗取贷款罪。

第二种意见认为,张某不构成骗取贷款罪。根据刑法对骗取贷款罪的罪状表述,骗取贷款的行为必须给银行"造成重大损失或者有其他特别严重情节的"才构成骗取贷款罪。本案中,张某的行为并未给银行造成损失,也不具有"其他特别严重情节",因此,不构成骗取贷款罪。

三、评析意见

笔者同意第二种意见,理由如下:

《刑法》第175条之一规定,以欺骗手段取得银行或者其他金融机构贷款、票据承兑、信用证、保函等，给银行或者其他特别金融机构造成重大损失或者有其他特别严重情节的行为，构成骗取贷款罪。骗取贷款罪实质是以欺骗手段取得贷款且情节严重的行为，在客观方面必须具备两个要素：一是实行行为是以欺骗手段（如虚构投资项目、虚构担保单位、虚设抵押物等）骗取贷款；二是必须具有已对社会造成严重危害的"严重情节"，包括给银行或其他金融机构造成"重大损失"这一结果要件，或者"其他特别严重情节"。

2010年5月最高人民检察院、公安部《关于公安机关管辖的刑事案件立案追诉标准的规定（二）》（以下简称《规定（二）》）第27条规定，凡以欺骗手段取得贷款等数额在100万元以上的，或者以欺骗手段取得贷款等给银行或其他金融机构造成直接经济损失数额在20万元以上的，或者虽未达到上述数额标准，但多次以欺骗手段取得贷款的，以及其他给银行或金融机构造成重大损失或者有其他严重情节的情形，应予以立案追诉。

从文义解释角度来看，只要以欺骗手段取得银行或者其他金融机构贷款在100万元以上，或者多次以欺骗手段取得贷款既可定罪，而不论是否给银行或者其他金融机构造成重大损失或具有其他特别严重情节。

笔者认为，立案标准并非认定损失的最终标准。首先，立案标准适用具有阶段性、非终局性。立案是进入刑事诉讼的第一个环节，由于案件尚未展开侦查，具体证据尚未完全掌握，给银行等金融机构造成的损失一时难以估量，所以《规定（二）》在第27条第（一）项与第（二）项规定了"未造成损失"与"造成损失"均可立案的情形。但是该标准只能适用于立案阶段，不能适用于起诉、审判阶段，倘若经过侦查、起诉，发现行为人骗取贷款的行为并未给金融机构造成损失，则应当根据骗取贷款罪的犯罪构成，认定行为不满足"给银行或其他金融机构造成重大损失或具有其他特别严重情节"这一构成要件要素，从而认定犯罪嫌疑人不成立本罪，撤销案件、不起诉或认定无罪。

综上，是否构成骗取贷款罪必须将该罪立案追诉规定同该罪刑法规定结合起来全面分析。例如，《刑法》第175条之一明确规定，该罪必须具有给银行或其他金融机构造成重大损失或具有其他特别严重情节的行为，这是构成该罪的必要条件。孤立地分析《规定（二）》第27条，则只要以欺骗手段取得贷款在100万元以上，或者多次以欺骗手段取得贷款，不论是否给银行或其他金融机构造成重大损失或具有其他特别严重情节，均可定罪。实际上并非如此。通过立案侦查，如果发现行为人骗取贷款在100万元以上，或者多次骗取贷款，并且给银行或其他金融机构造成实际经济损失在20万元以上，或者虽未给银行或其他金融机构造成重大损失，但却利用贷款进行非法活动，情节严重，应以该罪追究刑事责任。但是，如果经过立案查明，行为人仅仅骗取贷款数额在 100 万元以上，或多次骗贷，却并未给银行或其他金融机构造成实际损失，亦未利用贷款进行任何非法活动，那就明显属于一般背信行为，并未给金融管理秩序造成实际危险，未触犯《刑法》第 175 条之一规定，不应以该罪追究刑事责任。

另外，将案发前已还本付息的骗贷案件一概认定为犯罪或者不认定为犯罪有失偏颇。笔者认为，对于行为人已还本付息，风险已经得到有效排除，客观上受保护的法益已修复，则可以不起诉或免除处罚；如果借款人在案发前虽然已还本付息，但并非主动，而是被害人通过民事起诉等司法救济措施实现的，那么其行为仍应构成犯罪，已经归还本息的事实可作为从轻量刑情节在量刑阶段予以考虑。

综上，本案中张某的行为不构成骗取贷款罪。

（河北省唐山市丰南区人民检察院　孙立强）

在制作食品过程中食品添加剂严重超标的行为如何定性

一、基本案情

2018年1月10日,被告人熊某某与桑某某签订为期三年的房屋租赁合同,承租唐山市路南区某街底商用于经营早餐生意。自2018年3月8日起,被告人熊某某在该底商制作、销售油条、炸饼等早餐,为提升油条酥脆口感、增加营业收入,其在日常制作时在面粉中添加了泡打粉、酥脆剂等食品添加剂。2018年5月25日,唐山市公安局路南分局民警对被告人熊某某生产、销售的油条抽样送检,经河北省出入境检验检疫技术中心检测,油条中铝残留量为1330mg/kg,高出国家规定的食品添加剂使用标准中油炸面食铝残留量应小于等于100mg/kg安全标准的13余倍。

二、分歧意见

第一种观点认为,本案构成生产、销售有毒、有害食品罪。

第二种观点认为,本案构成生产、销售不符合安全标准的食品罪。

三、评析意见

笔者同意第二种观点,分析如下:

按照我国刑法规定,生产、销售有毒、有害食品罪与生产、销售不符合安全标准的食品罪,两罪同属生产、销售伪劣商品类犯罪,均是行为犯,均危害了不特定人群的生命健康安全,在实务中容易造成混淆。

从我国刑法规定来看,两罪的区别主要在于构成犯罪的行为方式不同,前罪的行为方式表现为,在生产、销售的食品中掺入有毒、有害的非食品原料,或者销售明知掺有有毒、有害的非食品原料的食品的行为；后罪的行为方式表现为，明知生产、销售的食品不符合食品安全法规定的安全标准而进行生产、销售，足以造成严重食物中毒事故或者其他严重食源性疾病的行为。两罪是特别关系，前罪的法条是特别法条，一方面，对于符合前罪犯罪构成的行为，即使符合后罪的犯罪构成，亦应当认定为生产、销售有毒、有害食品罪；另一方面，不符合前罪犯罪构成的行为，也完全可能符合后罪的犯罪构成。如行为人在生产、销售的食品中掺入非食品原料，没有达到有毒、有害程度，或者行为人在生产、销售的食品中超限量或超范围添加国家允许合法添加的食品添加剂，使该食品不符合食品安全法规定的食品安全标准，足以造成严重食物中毒事故或者其他严重食源性疾病，应当以生产、销售不符合安全标准的食品罪论处。

本案中，被告人熊某某在明知应当遵守食品安全法相关规定的情况下，为使生产的油条达到的酥脆目的便于销售，在制作油条的过程中添加含铝食品添加剂（复合膨松剂酥脆剂），经公安机关对其现场制作、销售的油条进行抽样并检测，证实检测样品油条中铝残留量高出国家规定的食品添加剂使用标准中油炸面食铝残留量安全标准的13余倍，危害人体健康，足以造成严重食物中毒事故或其他严重食源性疾病。由于本案被告人添加的食品添加剂不属于非食品原料，没有达到有毒、有害程度，且根据2013年5月2日最高人民法院、最高人民检察院《关于办理危害食品安全刑事案件适用法律若干问题的解释》有关规定，本案被告人生产、销售的食品中含有严重超出标准限量的危害人体健康的物质，应当认定为足以造成严重食物中毒事故或者其他严重食源性疾病。

综合全案证据，应当认定为生产、销售不符合安全标准的食品罪。

（河北省唐山市路南区人民检察院　孙　岩　张楚潍）

拖欠银行通过信用卡发放的"万用金"是否构成恶意透支

一、基本案情

2013年8月,田某某申领了一张上海浦东发展银行的信用卡,授信额度为2万元。田某某收到该卡后一直正常消费使用,并按期还款。2016年,上海浦发银行审查田某某信用状况良好,便主动打电话给田某某,向其推荐"万用金"业务,称该业务不用持卡人提供任何担保,也不用签订书面协议,即可以通过该信用卡提供给持卡人一笔25万元的贷款额度,该贷款分36期偿还,每期贷款须使用信用卡平台偿还。田某某随即同意办理"万用金"业务,随后将银行提供的25万元转入自己另外一张工商银行借记卡内用于生意周转,并按照约定的分期按时还款。2017年,田某某生意失败,资金链断裂,逐渐不能按期归还"万用金"的分期还款和其他消费透支。时至2017年9月19日,田某某最后一次还款后,再未做任何还款。2017年10月开始,浦发银行通过电话、上门等方式进行了多次催收,田某某仍未还款。2018年5月20日,浦发银行向公安机关报案,称田某某恶意透支包含未归还的"万用金"和其他消费透支本息合计达27万余元。公安机关以田某某涉嫌信用卡诈骗罪对田某某立案侦查,后移送检察机关审查起诉。

二、分歧意见

对田某某未归还的"万用金"是否应计入恶意透支信用卡的数额,有两种不同意见:

第一种意见认为,未归还的"万用金"数额应计入恶意透支信用卡的数额。理由是:根据2004年12月29日第十届全国人民代表大会常务委员会第十三次会议通过的《关于〈中华人民共和国刑法〉有关信用卡规定的解释》规定,刑法规定的"信用卡",是指由商业银行或者其他金融机构发行的具有消费支付、信用贷款、转账结算、存取现金等全部功能或者部分功能的电子支付卡。根据上海浦东发展银行出具的"万用金"业务的说明,万用金现金分期业务是该行信用卡中心为符合条件的信用卡持卡人提供的分期服务,持卡人可在银行预先给定的"万用金"额度内,直接申请支取现金,由持卡人分期偿还本金,并收取分期手续费。故"万用金"是一种通过信用卡平台发放的信用贷款,属于信用卡功能之一,拖欠"万用金"额度亦构成恶意透支。

第二种意见认为,未归还的"万用金"数额不应计入恶意透支信用卡的数额。理由是:"万用金"不是从信用卡内透支的信用额度,其本质上是田某某与银行之间一项独立的民事贷款,田某某将该款使用后未按约定偿还,属于民事法律关系,不属于恶意透支行为。

三、评析意见

笔者赞同第二种意见,拖欠"万用金"的数额不应计入恶意透支信用卡的数额。具体分析如下:

1. "万用金"在发放方式、计息方式、还款方式等方面与一般信用卡的消费信贷有着明显区别。信用卡的根本属性是"凭信用免费使用银行资金"。一般信用卡的使用流程是,由持卡人根据与银行事先约定的授信额度,使用信用卡进行刷卡消费或支取现金,月底结账。银行在每月账单出账后,会给持卡人一个免息期,一般是二十天左右,在免息期到期前持卡人如能足额还款,银行则不收取任何利息和费用。持卡人如未能足额还款,对于未能归还的部分银行才开始收取利息和费用。同时,对于资金短缺的持卡人,银行还提供了一种分期还款业务,持卡人可以对本期不能按时还款的全部或部分金额自行选择分若干期还款,银行对这种分期还款业务会收取一定的手续费。"万用金"额度是银行在信用卡授信额度之外另行批准的一笔现金贷款额度,该笔贷款不是打入持卡人相应信用卡内,由持卡人根据需要进行刷卡消费或支取现金,而是由持卡人直接转入自己的另一张一借记卡中。该业务同时要求持卡人必须接受分期,此后每月按期偿还本金及相应的利息、手续费等,其间没有免息期。因此,"万用金"本质上是一种事先约定分期还款的独立的民事贷款,其和一般信用卡透支后选择分期还款的方式有着明显的不同,所以拖欠"万用金"的数额不应计入恶意透支信用卡的数额。

2. 国家对信用卡的信用贷款功能是有明确限制的。根据银监会《商业银行信用卡业务监督管理办法》第7条规定:"本办法所称信用卡,是指记录持卡人账户相关信息,具备银行授信额度和透支功能,并为持卡人提供相关银行服务的各类介质。"第55条又规定:"发卡银行不得为信用卡转账(转出)和支取现金提供超授信用额度用卡服务。信用卡透支转账(转出)和支取现金的金额两者合计不得超过信用卡的现金提取授信额度。"以上条文明确了我国信用卡的两大特征:具有授信额度和透支功能。"透支"是指银行允许其用户在事先约定的限额内,超过存款余额支用款项的一种放款形式,信用卡的透支功能实际是一种信用贷款,允许用户凭信用免费使用一定限额的银行资金用于消费或提现。该《办法》第55条就是进一步对基于信用卡平台的透支转账(转出)和支取现金的金额作出了限制,明确了其额度不得超过授信额度。就上述规定来看,浦发银行向一个授信额度仅有2万元的信用卡账户提供一笔25万元的"万用金",明显超出了上述规定的限额,已经违反了相关金融规章的规定,所以,该"万用金"不属于信用卡基本属性之内的信用贷款。

3. 从金融风险控制和刑法的任务来看,不宜将拖欠"万用金"认定为恶意透支。

根据现代金融理论,银行在发放信用贷款时只获得了借款人对于偿还贷款的承诺,而这种承诺能否兑现,取决于借款人未来的现金流。由于借款人未来的现金流有很大的不确定性,所以信用贷款势必要承担较大的风险。对于这种潜在的风险就要求银行在发放信用贷款时严格审查和评估借款人的偿还能力、资金用途等因素,并严格限定贷款额度,以便将风险降至最低。银监会之所以要在《商业银行信用卡业务监督管理办法》中对信用卡透支转账(转出)和支取现金金额作出不得超过授信额度的规定,究其原因,正是为了规避和防范这一信用风险。但是,如"万用金"这种通过信用卡平台发放和还款的超过授信额度的信用贷款,仅是通过持卡人过往在授信额度内有良好的还款记录就评估借款人有良好的偿还能力,在根本不过问资金用途,不签订书面协议的情况下便发放一笔数倍至十数倍授信额度的信用贷款给持卡人,势必使所发放贷款不能如期收回的风险大增。换言之,发卡银行上述不审慎的放贷行为,对所造成的还贷风险有不可推卸的责任。这种风险理发卡银行也应承担,而不应由司法机关通过刑法代替其去防范和化解这一风险。

目前,类似浦发银行"万用金"这种通过信用卡平台发放和还款的超过授信额度的信用贷款在各银行中普遍存在,如招商银行"e招贷"、光大银行"心e金"、兴业银行"兴闪贷"、广发银行"财智金"等。上述贷款项目用户群体庞大,难免会出现持卡人未能及时还贷的情况,如将上述贷款项目都视作信用卡基本功能内的信用贷款，对于不能及时还贷的持卡人都按照"恶意透支型"信用卡诈骗罪中的法律规制定罪科刑，则显得谦抑不足，有重刑主义倾向。

综上，对于这类通过信用卡平台发放的超过授信额度的信用贷款不应视为信用卡基本功能之内的信用贷款，拖欠这类贷款的数额不应视为信用卡透支数额，不应适用"恶意透支型"信用卡诈骗罪中的法律规定进行调整。

（河北省唐山市路北区人民检察院　刘树利）

无证销售汽油的行为能否认定为非法经营罪

一、基本案情

2017年6月至2018年11月，被告人朱某某在未取得任何手续的情况下，在某村院内地下安装油罐，并私设两台加油机，对外销售汽油。截至案发，朱某某无证销售汽油的金额达900余万元。

二、分歧意见

第一种意见认为，《刑法》第225条规定，未经许可经营法律、行政法规规定的专营、专卖物品或者其他限制买卖的物品，情节严重的，属于非法经营罪。也就是说，构成此类犯罪，所经营的物品必须是违反国家法律、行政法规规定，限制买卖的物品。按照我国《立法法》第56条的规定，国务院根据宪法和法律，制定行政法规。国务院下属的部委有权依照行政法规制定部门规章，但无权直接制定行政法规。朱某某销售汽油的行为所触犯的《成品油市场管理办法》（商务部令2006年第23号公布）系商务部制定，不是法律，也不是行政法规，而仅属于部门规章。因此，汽油不属于"法律、行政法规规定的专营、专卖物品或者其他限制买卖物品"。根据罪刑法定原则，朱某某无证销售汽油的行为只是行政违法行为，不构成非法经营罪。

第二种意见认为，汽油属于"未经许可经营法律、行政法规规定的专营、专卖物品或者其他限制买卖的物品"，朱某某在未取得《成品油零售经营批准证书》《危险化学品经营许可证》等证照的情况下，擅自从事汽油零售，情节严重，构成非法经营罪。

三、评析意见

笔者同意第二种意见,理由如下:

根据《刑法》第225条规定,本案争议焦点集中在朱某某无证销售汽油的行为是否属于非法经营罪的客观行为之一,也就是汽油否属于"未经许可经营法律、行政法规规定的专营、专卖物品或者其他限制买卖的物品"?

1. 根据《成品油市场管理办法》第3条第1款规定:"国家对成品油经营实行许可制度。"第4条规定:"本办法所称成品油包括汽油。"同时,该《办法》第20条规定:"对符合本办法第八条规定条件的,应当给予成品油零售经营许可,并颁发《成品油零售经营批准证书》。"因此,朱某某销售汽油并未取得《成品油零售经营批准证书》,显然触犯了该《办法》。《成品油市场管理办法》虽由商务部令颁布,属于部门规章,但它是根据《国务院对确需保留的行政审批项目设定行政许可的决定》(国务院令第142号)授权而制定。该《决定》授权国务院有关部门保留和设定了500项行政许可,其中第183项即是"石油成品油批发、仓储、零售经营资格审批"。因此,从这个角度看,汽油属于需要许可经营的物品,即属于《刑法》第225条第(一)项规定中的"法律、行政法规规定的专营、专卖物品"。

2. 根据国务院《危险化学品安全管理条例》(国务院令第344号)第33条规定:"国家对危险化学品经营(包括仓储经营)实行许可制度。未经许可,任何单位和个人不得经营危险化学品。"可见,危险化学品是由行政法规规定的专营、专卖物品。也就是说,经营危险化学品必须取得《危险化学品经营许可证》。

最后,根据国家安全生产监督管理总局、工业和信息化部、公安部、环境保护部、交通运输部、农业部、国家卫生和计划生育委员会、国家质量监督检验检疫总局、国家铁路局、中国民用航空局公告《危险化学品目录(2015版)》,该《名录》第1630号物品,即汽油被列入危险化学品名单。因此,汽油属于危险化学品,属于由行政法规规定的专营、专卖物品,销售汽油必须取得《危险化学品经营许可证》。

综上,汽油既属于成品油,又属于危险化学品,且被行政法规规定为非经许可不得经营。因此,汽油属于《刑法》第225条规定的"未经许可经营法律、行政法规规定的专营、专卖物品或者其他限制买卖的物品"。本案中，朱某某在未取得《成品油零售经营批准证书》《危险化学品经营许可证》等证照的情况下，擅自从事汽油零售，构成非法经营罪。

(河北省唐山市古冶区人民检察院　郑　银)

行为人共谋窃取他人信用卡信息并取款分赃行为构成何罪

一、基本案情

2018年1月初,贾某、刘某、李某(另案被逮捕)三人商议购买设备用于窃取他人信用卡信息,取款后分赃。李某联系好卖家后,贾某、李某从周某处购买设备(窃取信用卡信息的摄像头、卡口和复制信息的写卡器及10张空白磁卡),贾某出资5500元,刘某出资1500元。周某向贾某、李某教授复制、写卡的操作(该卡后经贾某测试不能使用)。之后,贾某、李某、刘某三人到佳木斯、乐亭等地银行ATM机处安装卡口、摄像头等设备,欲窃取他人信用卡信息,但因设备故障未果。贾某、李某与周某联系,由周某维修设备。后李某又从网名夕阳(另案处理)处获取7条银行卡信息,贾某、李某二人将该信息写入7张磁卡。1月中旬,刘某购买10台POS机,准备刷卡套现。但因POS机未办开户手续未果。1月23日23时许,贾某、李某到乐亭县蔡庄农村信用社ATM机处,贾某在外把风,李某用卡取款,因该卡被吞未果。经鉴定,10张卡中,有2张卡存在磁道数据,卡片具备消费支付、信用贷款、转账结算、存取现金等全部或部分交易功能,属于伪造的信用卡。

二、分歧意见

关于本案的认定,有四种意见:

第一种意见认为,四人构成妨碍信用卡管理罪。理由一:贾某、李某、刘某共谋为窃取他人银行卡信息而向周某购买10张空白磁卡并持有,周某明知贾某、李某、刘某为窃取他人信用卡信息而向其贩卖了设备及空白磁卡,该卡用于伪造信用卡,应当认定为"伪造的空白信用卡"。理由二:贾某、李某用该设备复制7张信用卡并持有,且经鉴定有2张属于"伪造的信用卡",刘某提供资金，周某提供技术，四人构成妨碍信用卡管理罪共犯。

第二种意见认为，四人构成信用卡诈骗罪（未遂）。贾某、李某二人使用伪造的信用卡到银行取款，磁卡被吞未果，属于意志以外原因未得逞，构成信用卡诈骗罪（未遂）；刘某提供资金，并参与踩点、购买使用POS机；周某提供技术，刘某、周某二人为帮助犯。

第三种意见认为，四人构成伪造金融票证罪。贾某、李某将他人信用卡信息写入了空白磁卡，是伪造金融票证的主犯，刘某提供资金，并参与踩点、购买POS机属帮助犯，周某明知贾某、李某购买设备是为窃取他人信用卡信息，仍出售设备并现场教授设备使用方法、设备故障后负责修理设备，提供技术支持，属帮助犯或教唆犯。四人构成伪造金融票证罪的共犯。

第四种意见认为，贾某、李某、刘某三人构成伪造金融票证罪，周某构成传授犯罪方法罪。贾某、李某将他人信用卡信息写入空白磁卡，刘某提供资金，并参与踩点、购买POS机，三人涉嫌伪造金融票证罪；周某售卖设备并现场教授设备使用即伪造信用卡的方法，其行为涉嫌传授犯罪方法罪。

三、评析意见

笔者同意第四种意见，理由如下：

1. 认定妨碍信用卡管理罪不妥。妨害信用卡管理罪，指明知是伪造的信用卡（1张）、伪造的空白信用卡而持有、运输，数量较大的（10张），或者非法持有他人信用卡，数量较大的（5张），或者使用虚假的身份证明骗领信用卡的（1张），或者出售、购买、为他人提供伪造的信用卡（1张），或者以虚假的身份证明骗领信用卡（1张）的行为。本案行为宜分段分析。10张空白卡可写入信用卡信息也可写入会员卡等其他信息。该卡是否系"伪造的空白信用卡"，不应以四人有复制他人银行卡信息的动机而定。故写入他人银行卡信息之前不属于"伪造的空白信用卡"，写入后是"伪造的空白信用卡"，但此时的持有行为应被伪造行为吸收，认定妨害信用卡管理罪不妥。

2. 认定信用卡诈骗罪不妥。信用卡诈骗罪，是指使用伪造的信用卡、使用以虚假的身份证明骗领的信用卡、使用作废的信用卡、冒用他人信用卡或者恶意透支，进行信用卡诈骗活动，数额较大（5000元以上）的行为。本罪属于数额犯，案中四人有伪造信用卡并使用的行为，但因卡中无钱且卡被吞未取出钱，无犯罪数额，认定信用卡诈骗罪不妥。

3. 认定周某伪造金融票证罪不妥。首先周某不是教唆犯。教唆犯的作用在于使没有犯罪意图的人产生犯罪意图。本案中，贾某、李某、刘某在购买设备前已有犯罪意图，周某的行为并未使贾某、李某产生新的犯意。周某以出售设备牟利为目的向贾某、李某教授使用方法，即伪造金融票证的方法，虽然客观上对三人伪造金融票证起到帮助作用，实际是想象竞合犯，即实施一个教授伪造金融票证的行为，同时侵犯传授犯罪方法罪和伪造金融票证罪两个客体，依照"择一重罪处罚"的原则，在两罪法定刑相同时，应以其触犯的最直接的罪名惩处，故认定伪造金融票证罪不妥。

4. 认定贾某、李某、刘某涉嫌伪造金融票证罪，周涉嫌传授犯罪方法罪。伪造、变造金融票证罪，是指伪造、变造汇票、本票、支票、委托收款凭证、汇款凭证、银行存单及其他银行结算凭证、信用证或者附随的单据、文件以及伪造信用卡的行为。传授犯罪方法罪，是指以语言、文字、动作或者其他方式，向他人传授实施犯罪具体方法和技能的行为。

本案中，主观上，贾某、李某、刘某共谋购买设备窃取他人信用卡信息并取款分赃；客观上，贾某、刘某出资，李某联系卖家，购买设备后，贾某、李某、刘某三人多次到银行 ATM 机处踩点、安装卡口、摄像头设备，贾某、李某将他人银行卡信息写入空白磁卡，并到 ATM 机取款，因卡被吞未果。刘某购买 POS 机，因设备原因提现未果。经鉴定，涉案磁卡中有 2 张属于"伪造的信用卡"。贾某、李某、刘某三人行为涉嫌伪造金融票证罪。周某明知贾某、李某购买设备是为窃取他人信用卡信息，仍出售设备并教授伪造信用卡，涉嫌传授犯罪方法罪。

（河北省唐山市人民检察院　王春明　杨学娟）

将食品宣传为具有药用疗效的产品进行销售的行为如何定性

一、基本案情

被告人张某（系被告单位甲公司实际经营人）与王某（系被告单位乙公司实际经营人）经调查发现，通过卫视播放养生节目销售治疗高血压、糖尿病等产品的市场很好，遂产生利用卫视广告销售此类产品获利的想法。经实地考察，二人决定与某公司达成供货协议，该公司根据张某、王某的要求，在不改变生产标准的情况下，对生产的代用茶（具有QS标志，属普通食品）包装上虚增原料成分，并标注成分功效和张某提供的服务热线。后王某负责制作广告片，张某负责寻找广告段位。2017年10月至2018年3月，涉案产品广告片在卫视播放，采用健康养生的节目形式，首先由假名医介绍高血压、糖尿病等疾病成因、危害和治疗原则，其次介绍涉案产品药用疗效，讲解中植入广告介绍和宣传热线，最后由所谓的患者现身说法证明疗效，明示产品的功能主治、适用症等，将产品冒充为治疗人体疾病的药品进行虚假宣传，违法所得450余万元。

被告人李某、赵某明知涉案产品非药品，受张某、王某安排，以医生等身份，向拨打热线的观众宣传产品具有药用疗效进行推销。患者刘某观看广告片后购买该产品，发现无药品批准文号认为受骗，遂致案发。

二、分歧意见

在讨论本案时，对成立单位犯罪均无异议，依法应对甲、乙公司判处罚金，对作为公司主管人员的张某、王某，和作为公司直接责任人员的李某、赵某判处刑罚。本案的争议焦点是将食品宣传为具有药用疗效的产品并予以销售的行为如何定性。对此，有两种不同意见：

第一种意见认为，被告单位以涉案产品具有治疗相应疾病的名义对外宣传，而被害人亦是基于宣传的"治疗作用"才购买该产品，且该产品无药品批准文号，被告单位的行为已构成销售假药罪。

第二种意见认为，被告单位是为推销商品，自行制作、委托他人发布广告的广告主，违反国家广告管理规定，多次利用具有一定权威的电视传播媒体，对商品作虚假宣传，包括对商品的性质、用途、质量、价格等做不真实的、带有欺诈内容的宣传，情节严重，其行为构成虚假广告罪。

三、评析意见

笔者赞同第一种意见，被告单位、被告人将食品宣传为具有药用疗效的产品进行销售的行为符合销售假药罪的构成要件，构成销售假药罪。理由如下：

1. 从前期定制产品、虚增产品成分与功效行为判断，张某、王某具有以产品冒充药品的主观故意。二人明知订购的产品属于普通食品，但为增加销售量，授意生产公司改换产品名称、包装，并在包装上虚增配料，同时对配料中的中草药成分分别注明具有降血压、降血糖等疗效，并注明早晚分两次服用等不同于常规食品及食用期间某些禁忌食物的用法和用量内容，企图混淆视听，迷惑消费者，使消费者不易辨别是药品还是食品，从而当作中药购买。由此可推断二人前期准备产品行为的主观目的很明确，具有以产品冒充药品销售的故意。

2. 从电视广告以及热线电话宣传产品的方式与内容来看，张某、王某实施了将产品冒充药品进行销售的客观行为。以非药品冒充药品的，为假药，但何种情形属于"以非药品冒充药品"，相关法律未作明确规定。对此，可结合药品的定义进行判断。《药品管理法》第100条规定，药品是指用于预防、治疗、诊断人的疾病，有目的地调节人的生理机能并规定有适应症或者功能主治、用法和用量的物质，包括中药材、中药饮片、中成药和诊断药品等。据此，药品包含三个法定特征：一是产品用途在于预防、治疗和诊断人的疾病；二是产品作用在于有目的地调节人的生理机能；三是产品规定有适应症或者功能主治、用法和用量。因此，只要某种产品符合上述法定特征，就应定性为药品，而不具备该特征的产品显然就是非药品。结合该定义，行为人在外观上将非药品明示为药品，以及将非药品宣传为具有功能主治、诊治人体疾病、调节人体生理机能等功效的药品进行销售的情形，均可以认定为"以非药品冒充药品"。具体到本案，张某与王某销售的产品虽有 QS 标志，未明示为药品，但销售中，一方面通过电视广告将产品作为能够治疗高血压、糖尿病等人体疾病的药品进行宣传；另一方面让公司员工冒充医生等身份，通过热线电话宣传产品具有药用疗效进行推销，显然，二人是将产品冒充药品来销售的，而非单纯的销售食品行为。

3. 张某、王某将食品冒充药品宣传销售的行为符合销售假药罪的客体要件。销售假药罪所侵犯的客体包括国家药品管理制度和公民生命健康权利。药品的特殊性决定了其不能等同于其他产品，为此，国家专门建立了一套保证药品质量、保障用药安全的管理制度，将药品与非药品作了严格区分与管理，严禁混淆。本案中，张某、王某明知所售产品系普通食品，却仍冒充为药品进行宣传销售，该行为扰乱了药品管理秩序，欺骗误导了消费者将食品当作治疗疾病的药品购买、服用，致使多人服用后出现不良反应，造成了人体健康的损害，符合销售假药罪的客体要件。

4. 本案中，张某、王某发布虚假广告的行为是为了销售假药，前者为手段，后者为目的，属于牵连犯罪。《刑法》第141条规定，"生产、销售假药的，处三年以下有期徒刑或者拘役，并处罚金；对人体健康造成严重危害或者有其他严重情节的，处三年以上十年以下有期徒刑，并处罚金；致人死亡或者有其他特别严重情节的，处十年以上有期徒刑、无期徒刑或者死刑，并处罚金或者没收财产。"《刑法》第222条规定，"广告主、广告经营者、广告发布者违反国家规定，利用广告对商品或者服务作虚假宣传，情节严重的，处二年以下有期徒刑或者拘役，并处或者单处罚金。"前罪的法定刑远远高于后罪，按照刑法理论对牵连犯"择一重罪处罚"的原则，对本案应以销售假药罪论处。

(河北省唐山市路北区人民检察院　母　宏)

销售假烟的行为是否构成非法经营罪

一、基本案情

自2018年2月开始,犯罪嫌疑人张某在未取得烟草零售许可证的情况下,通过邮寄的方式从广西购买卷烟后,再通过微信发布广告进行销售谋取非法利益。2018年7月25日,遵化市烟草专卖局由张某住处查获26个品种306.9条卷烟,参照冀烟计〔2018〕27号河北省烟草专卖局关于印发《2018年省内在销卷烟零售价格目录》等价格目录的通知,案值鉴定为56531.42元,经河北省烟草质量监督检测站检验均为假冒伪劣卷烟。

二、分歧意见

司法实践中,张某在未取得烟草零售许可的情况下销售假冒伪劣卷烟的行为是否构成犯罪,构成什么罪成为本案争议的焦点。

第一种观点认为,张某卖假烟的行为不构成非法经营罪。根据《刑法》第225条规定,未经许可经营法律、行政法规规定的专营、专卖物品或者其他限制买卖的物品,情节严重的构成非法经营罪。依照本条的规定,非法经营罪的犯罪对象是未经许可经营的专卖物品。而假烟是绝对禁止在市场上经营流通的物品,不存在允许不允许经营的问题,它不是法律、行政法规规定的专营、专卖物品或其他限制买卖的物品。所以,假冒伪劣卷烟就不能成为该罪的定罪对象,而应成为生产、销售伪劣产品罪的定罪对象。因此,张某销售假冒伪劣卷烟的行为不构成非法经营罪。

第二种观点认为,销售假烟的行为构成非法经营罪。根据最高人民法院、最高人民检察院、公安部、国家烟草专卖局《关于办理假冒烟草制品等刑事案件适用法律问题座谈会纪要》第3条规定,未经烟草专卖行政主管部门许可,无生产许可证、批发许可证、零售许可证,而生产、批发、零售烟草制品，个人非法经营数额在 5 万元以上的，或者违法所得数额在 1 万元以上的，依照《刑法》第 225 条的规定定罪处罚。依据最高人民法院、最高人民检察院《关于办理非法生产、销售烟草专卖品等刑事案件具体应用法律若干问题的解释》规定，无法查清销售或者购买价格的，依照查获的卷烟的价格计算非法经营的数额。本案中，张某在未取得烟草零售许可证的情况下，通过网络进行卷烟销售，且在其住处查获的卷烟经鉴定案值 56531.42 元，其个人非法经营数额达 5 万元以上，因此，张某的行为构成非法经营罪。

三、评析意见

笔者同意第二种观点，认为张某的行为构成非法经营罪，理由如下：

1. 张某的行为不构成生产、销售伪劣产品罪及假冒注册商标罪。根据《刑法》第 140 条规定，生产者、销售者在产品中掺杂、掺假，以假充真，以次充好或者以不合格产品冒充合格产品，销售金额在 5 万元以上的构成生产、销售伪劣产品罪。定性销售伪劣产品罪要求犯罪主体必须是烟草制品的销售者，其客观行为必须是在烟草产品中"以假充真""以次充好"或者"以不合格产品冒充合格产品"，只有在销售金额在 5 万元以上或有其他严重情节的情况下才构成犯罪。本案中，张某销售的卷烟系假冒伪劣香烟，但其住处扣押的卷烟（经鉴定案值 56531.42 元）并不足以证实其销售的数额，且案中并没有相关证据能够证实张某的实际销售数额，因此，张某不构成生产、销售假冒伪劣产品罪。

2. 张某的行为构成非法经营罪。由于烟草的经营与社会主义市场经济的关系重大，为了保证市场经济的正常运转，国家对其进行控制，即必须持有经营许可证，才能进入市场。烟草制品是国家规定的专卖物品，其销售业务由国家实行垄断经营，统一管理。并且通过《刑法》《烟草专卖法》《烟草专卖法实施条例》，最高人民法院、最高人民检察院《关于办理非法生产、销售烟草专卖品等刑事案件具体应用法律若干问题的解释》，最高人民法院、最高人民检察院、公安部、国家烟草专卖局《关于办理假冒烟草制品等刑事案件适用法律问题座谈会纪要》等法律法规来加以规范烟草生产、销售的行为。如法律规定经营烟草制品零售业务的企业和个人，由县级人民政府工商行政管理部门根据上一级烟草专卖行政主管部门的委托，审查批准发给烟草专卖零售许可证，并且必须在当地的烟草专卖批发企业进货等。本案中，张某主观上明知自己并没有取得烟草零售许可证，而通过邮寄的方式购进卷烟通过网络进行销售，且在其住处扣押的卷烟经鉴定案值 56531.42 元，达到了情节严重的情形，其行为构成非法经营罪。

首先,张某销售假烟的行为侵犯了非法经营罪所保护的客体。非法经营罪的本质在于严重扰乱市场秩序的非法经营活动,犯罪对象为国家专营、专卖物品或限制买卖的物品,侵犯的客体是国家对市场的正常管理和市场交易秩序。卷烟的原材料都是专卖品,假烟也不例外,且假烟也在专卖管理范畴之内。同时我们应该注意到,相对于真品烟来说,卖假烟对市场秩序的危害更大,所以张某未取得烟草专卖许可证的情况下销售假烟严重侵犯了国家对市场的正常管理和市场交易秩序,构成非法经营罪。

其次,销售假烟以非法经营罪定罪有法律依据。最高人民法院、最高人民检察院《关于办理生产、销售伪劣商品刑事案件具体应用法律若干问题的解释》第10条规定:"实施生产、销售伪劣商品犯罪,同时构成侵犯知识产权、非法经营等其他犯罪的,依照处罚较重的规定定罪处罚。"最高人民法院、最高人民检察院、公安部、国家烟草专卖局《关于办理假冒伪劣烟草制品等刑事案件适用法律问题座谈会纪要》第6条规定:"行为人的犯罪行为同时构成生产、销售伪劣产品罪、销售假冒注册商标的商品罪、非法经营罪等罪的,依照处罚较重的规定定罪处罚。"由此可见,在销售假烟的情况下,非法经营罪和生产、销售伪劣产品罪属于想象竞合关系。因此,假冒伪劣产品即假烟可以作为非法经营罪的犯罪对象,但在处理时依照处罚较重的罪名定罪量刑。

最后,销售假烟以非法经营罪定罪有利于打击涉烟犯罪。从对社会的危害来看,对社会危害程度更大的是非法经营假烟的行为,如果非法经营罪的犯罪对象不包括假烟,就有可能会出现放纵犯罪的后果,严重影响刑罚的公正。例如,在张某的住处查获了价值5.8万元的渠道外进来的真品卷烟,而在李某住处查获了价值5.8万元的假冒伪劣卷烟,显然张某卖真烟的行为比李某卖假烟行为对社会造成的危害要小,所以如果非法经营罪的犯罪对象不包括假烟,就会出现张某的行为构成非法经营犯罪,而李某的行为构成其他较轻犯罪的结果,如此处理明显不符合刑法的立法本意。

综上,笔者认为,张某销售假烟的行为以非法经营罪定罪处罚,符合刑法公正性的要求和打击犯罪的需要,能更加有效地保障司法权的运行。

(河北省遵化市人民检察院 王宏旭)

侵犯公民人身权利、民主权利罪

"事出有因型"互殴行为如何定罪处罚

一、基本案情

熊某因与妻子离婚一事对岳父一家心怀不满，便于2017年3月某日，酒后前往岳父李某家砸坏其门窗等物，后李某报案并将此事汇报给村主任顾某请求帮助。熊某得知后，认为顾某多管闲事，心生气愤。故此，熊某于2017年4月某日电话约顾某在某路口见面。随后，熊某纠集了陆某、申某等人，讲明事由，并购买了镐柄。到达约定地点后，熊某等三人手持镐柄对顾某实施殴打，致其头部受伤。此时，恰逢顾某的好友宁某驾车途经此处，见顾某被他人围攻，毫无还手之力，便前来劝阻，三人不听其劝，连同宁某一同殴打。情急之下，宁某从车里拿出一截铁管，三人见状撒腿就跑，宁某驾车追逐，陆续将熊某等三人撞倒致伤。后经法医鉴定，顾某的伤情为轻伤二级，熊某等三人的伤情均为轻伤一级。

二、分歧意见

对于本案双方行为的定性，存在两种不同意见：

第一种意见认为，熊某等人的行为构成故意伤害罪，宁某的行为不构成犯罪。理由是：熊某约顾某见面时具有明确的伤害故意，而且属于"事出有因型"；宁某到达现场时，顾某正在受到不法侵害，宁某驾车撞伤熊某等人的行为系正当防卫，不构成犯罪。

第二种意见认为，熊某等人的行为构成寻衅滋事罪，宁某的行为构成故意伤害罪。理由是：顾某作为村书记，其正常履职行为并无不当，熊某殴打顾某属于"无事生非型"；宁某在已经制止住不法侵害之后继续实施伤害行为，明显超出了正当防卫的界限。

三、评析意见

笔者同意第二种意见，具体理由如下：

1. 关于熊某等人的行为性质。熊某在得知其岳父向顾某求助后，认为顾某多管闲事，心生气愤。事实上，顾某作为村主任，其正当履职行为并无过错，也未损害熊某的利益。熊某以此为由意欲殴打顾某，该理由不能被一般大众所接受，不能成为法定"事出有因"之"因"，而是典型的为了发泄情绪，无事生非的行为，其纠集多人、准备凶器，毫无理由地殴打全无防备的顾某的行为，不仅侵害了顾某的人身权利，还严重扰乱了社会管理秩序，属于寻衅滋事行为。熊某召集的另外两名人员，在了解事情经过的前提下，帮助其购买镐柄并共同实施随意殴打他人的行为，系熊某的帮助犯，三人的行为均构成犯罪。

2. 关于宁某的行为性质。正当防卫，指对正在进行不法侵害行为的人，采取的制止不法侵害的行为，对不法侵害人造成一定限度损害的，属于正当防卫，不负刑事责任。成立正当防卫应符合下列条件：（1）正当防卫所针对的，必须是不法侵害；（2）必须是在不法侵害正在进行的时候；（3）正当防卫不能超越一定限度。正当防卫是大陆法系刑法上的一种概念。为了使国家、公共利益、本人或者他人的人身、财产和其他权利免受正在进行的不法侵害，而采取的制止不法侵害的行为，对不法侵害人造成损害的，属于正当防卫，不负刑事责任。正当防卫明显超过必要限度造成重大损害的，应当负刑事责任，但是应当减轻或者免除处罚。对正在进行行凶、杀人、抢劫、强奸、绑架以及其他严重危及人身安全的暴力犯罪，防卫过当，仍然属于正当防卫，不负刑事责任。其余紧急避险、自助行为皆为权利的自力救济方式。在宁某途经现场看到自己的朋友被人殴打时，见义勇为，及时劝阻是正当行为，直到其劝阻无果，到车里取出铁管均并无不当，且起到了有效制止不法侵害的后果。但在熊某等人看到铁管并逃跑时，该三人对顾某的伤害行为便告以结束，其对顾某的不法侵害已经解除，此时，宁某不依不饶行为已经成为另一个不法侵害行为的开始，宁某将三人撞倒在地并致伤，已经严重超出了正当防卫的界限，依法应当认定为故意伤害行为。

综上，熊某等人"无事生非"殴打他人，构成寻衅滋事罪；宁某"事出有因"致人受伤，构成故意伤害罪。

（河北省滦州市人民检察院 胡斯琴）

"拔河式"撕扯造成身体受伤行为如何定性

一、基本案情

2015年9月14日上午,在被害人王某家门口附近,被告人李某(男)因被害人王某(女)不还账,与王某发生口角,王某想离开,但李某随手扯下王某的挎包,拽着挎包带不让王某离开,随即王某也拽住挎包带不放手,二人在争抢的过程中,王某左手无名指第二指骨骨折。经鉴定,被害人王某的伤情为轻伤二级。

二、分歧意见

针对李某是否构成故意伤害罪存在分歧意见:

第一种意见认为,李某不构成故意伤害罪。一是李某和王某二人根本没有发生肢体接触。二是王某受伤重要原因是受其自己作用力的影响造成的,如果其不用力撕扯,就不可能造成自身身体受伤的后果,其损伤不是李某造成的。

第二种意见认为,李某构成故意伤害罪,李某虽未直接对王某身体实施暴力,但其对用力拉扯挎包带的行为可能造成他人受伤的结果有预见,放任危害结果的发生,而且王某的受伤的危害后果能够归属于李某拉扯挎包带的行为,二者之间存在刑法意义上的因果关系,足以认定。

三、评析意见

笔者同意第二种意见,李某的行为构成故意伤害罪。理由如下:故意伤害罪是指故意非法损害他人身体健康,致人轻伤的行为。

1. 虽然本案中李某与王某之间没有肢体上的接触,但二人有共同撕扯挎包的行为,二人共同用力作用于同一个物体,表面上似没有用力打到对方身体,但是李某撕扯之力能够直接传达到王某手上,王某随即作出了撕扯的反作用力与之抗衡,李某造成王某手指骨折,正是李某用力撕扯带来的危害后果。

2. 本案中,李某因王某欠钱不还,遂找王某讨要,为了阻止王某离开,实施了以撕扯挎包带的行为,王某想尽快脱身,也用力撕扯挎包带,二人互相用力,但李某行为在先,在明知对方也用力撕扯的情况下,放任危害结果的发生,主观上具有间接故意。

3. 李某的行为与王某受伤的结果之间具有因果关系,不否认王某在其中存在过错,但是李某率先撕扯挎包的行为是引发本案前提,没有李某先抢就没有王某的后夺,李某的行为是导致危险现实化的主因。

综上,李某实施了故意伤害他人身体的行为,造成了他人受轻伤的后果,危害行为与危害后果之间存在因果关系,李某构成故意伤害罪。

(河北省唐山市曹妃甸区人民检察院 郑雪娇)

报假案致人被羁押的行为如何定性

一、基本案情

犯罪嫌疑人王某于2017年8月3日将一辆别克轿车卖给他人,本来想与买主协商办理过户手续,但因不想交手续费未过户。后该车陆续被数次转手,未料此后王某陆续接到该车辆的违章罚单、养路费等单据,王某总计需支付数千元。由于新车主无法查找到,为逃避上述交款责任,2017年11月20日,王某向公安机关报假案,声称其车辆被盗。2017年12月5日,该别克轿车被公安机关找到,此时王某为了隐瞒其报假案的事实,坚称此车被盗并将其领走,还提供了相关的车辆价值数据,导致该车的最后买主单某以涉嫌掩饰、隐瞒犯罪所得罪被逮捕,被羁押60余天。其后公安机关发现该案存有疑点,经几次向王某询问,最终,交代了其报假案导致车辆最后买主被羁押的事实。

二、分歧意见

在本案的定性上,存在如下三种意见:

第一种意见认为,王某构成诬告陷害罪。因为王某捏造事实,陷害他人,使他人受到刑事追究,且造成他人被羁押的严重后果,符合诬告陷害罪的构成特征。

第二种意见认为,王某构成伪证罪。由于本案是在刑事诉讼当中引发的,王某作为当事人,可归为证人特殊主体之列。王某对与案件有重要关系的情节,故意作虚假证明,符合伪证罪构成特征。

第三种意见认为,王某不构成犯罪。虽然王某的行为涉嫌诬陷他人,放任他人被追究刑事责任,有较大社会危害性,但不符合诬告陷害罪须为直接故意的主观特征。基于罪刑法定原则,王某的行为不构成犯罪,但可以作为治安案件予以行政处罚。

三、评析意见

笔者同意第一种意见，王某的行为应定性为诬告陷害罪。

1. 王某的行为不符合伪证罪的构成要件。伪证罪，是指在刑事诉讼中，证人、鉴定人、记录人、翻译人对与案件有重要关系的情节，故意作虚假证明、鉴定、记录、翻译，意图陷害他人或者隐匿罪证的行为。诬告陷害罪，是指捏造事实诬告陷害他人，意图使他人受刑事追究，情节严重的行为。通过两个罪名比较，可以看出两者之间存在明显区别：其一，伪证罪是在刑事诉讼中发生的，即在立案侦查后，审判终结前的过程中作伪证；而诬告陷害罪的诬告行为是立案侦查之前实施的，并且是引起案件侦查的原因。其二，前者是通过作虚假证明、鉴定、记录、翻译等手段实现的，而后者则是虚假的告发。另外，前者只是在个别与案件有重要关系的情节上，提供伪证；而后者则是捏造了整个犯罪事实。结合本案来看，王某向公安机关捏造事实报假案的行为是在公安机关立案侦查之前实施的，通过捏造车辆被盗的虚假情况，然后向公安机关进行告发，其并不只是在与案件有重要关系的个别情节上提供虚假证据，而是捏造了财物被盗的整个犯罪事实，所以王某的行为并不符合伪证罪的构成特征。

2. 部分人认为本案不宜定为诬告陷害罪的理由主要有两点：一是王某没有使他人受到刑事追究的直接故意；二是本案无特定的被害人。但笔者认为，王某的行为具有诬告陷害他人的直接故意。本案犯罪嫌疑人是为了使自己摆脱困境而嫁祸于人，其主观上显然明知自己的行为可能会发生使他人陷入刑事追究的危害结果，而持放任态度。其后，当王某从公安机关拿到车后，仍继续隐瞒真相，且积极提供证据，希望通过使他人继续被刑事追究使自己避免因报假案而遭受处罚。此时，行为人主观故意中的意志因素发生了转变，即从放任他人被刑事追究的心态转变为希望他人被刑事追究，其使他人被刑事追究的意图也就十分明显。故王某的行为具有诬告陷害他人的直接故意。有观点认为，诬告陷害的对象具有特定性。在诬告陷害罪中，被诬告陷害的对象必须是特定的人，否则就不可能导致司法机关追究某人的刑事责任，也就不会侵犯他人的人身权利。对此，笔者认为，不能机械地认为，诬告陷害罪的特定对象必须是行为人能指名道姓的人，只要行为人告发的内容足以使司法机关确认具体的对象，就可以成立诬告陷害罪。本案中犯罪嫌疑人王某报假案称车辆被盗，显然其所指向的就是该车辆的实际持有人。因此，王某以自己的诬告行为，通过公安机关立案寻找到了该车辆，确定了该车的实际占有人是单某。显然，诬告对象便成为具体、确定的了。

综上，笔者认为，王某主观上有直接故意，客观上实施了捏造事实诬告他人，意图使他人受刑事追究的行为，且情节严重，应认定其构成诬告陷害罪。

（河北省唐山市曹妃甸区人民检察院　姚文卿）

因索要债务殴打拘禁他人是认定一罪还是数罪

一、基本案情

犯罪嫌疑人董某于 2017 年 7 月 18 日 15 时许，驾驶一辆白色宝马轿车在 T 市某街道向被害人武某索要债务，并对其进行殴打，随后将武某拖入车内带至 T 市某小区后公园内，在公园内使用准备好的板凳、镐柄等工具对武某进行殴打，随后将其放走，在此过程中致使武某身体多处受伤。经 T 市 F 区司法鉴定中心鉴定，被害人武某伤情为轻伤二级。

二、分歧意见

对于犯罪嫌疑人董某的定性，有两种不同的意见：

第一种意见认为，董某的行为构成非法拘禁罪。理由是：犯罪嫌疑人董某把被害人武某带至公园，继续殴打的行为构成非法拘禁罪。

第二种意见认为，董某的行为构成故意伤害罪。理由是：犯罪嫌疑人董某出于索要债务的目的，对董某进行拳打脚踢，客观上实施了非法损害他人身体的行为，主观方面有伤害的故意，所以构成故意伤害罪。

三、评析意见

笔者同意第二种意见，董某构成故意伤害罪。首先对于第一种意见，有其合理性。非法拘禁罪是指以拘押、禁闭或者其他强制方法，非法剥夺他人人身自由的犯罪行为。非法拘禁罪侵犯的客体是人的身体自由权，所谓身体自由权，是指以身体的动静举止不受非法干预为内容的人格权，亦即在法律范围内按照自己的意志决定自己身体行动的自由权利。公民的身体自由，是公民正常工作、生产、生活和学习的保证，失去身体自由，就失去了从事一切正常活动的可能。非法剥夺人身自由是一种持续行为,即该行为在一定时间内处于继续状态,使他人在一定时间内失去身体自由,不具有间断性。时间持续的长短不影响非法拘禁罪的成立,只影响量刑。但时间过短、瞬间性的剥夺人身自由的行为,则难以认定成立非法拘禁罪。该案中,犯罪嫌疑人把被害人塞进车辆带到公园内继续殴打,是符合非法拘禁罪的。但是,非法拘禁行为与故意伤害行为常常会有牵连,通常表现为在非法拘禁过程中,行为人对被害人进行暴力加害,或者行为人用非法拘禁方法故意使被害人因冻饿等原因而死亡、受伤等。但是此案犯罪嫌疑人董某以故意伤害的主观想法,犯罪嫌疑人董某在第一现场T市某街道对被害人武某进行殴打,后带其至第二现场(小区后公园内)进行殴打,至最后犯罪嫌疑人董某将被害人武某放走,对于非法拘禁行为和故意伤害行为并存的情况,应当注意,《刑法》第238条明确规定,非法拘禁他人或者以其他方式非法剥夺他人人身自由的,处三年以下有期徒刑、拘役、管制或者剥夺政治权利。具有殴打、侮辱情节的,从重处罚。犯前款罪,致人重伤的,处三年以上十年以下有期徒刑;致人死亡的,处十年以上有期徒刑。使用暴力致人伤残、死亡的,依照《刑法》第234条、第232条的规定(故意伤害罪、故意杀人罪)定罪处罚。为索取债务非法扣押、拘禁他人的,依照前两款规定处罚。

由此不难看出,非法拘禁罪是指非法剥夺他人人身自由的行为,本罪侵害的法益是人身自由。此罪规定的第2款最后一句"使用暴力致人伤残、死亡的,应当分别以故意伤害罪、故意杀人罪论处",这是法律拟制的故意伤害罪、故意杀人罪。这里所说的暴力的种类是指超出拘禁之外更高的暴力,如果只是拘禁行为本身所具有的暴力,就属于结果加重犯。从主观上讲这里的致人伤残、死亡,是指过失所为,不能有任何的故意所为才构成此罪!

故意伤害罪的成立要件有以下四点:

一是行为主体,故意伤害他人身体致人轻伤的行为主体必须是已满16周岁的自然人,致人重伤或者死亡的主体是已满14周岁的自然人。

二是行为对象是他人身体。

三是伤害行为,当然不是任何暴力行为都是故意伤害罪中的伤害行为,伤害行为成立的条件有两点:

1. 主观心理上具有侵害他人生理机能达到轻伤程度的意图,即行凶意图。

2. 客观性为上具有侵害他人生理机能达到轻伤的一般可能性。实务中常见的错误是,根据结果来反推行为,如果结果是轻伤、重伤或是死亡,就认定行为构成故意伤害,单凭这点判断显然是错误的。

四是伤害结果上,我国将伤害结果分为轻微伤、轻伤、重伤和重伤致死。

对于此案而言，董某从故意伤害罪犯罪构成四要件分析完全构成故意伤害罪，此案被害人是轻伤，要注意其适用的条件，必须是在非法拘禁中"使用暴力"且"致人伤残、死亡"。这里的"伤残"不包括轻伤，而是指重伤，但不限于肢体残废的情形，包括各种对于人身健康有重大伤害的情形在内。至于上述后一种情况，即行为人目的即在于故意伤害、故意杀害被害人，只不过其方法采用了非法拘禁而已，不适用《刑法》第238条第2款的规定，但是此犯罪嫌疑人在主观上是故意，客观方面表现为实施了非法损害他人身体的行为，自然应按牵连犯的处罚原则。牵连犯处罚原则是指出于一个犯罪目的，实施数个犯罪行为，数个行为之间存在手段与目的或者原因与结果的牵连关系，分别触犯数个罪名的犯罪状态。

牵连犯有以下几个构成要件：一是数罪必须出于一个犯罪目的，且必须是故意，过失不构成牵连犯。二是必须实施了两个以上独立的犯罪行为且触犯了不同的罪名，如果只有一个犯罪行为，即使触犯了不同的罪名，也不是牵连犯，而是想象竞合犯。三是数个犯罪行为必须有牵连关系，也就是说，行为人所实施的数个犯罪行为之间具有方法与目的或者原因与结果的密切联系。

对于牵连犯，除我国刑法已有规定的外，从一重罪论处。本案中，被告人董某因索要债务对被害人武某进行殴打并将其拘禁，致其身体多处受伤，触犯了故意伤害罪和非法拘禁罪，按照牵连犯"吸收原则"论处，对犯罪嫌疑人董某以故意伤害罪予以处罚。

（河北省唐山市丰南区人民检察院　张四海）

互殴过程中一方将另一方从高处推倒致其死亡构成何罪

一、基本案情

犯罪嫌疑人张某和被害人李某因琐事在某街道内发生争执，后发生肢体冲突，两人互相殴打的过程中张某趁李某不备，从较高的台阶上双手将李某推向马路，致使李某头部着地，右侧额颞顶部硬膜下血肿，外伤性蛛网膜下出血，右侧顶部头皮血肿，李某经医院抢救医治无效死亡。

二、分歧意见

对于张某的行为应如何认定，存在以下不同观点：

第一种观点认为，张某的行为构成故意杀人罪。张某与李某的因琐事发生争执，在愤怒的心态支配下，用双手将李某从高台上推向马路。人从高处摔倒非常容易头部着地，头部属于人体较为脆弱的部位，头部受力时非常容易造成死亡。张某作为一个成年人可以预见到该后果，但张某放任了这种死亡危害结果的发生，其主观心理上有杀人的故意，客观上也实施了该行为。

第二种观点认为，张某的行为构成故意伤害罪。张某明知马路上车辆较多具有危险，最重要的是两人站在高处，人一旦坠落很容易造成身体损害，张某主观上明知其行为会导致张某坠地受伤，客观上通过推的行为，积极追求伤害李某的结果，符合故意伤害罪的主客观要件。通过综合考虑两人站立时的高度等客观条件，李某摔落之后头部坠地致死的结果并非在张某的预料之内，客观行为只是也仅是一个伤害行为，主观上没有故意杀人的故意，不应认定为故意杀人罪，而应认定为故意伤害致人死亡罪。

第三种观点认为，张某的行为构成过失致人死亡罪。张某殴打李某并且将李某推下去的真正目的在于伤害、制服李某，而采用推李某的方式只是为这一目的所采取的手段。张某主观上既没有伤害李某的目的，更无杀害李某的目的，张某对李某重伤致死的结果应当预见而没有预见，应认定为过失致人死亡罪。

三、评析意见

笔者认同第二种观点，理由如下：

一是犯罪故意是指明知自己的行为会发生危害社会的结果，并且希望或者放任这种结果发生的心理状态。犯罪过失，是指行为人应当预见自己的行为可能发生危害社会的后果，因为疏忽大意而没有预见，或者已经预见而轻信能够避免，以致发生这种结果的一种心理态度。张某主观上明知两人所在的台阶有一定的高度，张某作为一个具有正常分析辨认和控制自己行为能力的成年人，应能判断出李某如果摔下，必然会造成一定程度上的身体损害，即张某内心存在对李某倒地将会受伤的"明知"。

二是客观行为上，张某为了致伤李某对其进行殴打，不但未采取措施阻止危害结果的发生，而是殴打李某并朝着低处推李某，致使李某坠地，属于故意伤害中的直接故意。李某的死亡结果，并不是张某追求的结果，对此张某也不存在任何的主观故意，所以认定故意杀人实属不妥，这种后果属于以伤害故意导致死亡的扩大后果。

在刑法实务中，故意伤害致人死亡与故意杀人两罪的区分并不难，而过失致人死亡与故意伤害致人死亡的界限很难把控。那么二罪的本质区别在哪里？故意伤害罪（致死）是故意伤害罪的结果加重犯，以成立故意伤害罪为前提，因此，行为人虽然对被害人死亡的加重结果系过失，但对造成被害人身体伤害系故意，也就是说，行为人明知自己的行为可能会伤害被害人身体健康，希望或者放任这种危害后果的发生。而过失致人死亡罪，行为人既无伤害的故意，更无杀人的故意，行为人对危害后果持否定的态度，既不希望发生被害人身体受伤的危害后果，更不希望发生被害人死亡的危害后果。因此，本案中张某不应被认定为过失致人死亡罪，因为他有非常明显的加害行为。

需要强调的是，无论是罪与非罪或者是此罪与彼罪，对犯罪的定性与量刑一直是法律实务中的一个难题，无论如何，对案件的定罪量刑上要做到主客观一致，通过大前提、小前提、结论反复推理，最后得出正确的结论。

（河北省唐山市丰南区人民检察院　张四海）

非法拘禁他人期间胁迫他人犯罪行为如何定罪处罚

一、基本案情

2018 年 7 月 2 日 13 时许,在毕某乙的提议下,董某、刘某某及毕某甲与毕某乙一起将被害人杨某、赵某、王某(该三人均系未成年人)等三人强行从唐山市丰南区荣盛未来城 A 座门口带至丰南区白石家园某日租房内。其间,被告人毕某乙对杨某实施了殴打,被告人董某指使赵某、王某对杨某进行殴打并殴打了王某和赵某。杨某、王某、赵某等三人被限制人身自由近 5 个小时。

在对杨某等三人非法拘禁期间,当日 15 时许,被告人毕某乙以殴打方式强迫杨某同意联系其同学唐某并把唐某的手机要过来,当时只有董某在场,刘某某和毕某甲去了另一房间,故该二人对此均不知情。当日 17 时 40 分许,杨某被迫联系唐某后,被告人毕某乙、董某与刘某某一起将杨某带至唐山市丰南区某足浴店门口,杨某向唐某索要手机,唐某不给,杨某说"不给不行",唐某因对毕某乙、董某与刘某某心生恐惧,遂将自己的手机交给了杨某,随后被告人毕某乙让杨某把手机交给被告人董某暂时保管,并由董某将该手机送至某日租房内。经鉴定,该手机价值人民币 1550 元。

二、分歧意见

由于此案中两个行为实施的时间上存在包含与被包含的关系,且在主观故意上存在一定的内在联系,关于此案的定性产生了较大的分歧,存在以下不同看法:

第一种观点认为,此案应当认定为非法拘禁罪。理由是:毕某乙、董某、刘某某及毕海某非法限制杨某、王某、赵某等三人身自由,虽然仅 5 个小时,但有殴打行为,毫无疑问构成非法拘禁罪;而后一行为实施的时间完全包含在非法拘禁期间，是非法拘禁行为的一个延伸，且在杨某向唐某索要手机时，毕某乙、董某、刘某某、毕某甲均没有实施具体的行为，所以后一行为不宜再单独认定成立其他犯罪，应当以非法拘禁罪一罪定罪处罚。

第二种观点认为，此案应当认定为寻衅滋事罪。理由是：毕某乙、董某等人的行为属于牵连犯。牵连犯，是指出于一个犯罪目的，实施数个犯罪行为，数个行为之间存在手段与目的或者原因与结果的牵连关系，分别触犯数个罪名的犯罪状态。本案中，毕某乙纠集董某等人对杨某等人实施非法拘禁就是为了胁迫杨某加入他们的小团伙，和他们一起去索要手机，非法拘禁仅仅是手段行为，而强行索要他人手机才是最终目的，虽然实施了两个行为，但后一行为与前一行为成立牵连犯。传统刑法理论认为，牵连犯是实质的数罪，处断的一罪，除刑法明确规定的情形外，均应择一重罪处罚。就本案而言，寻衅滋事罪显然较非法拘禁罪要重，故此应当认定毕某乙、董某、刘某某、毕某甲共同构成寻衅滋事罪。

第三种观点认为，此案中毕某乙、董某的行为应当认定为寻衅滋事罪，而刘某某、毕某甲的行为应当认定为非法拘禁罪。理由是：此案的情况比较复杂，不仅仅涉及牵连犯的问题，还有如何认定共同故意的问题。毕某乙的前后两个行为依据牵连犯理论应当以寻衅滋事罪处罚。董某虽然在实施第一个行为之前不知道毕某乙的目的，但在实施的过程中获知，之后参与实施了第二个行为，故董某在主观上与毕某乙具有了共同的故意，所以董某与毕某乙共同构成寻衅滋事罪。而刘某某、毕某甲根本不知道毕某乙将杨某等人带至日租房的真正目的，该二人主观上只与毕某乙有非法拘禁的共同故意，客观上也只是实施了非法拘禁的行为，所以刘某某、毕某甲仅构成非法拘禁罪。

第四种观点认为，此案应具体分析每个人的主观故意和各自所起作用，分别以非法拘禁罪和寻衅滋事罪定罪处罚。理由是：首先，虽然时间上有包含关系，但这是两个独立的、完整的行为；其次，单独定非法拘禁罪无法概括强拿硬要的客观表现和社会危害性，而单独定寻衅滋事罪亦无法概括非法限制他人人身自由的客观表现和社会危害性；最后，每个参与人在两个行为中的主观状态也不完全一致，刘某某和毕某甲对后一寻衅滋事行为根本没有共同的主观故意。故依据罪责刑相适应原则，应当认定毕某乙、董某构成非法拘禁罪、寻衅滋事罪，数罪并罚；认定刘某某、毕某甲非法拘禁罪，不承担后一行为的法律责任。

三、评析意见

笔者赞同第三种观点。首先，毕某乙在纠集董某、刘某某、毕某甲对杨某等三人实施非法拘禁时,并未明确告知所有人自己的目的是要胁迫杨某加入该团伙,故董某、刘某某、毕某甲在实施该行为时主观上与毕某乙仅有非法拘禁的共同故意,且该行为的犯罪对象为杨某、王某、赵某等三名被害人,限制人身自由5个小时并有殴打行为,该行为已完全具备非法拘禁的犯罪构成,所以毕某乙、董某、刘某某、毕某甲应当共同对该非法拘禁罪行为承担相应的刑事责任。而后一行为实施时间虽然是包含在非法拘禁期间内,但毕某乙以殴打方式胁迫杨某向同学索要手机仅是毕某乙个人实施的行为,董某在此过程中明知却没有反对或阻止,与毕某乙在寻衅滋事上达成了共同故意,故索要手机过程中董某虽然没有对被害人唐某实施具体行为,但他的在场亦在心理上对唐某形成了实际的威胁,且在事后负责保管了涉案手机,所以董某与毕某乙就寻衅滋事成立共同犯罪,须共同承担责任。毕某甲根本没有参与,所以没有共同犯罪故意。刘某某虽然不知情但一同前往,最关键的是其到场后没有实施任何行为;如果其在这个过程中有了具体的行为,哪怕只是言语上的威胁,就能证明他主观上已明知并乐于参与,与毕某乙形成事中的共同故意;但是其没有任何的行为,所以虽然客观上刘某某的到场给被害人唐某造成了心理上的恐惧,但这超出了刘某某的主观故意,故无法认定刘某某就该寻衅滋事与毕某乙、董某成立共同犯罪,刘某某的到场只是其对杨某非法拘禁行为的一个延伸。而毕某乙、董某胁迫杨某向唐某强行索要手机的行为属于典型的强拿硬要,应当认定为寻衅滋事罪。

前两种观点均认为本案具有牵连犯情节,笔者不认同这个观点。本案前一行为与后一行为的犯罪对象不具有一致性,两个行为各自成立完整的犯罪构成。如果以牵连犯的理论定罪处罚,认定毕某乙、董某寻衅滋事罪,刘某某、毕某甲非法拘禁罪,无法概括毕某乙、董某对杨某、王某、赵某实施非法拘禁的客观行为和社会危害性,不符合刑法罪责刑相适应原则。

综上,笔者认为,此案应当作以下认定:毕某乙、董某、刘某某、毕某甲共同限制杨某、王某、赵某人身自由达5个小时并有殴打的行为,构成非法拘禁罪,四人共同承担相应刑事责任;在此期间,毕某乙、董某胁迫杨某强行向他人索要财物并据为己有的行为,构成寻衅滋事罪,由该二人共同承担相应刑事责任。

(河北省唐山市丰南区人民检察院 李 彬)

奸淫幼女型强奸罪行为人主观"明知"如何认定

一、基本案情

被告人康某某，原系某市公安部门领导。2017 年冬，康某某经马某某介绍嫖娼，与不满 14 周岁的幼女王某某（2005 年 3 月出生，初中学生，至案发不满 14 岁）发生性关系，并支付嫖资。

二、分歧意见

第一种意见认为，康某某与王某某发生性关系之前曾询问王某某的年龄以及上几年级，而王某某均未明确自己不满 14 周岁，因此，不能认定康某某"明知"被害人系不满 14 周岁的幼女。

第二种意见认为，康某某具有与其年龄相当的认知能力，应当知道被害人作为初中生可能系不满 14 周岁的幼女，仍然与之发生性关系，因此，应当认定康某某"明知"被害人系不满 14 周岁的幼女。

三、评析意见

笔者同意第二种意见，理由如下：

1. 行为人"明知"被害人是幼女是构成奸淫幼女型强奸罪的必要要件。《刑法》第 236 条第 1 款和第 2 款规定，"以暴力、胁迫或者其他手段强奸妇女的，处三年以上十年以下有期徒刑。奸淫不满十四周岁的幼女的，以强奸论，从重处罚"。根据该条规定，强奸罪分为两种类型，第一种类型为以暴力、胁迫或者其他手段强奸妇女；第二种类型为奸淫不满 14 周岁的幼女。对于第一种类型的强奸罪，若行为人使用暴力、胁迫或者其他强制手段与不满 14 周岁的幼女发生性关系，由于行为人的主观故意是概括的，犯罪对象锁定的条件是性别而不是年龄,无论是否"明知"被害人系幼女,均以强奸罪论处,因此定罪量刑时无需要求其认识到自己强奸的是幼女。同时,由于奸淫幼女只是法定从重处罚情节,而非加重处罚情节,故不要求行为人明知对方系"幼女",也并不会造成刑罚与其罪行不相适应。对于第二种类型的奸淫幼女型强奸罪,并不要求行为人采取强制手段实施,那么是否以行为人"明知"被害人系幼女为构成该罪的必要要件呢?对此,我国刑法实践及理论通说坚持的均为主观罪过责任原则,即行为人对自己的危害社会行为必须具有罪过。罪过,即指行为人对自己的犯罪行为所造成的危害后果所持有的故意或者过失的心理态度,这也就是犯罪的主观方面,是追究行为人危害社会行为的刑事责任的主观基础。因此,奸淫幼女型强奸罪,需要行为人"明知"被害人系幼女是该罪犯罪构成的必要要件。那么,对于如何认定行为人"明知"被害人系幼女的讨论,也就限定在采取非强制手段与幼女发生性关系的案件中,即奸淫幼女型强奸罪。

2. 行为人"明知"被害人系幼女的认定标准应予以严格把握。最高人民法院、最高人民检察院、公安部、司法部《关于依法惩治性侵害未成年人犯罪的意见》(以下简称《性侵意见》)第 19 条分三款明确了何为奸淫幼女型强奸罪中的"明知",同时对"明知"认定原则进行了明确。

其中第 1 款明确行为人"明知"对方是幼女而实施奸淫等性侵害行为的,是指知道或者应当知道对方是不满 14 周岁的幼女。也就是说,需要确定被害人是幼女的,或者通过各种情形应当知道被害人可能是幼女的,均属于"明知"。

第 2 款和第 3 款从被害人年龄对行为人"明知"的标准作了区分。其中第 2 款系绝对确定的指引,即对于不满 12 周岁的被害人实施奸淫等性侵害行为的,一律应当认定行为人"明知"对方是幼女。第 3 款则系相对确定的指引,即对于已满 12 周岁不满 14 周岁的被害人,从其身体发育状况、言谈举止、衣着特征、生活作息规律等观察可能是幼女,而实施奸淫等性侵害行为的,应当认定行为人"明知"对方是幼女。由于对于不满 12 周岁的被害人实施奸淫等性侵害行为的,一律应当认定行为人"明知"对方是幼女毫无争议,因此如何判断行为人是否"应当知道"被害人系已满 12 周岁不满 14 周岁的幼女,主要依据该意见第 3 款来判断,结合《性侵意见》有关问题的解读,对于已满 12 周岁的幼女实施奸淫等性侵害行为的,如无极其特殊的例外情况,具体可以从以下三个方面把握:一是客观上被害人身体发育状况、言谈举止、衣着、生活作息规律等特征接近成年人;二是必须确有证据或者合理依据证明行为人根本不可能知道被害人是幼女;三是行为人已经足够谨慎行事,仍然对幼女年龄产生了误认,即使其他正常人处在行为人的场合,也难以避免这种错误判断。例如，与发育较早、貌似成人、虚报年龄的已满 12 周岁不满 14 周岁的幼女，在谈恋爱和正常交往过程中，才可以采纳其不明知的辩解，但应特别严格掌握。相反，如果行为人采取引诱、欺骗等方式，或者根本不考虑被害人是不是幼女，而甘愿冒风险对被害人进行奸淫等性侵害的，一般都应当认定行为人明知被害人是幼女，以实现对幼女的特殊保护，堵塞惩治犯罪的漏洞。

3. 康某某"明知"被害人系不满 14 周岁的幼女。本案中，康某某对与王某某发生性关系的事实予以认可，但辩解其曾明确要求介绍人找已满 14 周岁的女孩，同时在发生性关系前也会询问被害人多大以及上几年级，且涉案幼女均发育得很好，因此，其辩解对王某某系不满 14 周岁的幼女不具有主观明知。然而，经审查对其辩解意见不予采纳。理由为：第一，被害人王某某和介绍人马某某均证实康某某在与被害人发生性关系前对被害人的年龄进行了询问，被害人告知康某某十四五了，上初一。同时，介绍人马某某还证实康某某提出的明确要求仅为找处女。因此，对于康某某的此点辩解无其他证据相印证，不予采纳。相反，恰恰能够证实康某某对被害人王某某系初中学生在主观上是明知的。第二，被害人王某某母亲的证言及被害人的照片均证实了幼女身体发育状况、衣着、生活作息规律等，不仅没有早熟特征，且一般人也足以观察其可能是幼女。同时，康某某也供述与被害人发生性关系时是白天，并对被害人的乳房及下体进行了触摸，因此，康某某对被害人的身体发育状况是清楚的。第三，康某某作案时已 52 周岁，且系公安机关国家工作人员，不仅具有正常人的生活经验、阅历，而且根据其自身供述其对与不满 14 周岁的幼女发生性关系的性质是明确知道的，在此情况下，其应按常理对被害人的出生年月日或上几年级等身份信息进行起码了解、核实，但康某某并未确认，说明康某某亦不属于《性侵意见》中关于"已经足够谨慎行事，但仍然对幼女年龄产生了误认，即使其他正常人处在行为人的场合，也难以避免这种错误判断"的例外免责情形。因此，应当认定康某某对被害人可能系不满 14 周岁的幼女，仍然与之发生性关系，主观上有犯罪故意。

（河北省唐山市古冶区人民检察院　郑　银）

对酒后伤害他人行为如何定性

一、基本案情

被告人刘某与王某某系同村村民,因王某某曾经给刘某做媒一事两家产生矛盾,后两家亲属曾发生打架事件,虽经公安机关治安处罚结案,但刘某对王某某积怨越来越深,双方相遇互不理睬甚至有骂糊涂街的情形发生。2018年9月16日23时30分许,被告人刘某酒后驾车回其居住的某小区,在小区北门口看见正在警卫室值班的王某某,见王某某对自己有说话状,被告人刘某认为王某某在骂自己,遂将车停入小区,后持其放在车上的一把水果刀来到该警卫室找王某某理论,双方发生争执,后被告人刘某持水果刀捅刺并划伤王某某身体近二十刀,王某某受伤后逃出警卫室并沿警卫室周围逃避,被告人刘某持刀追赶,后王某某因受伤体力不支倒地,并对追上自己的刘某进行劝说,后被告人刘某停止了侵害行为,驾车离开现场。被告人刘某的行为造成被害人王某某多处肠破裂、肠系膜破裂;头部、左胸部、右肩部、腹部、左上肢、右下肢、阴部多处刀伤等。2018年9月24日,被害人王某某的伤情经鉴定为一处重伤二级、两处轻伤一级、一处轻伤二级,综合评定为职工工伤八级伤残。

2018年9月17日,被告人刘某主动到公安机关投案。

案件审理期间,被告人刘某对被害人王某某就民事赔偿在法院的主持下达成调解协议并履行,刘某获得了被害人王某某的谅解。

二、分歧意见

对被告人刘某的行为性质认定及量刑存在三种观点:

第一种观点认为,被告人刘某的行为构成故意杀人罪(未遂)。主要理由是:被告人刘某对被害人王某某存有矛盾,心怀不满,欲行报复,持刀捅刺、划伤被害人近二十刀,包括头部、胸腹部、阴部等要害部位,其对行为可能造成被害人死亡的结果持积极、放任的态度，具有非法剥夺他人生命的主观故意，被告人刘某离开现场时认为自己的侵害行为已经实施完毕，被害人王某某系因得到他人的及时送医抢救而保住生命，本案系因意志以外的原因而导致犯罪目的未能得逞，属于犯罪未遂，但被告人刘某的行为造成被害人重伤二级等严重后果，应当以故意杀人罪（未遂）定罪处罚。被告人刘某能够主动到公安机关投案，如实供述其主要犯罪事实，有自首情节，并获得被害人谅解，综合以上量刑情节可以对被告人刘某依法减轻处罚。

第二种观点认为，被告人刘某的行为构成故意杀人罪（中止）。主要理由是：被告人刘某与被害人王某某之间素有矛盾，积怨较深，当日酒后见王某某又骂自己遂产生报复之念，刘某从车上拿出水果刀后在狭小的警卫室内持刀捅刺、划伤被害人近二十刀，包括头部、胸腹部、阴部等要害部位，其主观上具有非法剥夺他人生命的直接故意，且在被害人王某某逃出警卫室后仍持刀追赶。但当被害人王某某倒地后向其求饶并劝说其放弃犯罪时，被告人刘某在可以继续实施侵害行为的前提下主动停止了侵害，被害人王某某因得到他人的及时送医抢救而保住生命，客观上未造成被害人王某某死亡的结果，属于自动放弃犯罪，应当以故意杀人罪（中止）定罪处罚。被告人刘某的行为造成被害人王某某重伤的后果，结合刘某能够主动到公安机关投案，如实供述其主要犯罪事实，有自首情节，并获得被害人谅解，依法应对被告人刘某减轻处罚。

第三种观点认为，被告人刘某的行为构成故意伤害罪。主要理由是：被告人刘某与王某某本系同村，因王某某给刘某介绍对象一事产生矛盾，且因此事两家又打过架，后经调解双方和解处理。双方此前的矛盾仍系邻里之间的琐事引发，实际并无深仇大恨，所以此前因不足以使被告人刘某产生要杀害王某某的主观故意，只是持刀伤害泄愤而已；但当日被告人刘某系酒后作案，受酒精刺激，在实施伤害行为的过程中难免控制不当造成王某某较大伤害结果；王某某身体虽有近二十处刀伤，但大多数是划伤，不足以致命，客观上王某某亦未死亡；当被告人刘某追上躲避的王某某后，王某某体力不支而倒地求饶，已失去自我保护能力，但仅因王某某劝说，被告人刘某停止了足以继续将其杀死的侵害行为，也说明被告人刘某的本意并不是想杀死王某某。从主、客观方面均能证实被告人刘某的行为应以故意伤害罪定罪量刑，被告人刘某在庭审中供述为了吓唬王某某扎了被害人两刀，当时因自己醉酒头脑一片空白，不记得案发时的具体行为。此情形属于如实供述主要犯罪事实，结合其主动投案情节，可以认定具有自首情节，结合积极赔偿可以对被告人刘某从轻处罚。

三、评析意见

准确对一个犯罪行为定性，是正确量刑的基础。没有造成当事人死亡的案件是认定故意杀人未遂、中止还是故意伤害，对被告人的量刑有重大影响，对及时有效化解社会矛盾纠纷、公平公正司法具有重大意义。

笔者赞同第三种观点。做到准确对一个犯罪行为定罪量刑，要遵循主客观相一致的原则。第一种、第二种观点存在多个矛盾。第一，犯罪停止形态的认定。如果认定被告人刘某具有杀人的直接故意，当被告人刘某持刀追上倒地的被害人王某某时，面对失去抵抗能力的被害人，被告人刘某可轻易继续实施杀害行为至王某某死亡为止；且当被告人刘某听到王某某的求饶及劝说后自动放弃犯罪，属于犯罪行为的中止，而不是由于犯罪分子意志以外的原因而未得逞的犯罪未遂。第二，被告人刘某自归案至开庭审理均未供述有杀人的故意，虽有主动投案情节，但不符合我国刑法关于自首的规定，不能认定具有自首情节。第三，综合本案中，分析本案被告人刘某的犯罪动机及目的，当事人双方虽素有矛盾，但并不是深仇大恨，案发地点在小区门口的警卫室，人来人往，且当时警卫室内还有另一名工作人员；被告人刘某所用水果刀系其平时上班期间切西瓜所用，经查，刘某在钢厂上班，工作环境炎热，单位为防暑降温经常为工人发放西瓜解渴，案发时正值夏季，可以认定刘某不是为作案而故意准备作案工具。综上，不宜认定被告人刘某具有杀死被害人王某某的直接故意。但被告人刘某持刀捅刺、划伤王某某近二十刀，主要部位在胸、腹、会阴及四肢部，手段残忍、后果严重，应认定其对王某某的死亡持放任的主观态度，即间接故意犯罪。间接故意犯罪以结果认定罪名，如果造成被害人死亡则认定故意杀人罪；造成被害人伤害结果的，按照故意伤害罪定罪处罚。第四，从被告人刘某的归案方式上分析，被告人刘某犯罪后驾车到村外玉米地躲避一夜，经激烈思想斗争于次日主动到公安机关投案，此时其尚不知被害人王某某伤情如何，主动投案证明其主观恶性不大，有一定的悔罪表现，其归案后的供述内容可信度也较大。

综合以上分析，笔者认为，本案被告人刘某的行为应按照故意伤害罪定罪处罚；被告人刘某案发后主动投案，在庭审过程中如实供述主要犯罪事实，认定有自首情节，依法可以从轻处罚。

（河北省唐山市丰南区人民检察院 郑文泉）

为偷回被扣押车辆伤害他人的行为如何定性

一、基本案情

2018年1月15日,尹某驾驶改装的三轮车拉客被交警发现,交警将该三轮车扣押于交警大队的大院内,并要求尹某第二天上午到交警大队接受处罚。当日23时前后,尹某翻墙进入交警大队院内,欲将三轮车偷偷开走,门卫郝某某发现后上前制止尹某。尹某当即进行反抗,并将郝某某打倒在地,然后驾驶三轮车离去。后尹某被公安机关抓获归案。经鉴定,郝某某的人体损伤程度为轻伤二级。

二、分歧意见

对于尹某的行为如何定性,存在两种不同意见:

第一种意见认为,被扣押车辆的所有权虽然为尹某,但交警大队具有合法的占有权,而合法占有权亦属于盗窃罪的客体,所以尹某盗窃自己所有的车辆的行为构成盗窃罪,尹某盗窃车辆被发现后当场使用暴力致人轻伤二级,完全符合转化型抢劫的构成要件,故最后应以抢劫罪对尹某进行处罚。

第二种意见认为,虽然占有权可以成为盗窃罪的客体,但是否构成盗窃罪,还应考察行为人的主观目的,本案中,尹某秘密窃取被交警扣押的车辆,虽然侵犯了交警大队的合法占有权,但尹某主观上只是为了取回自己的车辆以免受行政处罚,并没有非法占有的目的,所以尹某的盗窃行为不符合盗窃罪的构成要件,因而其盗窃伤人的行为也不符合转化型抢劫的构成要件,对尹某只能在刑事上处罚其故意伤害致人轻伤二级的行为,应以故意伤害罪论处。

三、评析意见

笔者同意第二种意见,理由如下:

犯罪本质上是对法益的侵害。盗窃自己拥有所有权的财物的行为同一般的盗窃行为相比,在犯罪现象上并无区别,但在本质上却不相同,其犯罪对象为自己所有,只是因为某些原因丧失了其所有权中的占有权部分。那么,合法的占有权能否成为盗窃罪的犯罪客体呢?盗窃犯罪的实质在于,盗窃行为不仅直接破坏了社会成员对财物所有权的正常行使,而且还动摇和削弱了所有权法律制度。但是,我们不能忽视这样一个事实:在现实生活当中,对财物进行事实上的管领和支配的人,并不一定就是所有权人本人,财物非所有人也会基于各种合法的或者非法的原因而对物形成事实上的占有状态。在行为人秘密窃取所有人控制下的财物时,固然可以说其是所有权遭到了侵犯,但在行为人秘密窃取非所有人占有下的财物时,就不能说所有权受到了侵犯,这是因为在民事法律中,所有权是包含了占有、使用、收益、处分四项权能的权利,这种权利只为所有权人完全享有,而非所有权人一般是不可能因为其占有财物的事实而在法律上改变所有权的归属的。所以,非所有权人占有的财物被盗窃,直接受到侵害的并不是所有权,而是对财产的占有权。

盗窃罪的设置侧重对公私财物占有权能的保护。占有是所有权最基本的权能,失去了占有,使用、处分权能的实现便无所依附。在排除共有的前提下,财物的合法占有主体是唯一的,具有排他性,破坏他人对财物的合法占有关系均系非法。另外,虽然任何财物都有其最终的法律上的所有人,所有人对其财物享有绝对的排他所有权,所有人以外的任何不特定的义务主体都负有不得侵犯他人所有权的消极义务,但是,由于并非任何对财物的占有人都是合法所有人,因此,所有权受到侵犯并不能够直观反映盗窃犯罪所侵害的社会关系的本质和特征。而能够把盗窃罪的犯罪客体统一起来、正确反映盗窃行为人所影响或者改变的、处在具体联系中的犯罪对象所代表的社会关系的,只能是他人对于公私财物的占有权。不论行为人盗窃的是所有权人的财物,还是非所有权人的财物,占有人对于财物的占有状态都受到了影响或者改变,占有权的行使都受到了妨害。对于侵犯财产的犯罪行为而言,刑法所保护的应该是被占有财物的财产秩序。对合法占有关系的破坏与对所有关系的破坏一样,均侵犯了刑法所保护的客体,同样构成犯罪。故而,合法的占有权应该成为盗窃罪的犯罪客体。

本案中,尹某意图偷偷将处于公安机关合法扣押之下的车辆取回,在主体、客体、客观方面都符合盗窃罪的构成要件。然而,根据主客观相统一原则，尹某的行为是否构成盗窃罪还需考量其主观目的。判断行为人是否有非法占有目的，应加以区分。如果所有权人是出于自己需要将财物取回或者是不愿将自己的财物继续置于占有人占有、控制之下，由于其主观上认为行为对象是自己的或自己应得的财物，而不是盗窃等财产犯罪意义上的"他人财物"，就不能认定为具有非法占有的目的。如果所有权人在取回自己的财物后，又通过索赔或者其他方式从原占有人处获得赔偿或者其他利益，则其主观上就具有非法占有的目的，应认定为盗窃罪。本案中，尹某的车辆虽然被扣押，但对其而言，被扣押车辆的所有权仍然属于自己，而不是他人财物，其将车辆偷偷取回主要是为了逃避公安机关的行政处罚，并不能说其主观上具有非法占有的目的。所以，对于尹某将车辆偷偷取回的行为不能认定为盗窃罪，其伤人行为也就不符合转化型抢劫罪的构成要件，但尹某致人轻伤二级的行为，系故意伤害行为，应以故意伤害罪定罪处罚。

（河北省唐山市路北区人民检察院　赵　娜）

侵犯财产罪

扒窃定义中"随身携带的财物"如何认定

一、基本案情

犯罪嫌疑人刘某某因经济拮据，在网吧内趁被害人熟睡之机，将被害人放在电脑桌上的手机偷走，后变卖，因所盗手机灭失无法鉴定价值。

二、分歧意见

第一种观点认为，本案中犯罪嫌疑人的行为不构成犯罪。本案犯罪嫌疑人的行为不符合2013年最高人民法院、最高人民检察院《关于办理盗窃刑事案件适用法律若干问题的解释》中扒窃的定义，放在电脑桌上的手机不属于随身携带的财物，且无法确定手机价值，无法确定是否达到盗窃罪的犯罪数额，因此不构成盗窃罪。

第二种观点认为，犯罪嫌疑人刘某某的行为涉嫌盗窃罪。本案中犯罪嫌疑人以非法占有为目的，在网吧内趁被害人熟睡之机盗走电脑桌上的手机，属于在公共场所盗取他人随身携带的财物，此处的随身携带的财物应包括被害人带在身上的财物或置于身边附近的财物，符合2013年最高人民法院、最高人民检察院《关于办理盗窃刑事案件适用法律若干问题的解释》中扒窃的定义，其行为触犯了《刑法》第264条规定，应以盗窃罪论处。

三、评析意见

本案案件基本事实清楚，根据相关法律法规、司法解释及司法释义，笔者同意第二种观点，犯罪嫌疑人刘某某的行为属于扒窃，应以盗窃罪论处。

《刑法修正案（八）》明确将扒窃以列举的方式规定为盗窃罪的罪状之一，是行为犯罪，不论窃得财物多少，体现了立法机关与司法机关对扒窃行为严厉打击的惩戒力度。最高人民法院、最高人民检察院《关于办理盗窃刑事案件适用法律若干问题的解释》中第3条也对扒窃予以明确，即在公共场所或交通工具上盗窃他人随身携带的财物的行为。

从上述司法解释可以看出扒窃主要有两个特征：一是地点的公共性，即扒窃行为发生在公共交通工具上或车站、码头等公共场所。本案中案发地点在网吧内，属于公共场所。二是被盗财物是否属于"随身携带的财物"。财物的随身性、贴身性是认定扒窃行为的关键，也是扒窃行为区别于一般盗窃行为或普通盗窃行为的主要特征，也正是因为盗取被害人随身性的、紧贴性的财物才使被害人财物被置于更加危险的境地，因此社会危险程度更高，立法机关也才在《刑法修正案（八）》中将没有数额限定的扒窃行为规定为一种盗窃类型。此处的"随身携带财物"的随身性、贴身性应做实质解释，不应局限于财物是否直接接触或贴身接触的形式，而要看财物的所有人与财物之间的密切关系、实质关系，即在财物所有人也就是被害人的视线、肢体、感觉的紧密控制之中，不需要被害人借助任何外力和工具，不用移动身体，仅凭视觉、听觉、感觉和肢体就可以达到对财物的管理和支配。本案中，被盗手机就放在被害人所在的电脑桌上，在被害人的视线和管控范围之内，虽然被害人已熟睡，但是也不影响其对财物的管控，因为其随时都有可能警觉醒来，极有可能发现后予以反抗，与犯罪嫌疑人发生肢体上的冲突。这样一来其不仅侵犯被害人的财产权利，还有可能侵犯被害人的人身权利，使得公民丧失对社会的安全感，这也是扒窃入罪的一个基本考虑。

综上，笔者认为，犯罪嫌疑人刘某某以非法占有为目的，在网吧内趁被害人熟睡之机，盗取被害人放置电脑桌上的手机，其作案手法应属扒窃，涉嫌《刑法》第264条规定，构成盗窃罪。

（河北省唐山市路南区人民检察院　柴爱辉）

以借戴名义拿走他人财物行为如何定性

一、基本案情

2018年5月，犯罪嫌疑人王某某和朋友李某某到一家饭店吃饭，王某某看到李某某戴了一条黄金项链，说挺好看，自己戴一下，李某某将项链交给王某某，王某某谎称到厕所照镜子去看项链，后携带项链逃走。经价格认证中心鉴定，项链价值人民币1万余元。

二、分歧意见

关于王某某的行为如何定性有以下两种意见：

第一种意见认为，王某某的行为构成诈骗罪。首先，从诈骗罪的主观方面来说，需要犯罪嫌疑人具有非法占有的故意。本案中，犯罪嫌疑人王某某为占有黄金项链，故意编造虚假事实，以借戴项链为借口，将项链从被害人李某某手中骗出后带走。其次，从客观方面来说，犯罪嫌疑人王某某采取编造虚假事实的手段从被害人李某某手中骗出项链，其诈骗行为符合诈骗罪的客观要件。最后，盗窃罪需要犯罪嫌疑人采取秘密手段，而本案中王某某并未采取秘密手段盗取财物，故犯罪嫌疑人王某某的行为构成诈骗罪而非盗窃罪。

第二种意见认为，王某某的行为构成盗窃罪。

三、评析意见

笔者同意第二种意见。根据《刑法》第264条规定，盗窃罪是指以非法占有为目的，秘密窃取他人占有的数额较大的财物，或者多次盗窃、入户盗窃、携带凶器盗窃、扒窃的行为。盗窃罪的行为是窃取他人占有的财物，窃取是指违反被害人的意志，将他人占有的财物转移为自己或者第三人占有。根据

《刑法》第260条规定，诈骗罪是指以非法占有为目的，使用欺骗方法，骗取数额较大的公私财物的行为。诈骗罪既遂的构成要件内容为：（1）行为人实施欺骗行为，受骗人产生错误认识；（2）对方基于错误认识处分财产；（3）行为人或者第三者取得财产；（4）被害人遭受财产损失。盗窃罪和诈骗罪虽然都是以非法占有为目的，占有他人数额较大的财物，但所采取的犯罪手段不同。盗窃罪表现为秘密窃取，犯罪分子采取公私财物所有人、保管人未发觉的手段、方法，将财物据为己有，如顺手牵羊、深夜撬门扭锁、公共场所扒窃的手段等。诈骗罪表现为虚构事实、隐瞒真相，常见的诈骗方法有编造谎言、假冒身份、伪造文书或者证件等，使被害人产生错误认识后主动处分自己的财产。盗窃罪是违反被害人的意志，诈骗罪是使被害人基于错误认识处分财产，如果不存在被害人处分财产的事实，则不构成诈骗罪。受骗者在处分财产时必须有处分意识，即意识到自己将某种财产转移给行为人或者第三者占有，但不要求对财产的数量、价格等具有完全的认识。

犯罪嫌疑人王某某的行为构成盗窃罪而非诈骗罪。理由如下：首先，诈骗罪需要行为人采取骗的手段使被害人自愿交出财物，从而使行为人实质占有该财物，如果行为人实施诈骗手段后只是短暂或形式上占有，行为人要实质上占有此物仍需其他方法，则不能认定为诈骗罪。其次，诈骗罪需要被害人受骗后将财物交付给行为人，行为人对该财物有占有、处分的权利。如果被害人并没有将财物给予行为人进行有效处分，并未丧失对财物的有效控制，被害人实质上仍占有此物，行为人将财物秘密据为己有的行为构成盗窃罪。结合本案，犯罪嫌疑人王某某采取虚构"拿项链去卫生间看一下"的事实，将项链骗到手，并借机将项链拿走。被害人李某某将项链拿给犯罪嫌疑人王某某看，并没有移交财物的控制权，犯罪嫌疑人王某某只是暂时的持有项链。犯罪嫌疑人王某某谎称的"到卫生间看一看"是为其秘密窃取财物创造条件，虚构事实是其获取财物的辅助手段，其最终趁被害人李某某不备而秘密将项链盗走。

（河北省唐山市曹妃甸区人民检察院　孙喜霞）

利用网络游戏发布虚假售卖链接占有他人财物行为如何定性

一、基本案情

2018年9月至2019年2月期间，邓某某在某网络游戏中发布虚假的售卖装备广告，被害人在支付20元至40元不等的装备款后，邓某某谎称还需支付1元的装备激活费，并给被害人发送木马链接（链接显示交易金额为1元），当被害人输入支付宝账号、密码后，钱款就划到了事先设置好的账户中。邓某某通过此种方式致使多名被害人损失1万余元。

二、分歧意见

关于邓某某的行为构成何罪有以下两种意见：

第一种意见认为，邓某某的行为构成诈骗罪。邓某某通过虚构事实、隐瞒真相的行为，非法占有他人财物，系利用互联网技术实施的诈骗行为。

第二种意见认为，邓某某的行为构成盗窃罪。邓某某利用虚构事实、隐瞒真相的手段行为，以非法占有为目的，在被害人不知情的情况下盗划资金，系利用互联网技术实施的盗窃行为。

三、评析意见

诈骗罪和盗窃罪是现实生活中很常见的两种侵犯他人财产权利的犯罪，这两种罪的区别主要体现在客观方面。通常情况下，诈骗罪和盗窃罪是比较容易分辨的，但是在二者彼此交织的时候，就需要有一个明确的界限对诈骗罪和盗窃罪加以区分。

盗窃罪与诈骗罪主要区别如下：

1. 盗窃罪和诈骗罪的概念及构成要件存在明显差别。根据《刑法》第264条规定,盗窃罪是指以非法占有为目的,秘密窃取他人占有的数额较大的财物,或者多次盗窃、入户盗窃、携带凶器盗窃、扒窃的行为。盗窃罪的行为是窃取他人占有的财物,窃取是指违反被害人的意志,将他人占有的财物转移为自己或者第三者(单位)占有。首先,窃取的手段是和平的,窃取行为只针对财物而不危及被害人的人身,以此与抢夺、抢劫等取财行为相区别。其次,行为人取得财物违背被害人的意志,即被害人是不愿让行为人取得财物的。通常情况下,行为人窃取财物时多不为被害人察觉,但并不是所有窃取行为都是在被害人不知道的情况下进行的。根据《刑法》第266条规定,诈骗罪是指以非法占有为目的,使用欺骗方法,骗取数额较大的公私财物的行为。该罪的基本构造为:行为人以不法所有为目的实施欺诈行为→被害人产生错误认识→被害人基于错误认识处分财产→行为人取得财产→被害人受到财产上的损失。也就是说,诈骗罪要求被害人基于行为人的欺诈行为对事实真相产生错误认识,出于真实的内心意思而自愿处分财产,进而形成了一系列的因果关系:由于行为人虚构事实或隐瞒真相,使得被害人产生了错误的认识,这个错误的认识又导致被害人做出了有利于行为人的处分财产的行为。在这个因果链条上,欺诈行为是起因,是行为人所有活动的集中。错误认识不仅是连接欺诈行为与处分行为的中介,也是行为人的骗财行为能否得逞的关键。如果行为人的欺诈行为不足以使被害人对事实真相产生误解,被害人自然不会做出对自己有害却对行为人有益的处分财产的行为。处分行为是结果,它实现了财产在被害人与行为人之间的转移,使行为人犯罪目的最终得逞。

2. 盗窃罪与诈骗罪所采取的犯罪手段有所区别。盗窃罪和诈骗罪虽然都是以非法占有为目的,占有他人数额较大的财物,但所采取的犯罪手段不同。盗窃罪表现为秘密窃取,犯罪分子采取公私财物所有人、保管人未发觉的手段、方法,将财物据为己有,如顺手牵羊、深夜撬门扭锁、公共场所扒窃的手段等。诈骗罪表现为虚构事实、隐瞒真相,常见的诈骗方法有编造谎言、假冒身份、伪造文书或者证件、涂改单据等,使被害人产生错误认识后主动处分自己的财产。

3. 在行为人已经取得财产的情况下,盗窃罪与诈骗罪的关键区别在于被害人是否基于认识错误而处分财产。盗窃罪是违反被害人的意志,诈骗罪是使被害人基于错误认识处分财产,如果不存在被害人处分财产的事实,则不构成诈骗罪。受骗者在处分财产时必须有处分意识,即意识到自己将某种财产转移给行为人或者第三者占有,但不要求对财产的数量、价格等具有完全的认识。

结合本案,笔者认为,诈骗罪和盗窃罪的区别在于:财产损失是不是被害人处分财产的结果。如果被害人最终的财产损失是由于自己的处分行为，则行为人构成诈骗罪，反之则以盗窃罪论处，笔者同意第二种意见，本案应认定为盗窃罪。邓某某的行为带有鲜明的诈骗色彩，但对于案件的定性需分清手段行为和目的行为，诈骗和盗窃都是以非法占有的主观目的侵害他人财产性法益的行为，在行为手段上二者甚至有一定的交集，如本案中邓某某在虚构了售卖游戏装备、发送激活链接的情况下取得了被害人的信任，这是典型的诈骗行为的前提，但这只是目的行为，而手段行为显得尤为重要。诈骗一般表现为被害人因受欺骗而自愿将财物交出，这在盗窃中确是不可想象的，因为盗窃财物的行为是不可能被察觉的。因此，本案定性的关键在于被害人是否有处分财产的意思和行为。邓某某欺骗性的手段行为使被害人陷入对方是货真价实的游戏商人的错误认识，但被害人没有自愿交出财物，行为人是利用木马病毒程序进入被害人支付宝或银行卡内窃取财物，盗划资金的过程被害人并不知情。综上，邓某某的行为应定性为利用互联网实施的秘密窃取财物的盗窃行为。

（河北省唐山市曹妃甸区人民检察院　孙喜霞）

涉嫌民事欺诈的经济合同纠纷与合同诈骗罪如何区分

一、基本案情

2016年12月至2017年9月期间，犯罪嫌疑人张某在自己家中，编造"王立杰""李立杰"等虚假身份及虚假地址，通过微信、QQ及电话方式订购厨具，约定货到之后付款，并以先付款购买一两批小批量厨具的方式取得厂商信任，再订购大批量厨具，对被害人李某、徐某、朱某等6人实施诈骗厨具作案6起，合计价值人民币518269元。犯罪嫌疑人郎某在明知张某用"王立杰""李立杰"等虚假身份骗取厂商厨具的情况下，仍以先期为张某垫付骗取被害人信任的10万元预付款的方式，与张某约定骗取厨具后出售给自己，犯罪嫌疑人郎某参与诈骗作案5起，涉案价值476732元。

二、分歧意见

对于案件的定性，存在两种分歧意见：

第一种意见认为，犯罪嫌疑人张某的行为构成诈骗罪，犯罪嫌疑人郎某的行为构成掩饰、隐瞒犯罪所得罪。

第二种意见认为，犯罪嫌疑人张某的行为构成合同诈骗罪，犯罪嫌疑人郎某的行为不构成掩饰、隐瞒犯罪所得罪，系张某合同诈骗罪的共犯。

三、评析意见

近年来，合同诈骗案件大幅增多。司法实践中，包含有民事欺诈的经济合同纠纷与合同诈骗罪容易混淆，不易区分，普遍存在一种倾向，即只要行为人在客观方面存在《刑法》第224条第1款第1项至第5项情形之一，就追究刑事责任。往往疏忽了对行为人主观犯罪意图的评价，造成客观归罪，使无罪之人受到追究。笔者认为，司法实践中确认行为人非法占有目的之有无，必须借助行为人表现于外部的行为才能得出准确的结论，即根据主客观一致的原则来认定，结合行为人的履约能力、履约行为、财物处置、事后态度等方面情况进行综合判断。

1. 准确考察行为人以虚构的单位或者冒用他人名义签订合同。刑事诈骗中，行为人签约时往往以虚假面目出现，以虚构的单位或者冒用他人名义签订合同。而民事欺诈，行为人的目的是通过履行合同而谋取不当或非法利益，主体资格上一般不会弄虚作假。

2. 准确考察行为人采取的欺诈手段。刑事诈骗中，行为人完全虚构事实、隐瞒真相，没有履行合同的诚意和行为，欺诈手段在签订、履行合同中起着根本性、绝对性的作用。而民事欺诈是希望通过履行合同得到利益，因此，虽然在合同履行中某些内容或部分采取了欺骗手段，如夸大数量、质量或信誉、履约能力，但对合同最终适当、全面履行不存在根本的、全面的影响，属于有瑕疵的意思表示。

3. 准确考察行为人的履约能力及履约行为。虚构履约能力是合同诈骗犯罪的一个重要内容，行为人实际上是否具有履约能力或具有多大履约能力，是认定其有无履行合同意愿的一个重要客观依据。但无履约能力并不一定就说明行为人一定有诈骗故意，反之亦然，因而还须考察行为人是否为履行合同作了积极的努力：一是有完全履约能力或部分履约能力，但行为人无任何履约行为，而是以欺骗手段让对方单方履行合同，占有对方财物，应认定为合同诈骗罪。二是有完全履约能力或部分履约能力，但行为人只履行一部分，如果其不完全履行的目的旨在毁约或避免自身损失或由不可避免之客观原因造成，应认定为民事欺诈行为；如果其部分履行是在诱使相对人继续履行，从而占有对方财物时，则应认定为合同诈骗罪。三是签订合同时无履约能力，之后仍无此种能力，而依然蒙蔽对方，占有对方财物的，应认定为合同诈骗罪，如果事后经过各种努力，具备了履约能力，且有积极的履约行为，则无论最后是否得以完全履行，均只构成民事欺诈。四是签订合同时无非法占有对方财物的目的，签订合同后也采取了积极的履约行为，但在尚未完全履行完毕时，由于主客观条件发生变化，行为人产生非法占有对方财物的意图，将对方财物占为己有，此种情况下，诈骗故意产生于履行过程之中，其先前的积极履行行为已不能对抗其后来行为的刑事违法性，因而应认定为合同诈骗罪。五是在取得对方财物后，不履行合同，迫于对方追讨，又与他人签订合同骗取财物，用于充抵前一合同债务，以后又用相同手段循环补缺，订立一连串假合同，以使自己始终非法占有一定数额的他人财物，俗称"拆东墙补西墙"，表面上似乎是在履行合同，实质只是行为人被迫采取的事后补救措施，其签订合同骗取财物还债的处置行为，说明其对骗取的财物已经据为己有，应认定为合同诈骗罪。

4. 准确考察行为人对取得财物的处置情况。行为人对其占有的他人财物的处置情况，在很大程度上反映行为人的主观心理态度，当行为人没有履行合同的原因难以说明或不说明，或部分履行合同的行为是否真实难以判定时，可从以下几方面认定其主观上是否有"非法占有"的目的：一是将取得财物全部或大部用以挥霍，或从事非法活动、偿还他人债务、携款潜逃等，应认定有非法占有之故意。二是将取得财物全部或大部用于本合同的履行，即使客观上未能完全履行合同义务，一般应认定为民事欺诈。三是将取得财物用于合法经营时，当其有积极履行行为时，应认定为民事欺诈；当其没有履约行为时，应认定为合同诈骗罪，但是，行为人虽不履行合同，却在合同有效期内将对方财物予以退还的，仍应认定为民事欺诈。

5. 准确考察行为人的事后态度。事后态度也是区分行为人主观上有无诈骗故意的重要标志，给对方造成损失后，如不主动采取补救措施，而是百般推脱责任，或"拆东墙补西墙"，或逃匿，应认定行为人有诈骗故意。

综合本案，笔者倾向于第二种意见，理由如下：

1. 犯罪嫌疑人张某的行为构成合同诈骗罪。区分合同诈骗罪与普通诈骗罪的关键在于行为人是否通过签订、履行合同的方式来骗取对方当事人的财物。合同诈骗罪表现为"利用合同"进行诈骗，也就是说，诈骗行为必须是发生在合同的签订、履行过程中，而不能是在这之前或之后。合同诈骗罪中的合同应当包括口头合同在内，因为现行合同法对于合同的形式采取了宽松式的规定，而合同法已经涵盖了绝大多数民商事合同，其中包括了口头合同，且刑法并未将合同诈骗罪中的合同限定为"书面合同"。在现有证据证实存在合同关系的情况下，即使只是口头合同，只要发生在生产经营领域，侵犯了合同管理秩序的，同样应当以合同诈骗罪定罪处罚。

犯罪嫌疑人张某在QQ上与被害人签订口头合同，在合同履行过程中，没有实际履行能力，以先履行小额合同或者部分履行合同的方法，诱骗对方当事人继续签订和履行合同的。在这个过程中，为诱骗被害人更多厨具，让同案犯郎某先付10万元资金，而后达到了骗取被害人更大价值货物的目的。犯罪嫌疑人郎某在明知张某用"王立杰""李立杰"等虚假身份骗取厂商厨具的情况下，仍以先期为张某垫付骗取被害人信任的预付款的方式，与张某约定骗取厨具后出售给自己。之后，犯罪嫌疑人张某根据同案人郎某的下单情况实施诈骗，并按约定将诈骗来的厨具低价销售给郎某。犯罪嫌疑人张某以非法占有为目的，没有实际履行能力，以先履行小额合同或者部分履行合同的方法，诱骗被害人继续签订和履行合同，从而骗取被害人的财物，其行为扰乱了市场经济秩序，应当以合同诈骗罪追究其刑事责任。

2. 犯罪嫌疑人郎某的行为不构成掩饰、隐瞒犯罪所得罪，系张某合同诈骗罪的共犯。犯罪嫌疑人郎某系在张某实施合同诈骗过程中，在被害人以货到付款的形式发货给张某但张某未拿到货时介入的，重点是张某还没有取得财物，这就不符合掩饰、隐瞒犯罪所得罪中的犯罪所得及其产生的收益构成要求。另在市场经营过程中，郎某明知张某诈骗的情况下，采用发送图片款式、型号等方式向张某下单，在张某诈骗到厨具后低价销售给自己，从而达到获利的目的，其非法占有的系厨具低收高卖的溢价，与张某之间明确存在诈骗的犯意联络，其行为构成了张某合同诈骗罪的共犯，也应当以合同诈骗罪追究其刑事责任。

（河北省唐山市曹妃甸区人民检察院　姚文卿）

行为人既实施了秘密窃取行为
又实施了欺骗行为如何定罪

一、基本案情

2011年4月至8月,被告人姜某、张某在向某纺织公司收购碎布料期间,采取"缺斤短两"的方法,多次从该公司额外运走数吨碎布料。作案手段如下:第一步,两人在空车过磅前,事先在车内偷偷装入重达2吨的石头;第二步,将装有石头的"空车"交由纺织公司工作人员过磅,得出所谓"空车"的重量;第三步,两人将过完磅的"空车"内的石头偷偷卸掉,然后再装入碎布料,得出载有碎布料车辆的重量;第四步,根据两次过磅重量之差得出拟收购碎布料的重量,并以此重量完成交易。通过此种手段,被告人姜某、张某每次从某纺织公司均额外多运走2吨碎布料,直至案发,已先后5次,累计多运走10吨碎布料,共计价值5万元。

二、分歧意见

本案中,被告人姜某、张某通过秘密增加"空车"自重,掩盖车载碎布料真实重量的手段,使某纺织公司工作人员在不知情(即错误的认识)的情况下,"自愿"多处分其碎布料,在整个作案过程中,姜某、张某利用秘密窃取的欺骗行为获取碎布料。对于此类案件,是认定为盗窃罪抑或认定为诈骗罪?存在以下两种分歧意见:

第一种意见认为,姜某、张某的行为构成盗窃罪。姜某、张某以非法占有为目的,在某纺织公司工作人员不知情的情况下,通过秘密窃取的欺骗行为,违反纺织公司的意志,将财物转为自己占有,符合盗窃罪的构成要件,认定为盗窃罪。

第二种意见认为,姜某、张某的行为构成诈骗罪。姜某、张某以非法占有为目的,故意隐瞒真相,通过调整控制空车自重的手段,实施欺诈行为,使纺织公司对车载碎布料的真实重量产生错误认识,并基于此错误认识自愿交付碎布料,符合诈骗罪的构成要件,认定为诈骗罪。

三、评析意见

笔者同意第二种意见,认为姜某、张某构成诈骗罪。

盗窃罪和诈骗罪均属于取得型犯罪,以非法占有为目的,具有排除意思①和利用意思②,有共通之处。但精准阐释两罪构成要件,清晰界分此罪与彼罪,不仅是罪刑法定原则的要求,在准确量刑上也具有重要意义,特别是对此类秘密窃取与欺骗行为交叉在一起的案件定性,更具有理论与实践意义。

盗窃罪作为他损犯罪,即便是被害人存在疏于管理等原因导致被盗,其本身往往没有明显过错,只需行为人(被告人)单方行动即可实施并完成整个犯罪活动。诈骗罪则不然,作为一种自我损害的犯罪,被害人往往具有一定的过错,要么出于贪婪心理,要么过于轻信对方。至于被骗是否比被盗更难于启齿,虽然仁者见仁,智者见智,但不可否认,具体行为是被评价为盗窃罪,还是诈骗罪,即便被害人不关注,行为人也不可能不在乎。因为这关系着此罪与彼罪的定性问题,影响对行为人的具体量刑。笔者拟从罪质评价的角度进行阐释,深入辨析盗窃罪与诈骗罪的区别,严格遵守罪刑法定原则。

(一)两罪客观行为的逻辑结构不同

一般情况下,盗窃罪的行为结构表现为:行为人实施秘密窃取的欺骗行为→被害人失去对财物的有效控制→行为人取得财物。注意此处的秘密是相对于被害人的秘密,而不是针对第三人。在盗窃行为实施过程中,被害人本身没有过错,更没有处分财物的意思表示。即便是"调虎离山式"的犯罪,行为人通过"调虎离山式"的欺骗,转移被害人注意力,或者造成被害人对占有财物的迟缓状态,使自己更容易接触被害人占有的财物,从而完全违反被害人意志,取得被害人占有的财物的,也应认定为盗窃罪。

诈骗罪的行为结构表现为:行为人实施欺骗行为→被害人(受骗者)产生(或继续维持)错误认识→被害人(受骗者)基于认识错误处分财物→行为人取得财物→被害人遭受财产损害。可见,在诈骗过程中,被害人是有明确过错(认识错误)的,而且基于其过错处分财物。所谓处分财物,即自愿放

---

① 排除意思,是指达到了可罚程度的妨害他人利用财产的意思。
② 利用意思,是指遵从财物可能具有的用法、用途进行利用、处分的意思。

弃原占有。但应注意，处分不等于交付，处分是将自己占有的财产交给行为人独自、排他的占有，脱离被害人本人的占有或者视线。行为人实施欺骗行为，使他人放弃财物，行为人拾取财物的，也宜认定为诈骗罪。

由此观之，在行为结构表现上，二者区分的关键分为两种情形：第一种在行为人未取得财物的情形下，行为人是否实施了足以使对方产生错误认识的欺骗行为；第二种在行为人取得财物的情形下，被害人是否基于欺骗行为产生错误认识而处分财物。

（二）两罪被害人参与程度和所起作用不同

盗窃罪属于夺取罪中的兜底性犯罪，是行为人在违反被害人意志的情况下，通过单方窃取的方式取得被害人财物的行为，不存在（当然也不需要）被害人针对财物进行处分的主观意愿和主动处分。从另一层面讲，行为人取得被害人财物的整个过程，完全是靠行为人单方完成的，不需要被害人的积极认知和主动参与，也不需要行为人和被害人就财物的转移进行沟通。如果把盗窃罪看作一台戏，必然是行为人的"独角戏"。

诈骗罪则属于交付罪，不仅要有行为人虚构事实或隐瞒真相的欺骗行为，还要有被害人基于错误认识自愿处分财物的行为。从另一层面讲，行为人取得被害人财物，需要行为人与被害人就财物的转移进行沟通，需要行为人和被害人两方的"积极"作为来共同完成。如果把诈骗罪看作一台戏，必然有两个主角，即行为人和被害人，缺一不可。

由此观之，被害人针对财物的"自愿"处分行为是区分盗窃罪与诈骗罪的关键。概言之，在秘密窃取与欺骗行为交叉的案件中，行为人违反被害人的意志转移财物的占有的，属于盗窃行为；受骗人基于有瑕疵的意志处分财物的，对方的行为成立诈骗罪。

综观本案，姜某、张某的行为兼具秘密窃取与欺骗行为性质，以非法占有为目的，故意隐瞒真相，秘密调整与控制空车自身重量，通过实施这种欺诈行为，使某纺织公司工作人员对车载碎布料的真实重量产生错误认识，误以为"空车"自重以及车载碎布料的重量就是真实重量，误以为其与姜某、张某进行的是公平交易，并基于对该"真实重量"和"公平交易"的错误认识向姜某、张某处分自己的财物。综上所述，姜某、张某的行为认定为诈骗罪。

司法实践中，随着经济的发展、科技的进步，交叉使用秘密窃取与欺骗行为手段进行违法犯罪活动的情况频发，比如"缺斤短两"（如本案）、偷换二维码（将被害人的二维码换成自己的二维码，收取本属于被害人的钱款）、偷换POS机（调换被害人的POS机，或将被害人POS机绑定的收款银行账户偷改成自己的或自己能够控制的他人银行账户，收取本属于被害人的钱款）、偷换商品的价格条形码（将贵重商品的价格条形码偷换成便宜商品的条形码，通过花少许钱的方式，达到占有他人较贵重商品的目的）等。刑法作为保护法益最严厉和最后一道防线，应坚持司法谦抑性原则，严格按照罪刑法定、罪责刑相适应原则，区分罪与非罪，准确定罪量刑，惩治犯罪，保护人民，让没有犯罪的人因为惧怕法律的威慑力而不敢犯罪，已经犯罪的人改过自新不再犯罪。同时使人民在每一起案件中感受到公平和正义，维护司法权威，为新时代中国特色社会主义法治建设努力。

（河北省迁安市人民检察院　任艳红　丁莉颉）

将他人遗弃物非法占为己有的行为构成盗窃罪还是侵占罪

一、基本案情

2018年5月13日14时许，赵某某在电影院门口等待电影开场期间将其钱包放在电影院门口按摩椅上，后换座位到不远处的冷饮座位，随后犯罪嫌疑人郭某某到该按摩椅按摩，当按摩结束后发现该钱包并将该钱包据为己有。赵某某报警后，民警通过调取监控录像将犯罪嫌疑人郭某某抓获，经搜查发现郭某某持有赵某某丢失的钱包，钱包内装有赵某某身份证、银行卡、现金人民币7000余元，后郭某某将钱包交出。

二、分歧意见

犯罪嫌疑人郭某某的行为是涉嫌盗窃罪还是侵占罪是本案争议的焦点。

第一种意见认为，犯罪嫌疑人郭某某出于非法占有他人财物的目的，将钱包偷偷拿走，属于秘密窃取他人财物，其行为构成盗窃罪。

第二种意见认为，犯罪嫌疑人郭某某非法占有的是他人的遗忘物，属于侵占行为，因其并未拒不交出，不构成犯罪。

三、评析意见

笔者同意第二种意见，理由如下：

侵占罪和盗窃罪都以他人财物为对象，侵犯了公私财物的所有权，主观上都是故意，并都以非法占有他人财物为目的，这是二者的共同之处。但是，二者也有着明显的区别：（1）犯罪故意的内容和产生的时间不同。前者行为人认识到自己是以非暴力的手段非法侵占有自己业已持有的他人财物，且犯罪故意只能产生于持有他人财物之后；后者行为人认识到自己是以不为财物所有人或持有人知道的秘密方法非法获取他人财物，且犯罪故意只能产生于非法获取他人财物之前。（2）犯罪的客观方面不同。前者的手段可以是秘密的也可以是公开的或半公开的；而后者的手段只能是秘密的手段。（3）犯罪对象不同。前者的对象只能是行为人在犯罪前已经持有的他人财物；后者的对象则只能是行为人在犯罪前并不持有的他人财物。（4）是否退还所产生的法律后果不同。前者必须是拒不退还或交出他人财物，才构成犯罪；而后者即使窃取他人财物之后又主动退还的，也已构成犯罪，主动退赃行为只能作为一个酌定量刑情节来考虑。侵占罪是"将他人的遗忘物或者埋藏物非法占为己有，数额较大，拒不交出的行为"，盗窃罪是以非法占有为目的，秘密窃取他人财物的行为，犯罪嫌疑人的行为是涉嫌盗窃罪还是侵占罪，主要取决于被害人赵某某钱包在案发时是属于他人的遗忘物还是被害人占有的财物。

综合本案证据，从客观上看，案发地点是在电影院门口，人来人往，而非被害人控制的私人区域，被害人离开按摩椅到距离十几米远的冷饮座位坐着，这期间按摩椅位置何时来人、何时走人都没有关注，也没有让其他人帮忙照看，且被害人赵某某也陈述称，不记得拿没拿钱包了，电影快开始了收拾东西时才发现钱包没有了，足以认定涉案钱包属于被害人遗忘而脱离其占有，且失主可以回忆起遗落地点的遗忘物。

从行为人的主观上看，犯罪嫌疑人郭某某称"我起来后一转身发现我刚用的按摩椅上边有个钱包，当时我就直接拿起来了"，"如果没人找到我，自己就拿着这个包走了，这个包和里边的东西就自己要了"，监控录像显示，其间被害人赵某某一直在冷饮座位上坐着，并没有关注按摩椅附近的情况，且附近还有其他人，这期间失主没有出现，因此，案发时犯罪嫌疑人有理由相信，钱包是他人遗忘于按摩椅而非他人正在占有的财物。根据主客观相统一的定罪原则，郭某某出于非法占有的目的，将他人遗忘物占为己有，应当属于侵占而非盗窃行为。由于犯罪嫌疑人没有"拒不交出"钱包行为，不符合侵占罪的构成要件，因此郭某某的行为不构成犯罪。

（河北省唐山市曹妃甸区人民检察院　徐　娜）

当面拿走他人财物的行为如何定性

一、基本案情

2019年2月6日11时许，王某某因手头较紧，进入某村杨某家中欲行盗窃，发现杨某（男，97岁）独自在家，二人对面站立，在杨某要转身时，王某某用双手抱住杨某，将右手伸到杨某左侧裤兜内，将杨某兜内的400多元拿走离去。

二、分歧意见

本案存在以下分歧：

第一种意见认为，王某某的行为涉嫌盗窃罪。理由为：王某某主观上进入杨某家中是为了盗窃钱财，客观上实施了窃取财物的行为。根据主客观一致原则，王某某符合以不针对人身的平和手段占有被害人财物，属于公开盗窃行为，涉嫌盗窃罪。

第二种意见认为，王某某的行为不构成犯罪。理由是：王某某在实施盗窃过程中，被被害人杨某发现，但王某某对杨某并没有实施暴力、胁迫或其他方法，只是当着杨某的面，公然拿走了被害人的财物，王某某主观上有抢夺财物的故意，客观上实施了抢夺的行为，符合抢夺罪的主观要件和客观要件，应构成抢夺罪。但依据河北省抢夺罪的立案标准，数额较大标准为2000元，因此王某某不构成犯罪。

第三种意见认为，王某某的行为涉嫌抢劫罪。理由为：抢劫罪是以暴力、胁迫或其他方法劫取公私财物，本案中，王某某利用被害人年岁大、不能反抗特点，公然夺取财物，因此，王某某涉嫌抢劫罪。

三、评析意见

笔者认同第三种意见，理由如下：

1. 王某某的行为不构成盗窃罪。盗窃是以非法占有为目的，秘密窃取公私财物数额较大或者多次盗窃公私财物的行为。"秘密窃取"是盗窃罪的核心特征。"秘密"强调行为主观方面的相对性，即行为人自以为其行为的秘密性是针对财物控制人而言的。本案中，王某某在盗窃过程中，被杨某发现又继续当着财物所有人杨某的面将财物拿走的行为，具有公然性，缺乏秘密性。将当面平和占有财物这种公然进行的情况解释为盗窃罪，实际上是将盗窃罪的"秘密性"予以扩张，以"秘密性"包容"公开性"，这样的结论难以令人信服。

2. 王某某的行为不构成抢夺罪。抢夺罪是指以非法占有为目的，不使用人身强制方法，当场直接公然夺取数额较大的公私财物的行为。客观方面的特征表现为公然夺取他人财物的行为，即当着财物所有人、持有人或者保管人的面公开夺走财物，行为人在夺取财物时不使用暴力或暴力相威胁等侵犯人身权利的行为。本案中王某某已经侵犯了杨某的人身自由，而且是以这种侵犯被害人人身的行为为手段强行非法占有财物的，这些主客观特征显然不符合抢夺罪的要件，因而不能定性为抢夺罪。

3. 王某某的行为构成抢劫罪。抢劫罪是以非法占有为目的，以暴力、胁迫或者其他方法，强取公私财物的行为。本罪侵犯的是复杂客体，不仅侵犯了他人财产，而且侵犯了他人的人身权利。抢劫的手段行为表现为暴力、胁迫或者其他方法，从而压制被害人的反抗，取得财物。抢劫罪中的暴力，施加的对象是被害人人身，实施暴力的目的是排除、抑制被害人的反抗，从而劫取被害人的财物，可能危害被害人的身体健康，行为人实施暴力到最终劫取财物，通常一般都有一个过程，是由人及物的。我国刑法对暴力达到何种程度才构成抢劫罪并无明文规定，我们应结合具体情况进行具体分析，可综合考虑被害者的有关情况，如被害者的人数、年龄、行为的状况、行为人的有关情况等。就本案分析，行为人王某某是青年男性，被害人杨某是97岁老年人，且在作案地点当时只有二人。王某某对被害人杨某来说处于明显优势，足以控制场面，被害人没有能力对王某某予以反抗。王某某以排除被害人杨某反抗为目的，从后面抱住被害人致被害人无法反抗，且被害人的行为是由人及物，因此王某某的行为可以认定为以非法占有为目的，当场使用暴力劫取他人财物的行为，符合抢劫罪构成要件，应依照《刑法》第263条规定定罪量刑。

综上，笔者认为王某某的行为符合抢劫罪的构成要件，应当依《刑法》第263条抢劫罪追究其刑事责任。

（河北省遵化市人民检察院　任晓梅　邱玉红）

汇票诈骗行为能否仅认定为诈骗罪

一、基本案情

2015年，犯罪嫌疑人蔡某、徐某、张某三人经商谋，决定以帮助持票公司办理贴现为名，经人介绍，骗取他人持有的银行承兑汇票并使用，取得部分收益后，三人又合谋在2015年12月至2016年12月间，继续谎称为持票公司办理贴现业务，并承诺在办理当日支付全部贴现款，骗取9家公司合法持有的银行承兑汇票共计45张，面值人民币133万余元。犯罪嫌疑人取得上述汇票后，除支付部分贴现款用于安抚被害人，拖延时间外，剩余汇票或被其直接用于抵偿个人债务，或被其转卖给第三人以及拿至银行承兑。所得钱款被蔡某等三人占为己有，拒不退还。至案发前，蔡某、徐某、张某共计骗得人民币56万余元。

二、分歧意见

本案办理过程中，针对案件的定性和犯罪形态的认定，产生了以下分歧意见：

第一种意见认为，根据刑法规定，诈骗罪是指以非法占有为目的，采用虚构事实或者隐瞒真相的方法，骗取公私财物，数额较大的行为。犯罪嫌疑人虚构帮助办理贴现的事实，隐瞒汇票的真实用途，骗取他人合法持有的银行承兑汇票，应当构成诈骗罪。

第二种意见认为，三人构成票据诈骗罪。根据刑法规定，票据诈骗罪是指以非法占有为目的，明知是伪造、变造、作废的票据而使用，或冒用他人的票据，或签发空头支票、签发无资金保证的汇票、本票，或捏造其他票据事实，利用金融票据进行诈骗活动，骗取财物数额较大的行为。犯罪嫌疑人明知自己不是合法的票据权利人，却仍然假借他人之名使用票据，在取得汇票后，冒用汇票合法持有人身份，将汇票用于抵偿个人债务、转卖给第三人或拿至银行承兑，完全符合冒用他人汇票的情形，且三人骗取的财物属于数额特别巨大的情形，具备票据诈骗罪的客观要件，构成票据诈骗罪。

第三种意见认为，犯罪嫌疑人同时构成诈骗罪和票据诈骗罪，犯罪嫌疑人第一个行为构成诈骗罪，事后冒用他人汇票使用的行为构成票据诈骗罪，共有两个犯罪行为，一行为一评价，应当诈骗罪与票据诈骗罪并罚。

三、评析意见

本案中，犯罪嫌疑人第一阶段的行为符合诈骗罪的构成要件，而第二阶段的行为又与票据诈骗罪的犯罪构成相似，但犯罪嫌疑人前后两个阶段的行为具有牵连关系，且诈骗罪与票据诈骗罪法定刑均为10年以上，无法从一重罪论处，并且三人是出于一个目的（诈骗）而实施的行为，后行为不具有期待可能性，前行为可吸收后行为。如对犯罪嫌疑人以诈骗罪和票据诈骗罪进行数罪并罚显然不合理，因此笔者认为，从以下三个方面考虑，本案犯罪嫌疑人应当构成诈骗罪。

1. 诈骗行为在非法取得财物的过程中起主要作用和决定性影响。当一个犯罪活动包含两种以上刑法规制的行为，造成定罪的选择性困难时，应当分析和区别各行为对犯罪结果的发生，以及犯罪目的的实现分别所起的作用和影响，把握其中起主要作用和决定性作用的行为进行罪名认定。对于财产性犯罪而言，应当的考量是犯罪嫌疑人非法取得财物的主要手段。

本案中，认定诈骗银行承兑汇票并冒用的行为的性质属于诈骗罪还是票据诈骗罪，关键要看行为人非法取得财物时起决定作用的手段。犯罪嫌疑人之所以能够实现对银行承兑汇票以及其承载的财产性利益的非法占有，主要是通过虚构事实、隐瞒真相的方法，使持票人自愿将汇票交付给犯罪嫌疑人办理所谓的"贴现"业务，该行为是整个犯罪得以实现的前提和基础，对犯罪活动的成功具有决定性的作用和影响。在此之后，犯罪嫌疑人虽然在汇票使用的过程中可能存在冒用合法持票人身份的行为，但该行为只是为最终取得诈骗财产而实施的一个辅助行为，犯罪嫌疑人是出于一个诈骗的目的而实施了这两个行为。且从诈骗罪的犯罪构成来说，三人主观上具有骗的目的，实施了让被害人陷入错误认识的诈骗行为，被害人也基于错误认识而处分了财产，承兑汇票作为有价证券，在被害人将承兑汇票自愿交付时，实际上已经遭受了损失，蔡某、徐某、张某的行为已经完全符合诈骗罪的构成要件，其基于诈骗目的骗取汇票，事后必然要使用汇票。所以笔者认为整体来看诈骗目的和行为在整个案件中起决定性作用。

2. 以诈骗罪定罪处罚能够实现对先后行为的整体评价。首先，虽然行为人前期的诈骗行为在最终非法取得财物时起主要作用，但前期单纯的诈骗行为不足以真正实现非法占有目的，犯罪嫌疑人骗取汇票仅完成了诈骗犯罪的一部分，其还必须依赖后续对汇票的使用（但并不局限于"冒用"）才能真正实现对汇票所承载的财产性利益的占有。否则汇票对于犯罪嫌疑人而言，仅是无用的废纸而已。但同时，没有犯罪嫌疑人前期骗取汇票的行为也根本不可能有后续对汇票的使用行为。因而，犯罪嫌疑人实施的第一阶段和第二阶段的行为必须作为一个整体的犯罪行为进行评价。第二阶段的行为可能符合票据诈骗罪的构成要件，而诈骗罪与票据诈骗罪在刑法体系中属于一般罪名与特殊罪名的关系，诈骗罪的构成能够包含票据诈骗这一种行为方式，但票据诈骗罪不能对普通诈骗行为进行涵盖。故而，本案只有认定诈骗罪，才能实现对第一阶段和第二阶段犯罪行为的整体评价。

其次，从司法适用便利的角度考虑，将两行为作为一个整体评价，能够比较简单地划分出行为界限，便于实践操作。犯罪嫌疑人诈骗银行承兑汇票的行为本身是诈骗行为没有问题，之后使用诈骗得到的承兑汇票的行为（抵债、转卖、冒用）本质上完全可以认定为不具有期待可能性的销赃行为，如果认定为票据诈骗罪，则相当于认定前诈骗银行汇票的行为为无价值的行为，将无价值的诈骗行为与有价值的票据诈骗行为综合评价显然不合理，因此笔者认为本案中的银行承兑汇票可以暂时看作票面价值已定并能即时兑现的记名有价证券，诈骗数额应按承兑汇票数额减去三人归还被害人拖延时间的贴现款。从这个角度说，蔡某、徐某、张某在取得汇票后，可以随时获取实际财物，其目的也是获取实际财物，前一阶段的犯罪行为已经完成，可以吸收后一阶段的行为，因此应将本案整体评价为诈骗行为，将其销赃数额作为定罪量刑的标准。

3. 认定诈骗罪有利于对被害人的保护。银行承兑汇票是商业汇票的一种，是由在承兑银行开立存款账户的存款人出票，向开户银行申请并经由银行审查同意承兑的，保证在指定日期无条件支付确定的金额给收款人或持票人的票据。银行承兑汇票在指定的支付日期之前，持有人可以凭借营业执照、商业合同、交易发票等凭证到银行进行贴现。贴现银行对汇票进行形式审查，符合贴现要求的，除扣除一定的手续费和利息外，将其余款项提前兑现给持票人。除银行外，个人和企业不允许办理银行承兑汇票的贴现（转卖）业务。该种行为在之前被认定构成非法经营罪，但目前的司法实践普遍认为不构成犯罪，但仍属于违反金融管理法规的行为。持票人如果遗失了银行承兑汇票，可以向出票银行进行挂失。挂失后，被挂失票据即被停止支付，但仍可能在商业活动中被流转。在挂失后公示催告的期限内，票据权利的主张人可以向法院申报票据权利。法院根据申报人提供的证据材料，判断票据的实际权利人，并依法进行除权判决。

因此，从承兑汇票的性质分析，如果将本案认定为票据诈骗罪，而非诈骗罪，则本案的被害人即从犯罪嫌疑人的合法持票人转变为了受让人。这一认定方式使得犯罪的实际受害者的合法权益无法得到保护，损失无从弥补。同时，由于在实践中存在明知汇票来源非法，仍进行收购的恶意第三人，也存在大量不符合《支付结算方法》的规定而进行贴现的行为，在这种情况下，第三人非被骗而属于诈骗共犯或掩饰隐瞒犯罪所得，被害人更无从确定，票据诈骗罪亦难成立。

综上，笔者认为，可以认定蔡某、徐某、张某三人为诈骗罪。

（河北省唐山市丰南区人民检察院　于思萌）

将抵押手机骗出后携带逃跑的行为如何定性

一、基本案情

2018年1月30日,被告人纪某来到林某的手机店内,将他人所有的一部华为手机抵押给林某,借款3000元。同年2月2日,被告人纪某又来到该手机店,称欲赎回手机而从林某手中骗出手机,假装打电话,趁林某不注意,突然携手机逃离现场。此后,纪某还以抵押手机的方式从杜某及王某处分别借得1700元、2800元,又以同样手段携抵押手机逃跑。

二、分歧意见

本案争议的焦点在于:抵押物能否成为抢夺罪的犯罪对象?以抵押手机获取借款后又以借打电话为由携手机逃跑的行为构成诈骗罪还是抢夺罪?

一种意见认为,抵押物不能成为抢夺罪的犯罪对象;抵押手机获取借款后又以借打电话为由携手机逃跑的行为符合诈骗罪的犯罪构成。理由是:第一,财产犯的法益指的是公私财产的所有权,包括占有、使用、收益、处分权,因此,一般情况下,对于全部所有权能的整体侵犯是绝大多数财产犯罪的最本质特征,而本案所涉手机是抵押物,对其侵犯应当通过民事途径解决。第二,即便认可抵押物财产法益从而构成犯罪对象,但被告人以非法占有为目的,虚构借用手机的事实,在获取抵押财物后携带已经抵押的手机逃走,骗取公私财物,符合诈骗罪的行为模式,但因犯罪数额未达到较大情形(5000元),故不构成犯罪。

另一种意见认为,抵押物系抢夺罪的犯罪对象;抵押手机获取借款后又以借打电话为由携手机逃跑的行为构成抢夺罪。理由是:第一,所有权四种权能的分离是现代经济社会的常态,抵押权人系基于所有权人对占有权能的让渡而合法占有抵押物,在抵押人未归还借款时,抵押权人可以通过对抵押物处分的方式保障债权的实现，因此，抵押物具有财产性法益性质，抵押人对抵押物的夺回侵害了抵押权人的财产权益，故抵押物可成为抢夺罪的犯罪对象。第二，虽然被告人的行为具有一定的欺骗性质，从而使得被害人将手机交于被告人使用，但被害人对于手机的交付并不具有处分的意思，该手机仍在被告人的控制之下，被告人最终取得财物主要还是基于乘人不备、突然对物实施夺取的行为，且犯罪数额达到较大情形（1000元），故被告人的行为构成抢夺罪。

三、评析意见

笔者认为，侵财手段具有复合性特征时以致权利受侵的关键性行为定性。

1. 关于抵押物可否作为抢夺罪的犯罪对象。本案被告人所侵犯的财产在形式上具有特殊性，即为抵押的手机。抵押物能否成为犯罪对象，涉及对"公私财物"的理解。关于这一问题，事实上其背后所牵涉的是对侵犯财产罪中法益的理解。对此，理论上有本权说（财产犯的法益是所有权和其他本权，其他本权是指合法占有的权利，如担保物权、抵押权）、占有说（财产犯的法益是他人对财物事实上的占有本身，不仅包含合法占有，还包括非法占有）及各种中间说的争论。笔者认为，对于所有权权能的整体侵犯是绝大多数财产犯罪的最本质特征，但抵押物作为被害人合法占有的财产，其属于财产性法益，亦应受刑法保护。理由在于：

第一，所有权权能的分散及与其他财产利益的多样化是经济社会发展的必然常态。随着社会的发展，财产关系日益复杂，所有权本身就包括占有、使用、收益、处分权四种权能，而通过出让一部分权能，所有权人可由此获取利益。同时，有关债权也与物权的交融更加密切，通过抵押物权来保障债权实现也成为经济交往的常态，财产利益的表现形式亦呈现多样化趋势，如债权、股权等。因此，仅以所有权作为财产法益的保护对象已无法满足经济社会发展及保护的要求。

第二，合法占有的抵押物有保护必要。抵押物虽然不为债权人所有，但是其所体现的是债权人的财产权利，基于这样一个他物权的存在，其债权的实现才有了有力保障。因此在抵押物的背后，实则是债权人一定数额的财产，抵押物的丧失则意味着债权担保的丧失，对于其债权实现的能力将大大减弱。行为人之所以要抢回抵押物，目的就在于通过该种行为使债权人丧失债权实现的可能性，从而规避债务，由己获利，而这与直接从被害人处抢走一定数额财产的意义是一样的。

第三，对所有权的保护以保护占有为前提。首先，占有本身虽仅仅是所有权中的一项权能,但占有是其他所有权权能行使的前提。其次,占有的权能在被合法转让给他人后,他人的合法占有也是为了实现除处分权以外的权利。因此,若不对此种占有予以保护,所有权人可以随时破坏他人的合法占有,引起经济秩序的混乱,这显然与经济社会主张物尽其用的精神相悖。

综上,"公私财物"并不仅限于他人拥有所有权的财物,更是包括其他具有财产法益性质的财物,故本案所涉的抵押物能够成为抢夺罪的犯罪对象。抵押权人通过合法途径获得对抵押物的占有,以保障债权的实现,其所体现的财产法益是毋庸置疑的,刑法对该种合法占有应当给予保护。

2. 关于被告人获取财物基于乘人不备、公然夺取的行为。诈骗罪和抢夺罪的主要区别在于犯罪构成的客观方面,前者以虚构事实、隐瞒真相的方法,使被害人产生错误认识,并基于此处分财产,导致"数额较大"的财产损失;而后者表现为乘人不备、公然夺取他人紧密占有的"数额较大"的财物。由此可见,区分二者的核心有二:一是犯罪的主要手段;二是被害人有无处分财产的意思。两罪在一般情况下不容易发生混淆,但在司法实践中,财产犯罪的行为方式纷繁复杂,除纯粹盗、抢、骗等行为外,更多的行为是互相夹杂且变化多样的,如骗盗或骗抢结合、先骗后抢或先抢后骗等,本案亦是如此。对此,必须厘清致使财产权利遭到侵害的关键性行为,才能抓住此类犯罪的本质。

第一,关于本案的主要犯罪手段。综观本案,被告人的行为可以分为两段,第一段为用手机抵押并获得借款,后以赎回手机为由,从被害人处骗得手机使用;第二段为趁人不备,携手机逃离现场。之所以实施事先的欺骗性手段是为后续的逃离创造条件、进行预备。因此,被告人取得财物主要是基于趁被害人来不及反应,公然夺取。

第二,关于被害人是否基于错误认识而处分财产。此处需注意处分与交付行为的区分,其中处分行为是对财物支配关系的一种改变,是具有法律意义的行为,而交付仅仅是一个自然动作,是否具有法律意义需结合其他因素进行判断,故交付不等同于处分。具体到本案,被害人通过抵押已经合法占有被告人的手机,在抵押解除前这种合法占有将处于持续状态。由于被告人未归还钱款,被害人将手机交付于被告人仅仅具有临时借用的意思,且被害人仍在现场监督,因此在社会一般观念上,被告人持有手机并在店内拨打电话时,该手机仍在被害人的控制及占有之下,故而不产生法律上的转移占有、改变财物支配关系的意义。但被告人趁机携带手机逃离手机店,显然违背被害人意志。由此可见,被害人虽有错误认识但并未有处分财产的意思。

综上,本案被告人获取财物的关键性犯罪手段为趁人不备、公然夺取,且被害人并未基于错误认识处分财产，故被告人行为符合抢夺罪的构成要件。

3. 关于被告人抢夺数额以抵押物的担保价值认定。抵押物作为担保财产，其上并存了两种价值：一为抵押物本身的价值；二为其所担保的债权的价值，二者并不一定具有等量的关系。一般情况下，抵押物的价值大于债权的价值。对此，笔者认为，当抵押物成为抢夺对象时应当以担保价值作为抢夺数额进行认定。理由在于：抵押权人意图夺回抵押物的目的是使债权人的债权实现失去保障，从而达到债务规避的目的。因此，对于被害人而言，失去抵押物带来的损失并不是抵押物的价值，而是抵押权产生的基础，即债权的价值。而债权的量的多少并不因抵押物的价值发生变化，抵押物的价值与债权的高低比引起的仅是对其债权保障高低的变化，即便抵押物不存在，其依然可以依法根据合法债权主张权利。故依据担保价值来认定抢夺的数额符合客观实际，即本案的抢夺数额为7500元。

综上，本案被告人以非法占有为目的，通过采取一定的欺骗性手段，在抵押手机到手后，趁对方不备，多次公然抢夺抵押的手机，数额达到较大情形，应以抢夺罪追究其刑事责任。

(河北省唐山市路北区人民检察院　母　宏)

借车后将车偷回并索赔的行为构成何罪

一、基本案情

周某因第二天要外出办事,便向同村的吴某某借摩托车。当晚,周某将借到的摩托车停在自家门前。次日凌晨2时许,吴某某将停在周某家门口的摩托车偷走并藏匿起来。周某发现摩托车不见了,并将此事告知吴某某,吴某某便要求周某赔偿。周某自认倒霉,赔偿了吴某某8800元。后吴某某将藏匿的摩托车卖给他人,得款3600元。

二、分歧意见

对于本案中吴某某的行为如何定性,有两种不同意见:

第一种意见认为,吴某某的行为不构成盗窃罪,构成诈骗罪。吴某某的摩托车虽然为周某所占有,但吴某某对摩托车仍然拥有所有权,这就不符合盗窃罪要求侵犯他人财产所有权的犯罪客体构成要件,因而吴某某的行为不构成盗窃罪。吴某某隐瞒偷回摩托车的事实,向周某索取赔偿,骗取周某的赔偿款,符合诈骗罪的构成要件,应当以诈骗罪追究其刑事责任。

第二种意见认为,吴某某的行为构成盗窃罪。吴某某采取秘密窃取的方式,将借给周某的摩托车偷回,并以非法占有为目的向周某索要赔偿,其行为构成盗窃罪。

三、评析意见

笔者同意第二种意见,理由如下:

吴某某的行为不构成诈骗罪。诈骗罪的基本构造为:行为人以不法所有为目的实施欺诈行为——被害人产生错误认识——被害人基于错误认识处分财产——行为人取得财产——被害人受到财产上的损失。从本案来看，吴某某以摩托车被盗为由向周某索要赔偿，首先，吴某某并未欺诈周某，因为摩托车确实是被偷的，只不过是吴某某自己偷的；其次，周某也未产生认识错误，因为摩托车被盗是事实，周某只是不知道偷车的人是吴某某。因而，本案不符合诈骗罪的基本构造，不能以诈骗罪定性。

犯罪本质上是对法益的侵害。盗窃自己拥有所有权的财物的行为同一般的盗窃行为相比，在犯罪现象上并无区别，但在本质上却不相同，其犯罪对象为自己所有，只是因为某些原因丧失了其所有权中的占有权部分。本案中周某对被盗的摩托车虽然没有所有权，但其具有合法的占有权。那么，合法的占有权能否成为盗窃罪的犯罪客体呢？

盗窃犯罪的实质在于，盗窃行为不仅直接破坏了社会成员对财物所有权的正常行使，而且还动摇和削弱了所有权法律制度。对此，笔者并无异议。但是，在现实生活当中，对财物进行事实上的管领和支配的人，并不一定就是所有权人本人，财物非所有人也会基于各种合法的或者非法的原因而对物形成事实上的占有状态。在行为人秘密窃取所有人控制下的财物时，固然可以说其是所有权受到了侵犯，但在行为人秘密窃取非所有人占有下的财物时，就不能说所有权受到了侵犯，这是因为在民事法律中，所有权是包含占有、使用、收益、处分四项权能的权利，这种权利只为所有权人完全享有，而非所有权人一般是不可能因为其占有财物的事实而在法律上改变所有权的归属的。所以，非所有权人占有的财物被盗窃，直接受到侵害的并不是所有权，而是对财产的占有权。

盗窃罪的设置侧重应该是对公私财物占有权能的保护。占有是所有权最基本的权能，失去了占有，使用、处分权能的实现便无所依附。在排除共有的前提下，财物的合法占有主体是唯一的，具有排他性，破坏他人对财物的合法占有关系均系非法。另外，虽然任何财物都有其最终的法律上的所有人，所有人对其财物享有绝对的排他所有权，所有人以外的任何不特定的义务主体都负有不得侵犯他人所有权的消极义务，但是，由于并非所有对财物的占有人都是合法所有人，因此，用所有权受到侵犯并不能够直观反映盗窃犯罪所侵害的社会关系的本质和特征。而能够把盗窃罪的犯罪客体统一起来、正确反映盗窃行为人所影响或者改变的、处在具体联系中的犯罪对象所代表的社会关系的，只能是他人对于公私财物的占有权。不论行为人盗窃的是所有权人的财物，还是非所有权人的财物，占有人对于财物的占有状态都受到了影响或者改变，占有权的行使都受到了妨害。对于侵犯财产的犯罪行为而言，刑法所保护的应该是被占有财物的财产秩序。对合法占有关系的破坏与对所有关系的破坏一样，均侵犯了刑法所保护的客体,同样能构成犯罪。故而,合法的占有权应该成为盗窃罪的犯罪客体。

周某对被盗的摩托车具有合法的占有权,而合法的占有权能够成为盗窃罪的犯罪客体,但吴某某的行为能否构成盗窃罪还需要进一步分析其主观目的。占有分非法占有与合法占有两种情形。在非法占有的情况下,若所有权人秘密取回因他人盗窃、诈骗、抢劫等原因而丧失占有的自有财物,应当是一种自力救济行为。主要原因在于,从行为人的主观目的来看,其是为了恢复自己的权利,而不是为了非法占有他人财物。在合法占有的情况下,所有权人秘密取回因借用、租赁、担保等原因在他人合法占有下的财物,占有权人有法律上的正当理由且该理由足以和本权者相对抗,则占有权应该受到保护。判断行为人是否有非法占有目的,应加以区分。如果所有权人是出于自己需要将财物取回或者是不愿将自己的财物继续置于占有人占有、控制之下,但并无借此索赔之意,其主观上就没有非法占有的目的。如果所有权人在取回自己的财物后,又通过索赔或者其他方式从原占有人处获得赔偿或者其他利益,其主观上就具有非法占有的目的。本案中吴某某秘密窃取周某保管下的本人财物,是为了借此向周某索取赔偿,并造成了周某财产利益的损失,完全符合非法占有的目的。

综上,回归本案,吴某某将自己拥有所有权而周某合法占有的摩托车取回并借此向周某索取赔偿的行为,客观上实施了秘密窃取财物的行为,客观方面侵犯了他人的合法占有权,且主观方面具有非法占有的目的,符合盗窃罪的犯罪构成,应以盗窃罪追究其刑事责任。

(河北省唐山市路北区人民检察院 母 宏)

仓库保管员利用职务便利秘密窃取财物的行为如何定性

一、基本案情

2018年10月5日18时许,某商贸有限公司仓库保管员蔡某某伙同孙某某来到该公司,利用当天仓库值班员外出之机,孙某某负责望风,蔡某某用自己随身携带的仓库钥匙打开门,二人将仓库内的名烟名酒装上货车,运送至蔡某某一外地亲戚处寄存。经鉴定,被盗烟酒共价值人民币246680元。

二、分歧意见

本案的争议焦点是:孙某某不是受害单位员工,其同伙蔡某某不是案发当晚值班的仓库保管员,二人秘密窃取公司财物的行为该如何定性?

第一种意见认为,蔡某某虽然是受害单位的仓库保管员,但在窃取公司财物的当晚并非值班保管员,并无看管公司财物的职责。因此,蔡某某与孙某某二人的行为不能视为利用职务上的便利,不能构成职务侵占罪,孙某某等人构成盗窃罪。

第二种意见认为,蔡某某作为公司的仓库保管员,合法保管公司仓库里的财物,即以合法的方式,取得对他人财物的暂时占有权,但无处分权。之后,蔡某某伙同孙某某将公司的财物运送到外地的亲戚家存放,二人的犯罪行为系以非法占有为目的,将代为保管的公司财物非法据为己有,对财物行使事实上的控制或支配,包括转移存放在自己家中或行为人能够控制的其他地方,已经构成了侵占罪。

第三种意见认为,蔡某某与案发当天值班员均是受害单位的仓库保管员,平时轮流值班看管仓库。蔡某某作案成功主要是利用了工作之便和用其保管的公司仓库钥匙打开公司仓库卷闸门。因此，蔡某某伙同孙某某利用职务上的便利，将自己看管的公司财物非法占为己有的行为，构成职务侵占罪。在作案过程中故意剪断外门锁伪造外人盗窃的假象，并到公安机关报案的行为不影响其之前作案的定性。结合的犯罪手段、危害结果等因素，根据罪责刑相适应原则，构成职务侵占罪。

三、评析意见

笔者同意第三种意见，蔡某某利用职务便利，伙同孙某某秘密窃取本公司财物构成职务侵占罪。

在财物丢失的案件中，不能因为案件发生在夜晚、被人秘密窃取等外在表现，就简单地将案件认定为盗窃罪，而是必须全面考察案件事实，对比相关罪名的法律内涵，分析犯罪的主观要件与客观要件，认真研究案件的定性问题。就本案利用职务便利秘密窃取财物的行为，应构成职务侵占罪，具体分析如下：

1. 关于职务侵占罪与盗窃罪、侵占罪的异同：

首先，职务侵占罪与盗窃罪都具有非法占有的目的，都侵犯了公私财产权利。它们的主要区别在于：一是职务侵占罪侵犯的对象只能是公司、企业或其他单位的财物；而盗窃罪侵犯的可以是任何公私财物。二是职务侵占罪只能是利用职务上的便利实施，行为方式包括窃取、骗取、侵吞等多种；而盗窃罪的实施与职务无关，行为方式只能是窃取。三是职务侵占罪的主体是特殊主体，即限于公司、企业或者其他单位的工作人员；而盗窃罪是一般主体。

其次，职务侵占罪与侵占罪同属以非法占有为目的，侵犯公私财产权利的犯罪，二者的区别在于：一是职务侵占罪侵犯的对象是公司、企业或其他单位的财物，而侵占罪侵犯的是代为保管的他人财物以及他人的遗忘物、埋藏物。二是职务侵占罪只能是利用职务上的便利实施，而侵占罪的实施与职务无关，行为方式只是将自己合法持有的财物据为己有，拒不交出。三是职务侵占罪的主体是特殊主体，而侵占罪是一般主体。四是必须要清楚的是，职务侵占罪名的"侵占"与侵占罪的"侵占"，具有完全不同的含义。职务侵占罪中的"侵占"是非法占有的意思，并不以合法持有为前提，含义更加广泛；而侵占罪中的"侵占"是狭义的，仅指非法占有本人业已合法持有的财物。

本案中，对比分析不同罪名的内涵可知：利用了职务便利，其"侵占"是非法占有的意思，而不是非法占有本人业已合法持有的财物。

2. 关于本案行为的本质属性:

通过上述分析可知,职务侵占罪与盗窃罪、侵占罪均有部分相似或重叠之处,但更多的还是不同,尤其是侵犯的客体与客观方面具有某些鲜明的差异。在司法实践中,对当事人或辩护人提出不同定罪意见时,审判人员必须抓住案件的关键问题,即从客观证据着手,考察行为的本质属性。

在纷繁复杂的案件中,要厘清争议问题,只能从犯罪的客观方面来评判,即是否利用了职务上的便利,将自己在职务上主管、经手或者管理的单位财物,非法占为己有。根据通说,职务上的便利,是指本人的职权范围内,或者因执行职务而产生的主管、经手、管理单位财物的便利条件。主管财物,主要指领导人员在职务上具有对单位财物的购置、调配、流向等决定权力;经手财物,主要指因执行职务而领取、使用、支配单位的财物等权力;管理财物,主要是指对单位财物的保管与管理,如仓库保管员对单位物资的管理等。故此,只有因行为人的职务关系而主管、经手、管理公司财物,才能为侵占公司财物提供便利条件;如果只是利用在本公司工作,熟悉作案环境等条件,不能视为利用职务上的便利,不能构成职务侵占罪。

本案中,由于孙某某与蔡某某合伙作案,在共同犯罪中,孙某某负责望风,起次要作用,系从犯,故全案的行为性质取决于主犯即同案蔡某某的行为性质。蔡某某虽然并非案发当晚值班人员,但正是利用其担任仓库管理员的职务便利,用公司配发的钥匙打开仓库门,才能将仓库内的财物装上货车运送至亲戚处寄存。

从事实证据方面进行客观分析,能够全面衡量具体行为违反了什么禁止性规定,从而准确把握其犯罪构成要件,避免将秘密窃取的行为简单地认定为盗窃。

除上述事实与法律两个方面,从主客观相一致的角度分析,也可以对行为性质作出认定。本案制造了人为盗窃的假象,有观点认为符合盗窃罪的要件,但仔细从主观方面与客观方面分析,可以得出:伪造盗窃假象不影响其利用职务之便窃取公司财物的事实,不影响其职务侵占罪的认定。

职务侵占罪的主观方面为直接故意,即明知是本单位所有的财物,而希望利用职务之便非法占为己有;客观方面表现为利用职务上的便利,将自己在职务上经手或管理的单位财物,非法占为己有的行为。因此,从主客观相一致的角度分析,完全可以认定上述行为构成职务侵占罪,而非盗窃罪或侵占罪。

一方面,以蔡某某为代表,在主观方面表现为直接故意,即明知仓库里的货物是其公司所有的财物,而希望利用自己担任仓库保管员的职务之便非法占为己有。另一方面,客观方面确实是利用了蔡某某职务上的便利。二人能够成功窃取财物的根本原因是蔡某某持有公司仓库的钥匙,即利用职务便利;蔡某某与受害单位之间存在长期稳定的关系,从侵犯的对象看其窃取的是保管权利内的公司财产。因此,蔡某某主观上明知是公司财物,客观上在窃取财物时利用了公司为其配发了钥匙的职务便利,制造盗窃的假象不影响其利用职务之便窃取公司财物的事实。

(河北省唐山市路北区人民检察院　赵　娜)

骗取他人担保向银行借款购车后质押借款并逃匿的如何确定被害人

一、基本案情

2017年6月,张某、林某二人预谋向银行借款购车,再用该车质押借款,三个月后不再偿还银行借款(二人认为有三次还款记录就不构成犯罪)。2017年7月,林某与某汽车销售公司签署了《委托购车及贷款担保协议》《汽车订购协议》等合同,约定林某向该公司购买本田艾力绅牌汽车一辆,裸价为人民币28万元,并以该车作为抵押物向某商业银行申请借款22万元,同时,约定某汽车销售公司作为担保人承担连带还款责任。

该车首付款由张某支付,剩余购车款由林某以银行借款支付,二人于2017年8月从某汽车销售公司提走车辆,在向银行偿还三个月借款后,二人将该车质押给某抵押公司,获取15万元借款,后逃匿。2017年9月,涉案车辆被该抵押公司以16万元的价格转押给另一家抵押公司,之后下落不明。某银行无法实现抵押权,便按照合同约定,从某汽车销售公司的账户一次性划扣了所有剩余应还款项。

二、分歧意见

对于本案被害人的认定,存在三种不同意见:

第一种意见认为,本案的被害人是某商业银行,理由是二犯罪嫌疑人以购买的车辆作为抵押物向某某银行借款,三个月后不再还款,还将车辆质押,导致下落不明,损害的是银行的利益。

第二种意见认为,本案的被害人是某抵押公司,理由是二犯罪嫌疑人将先行抵押给银行的车辆作为质押物借款并逃匿,导致债权无法实现,侵害了抵押公司的权益。

第三种意见认为，本案的被害人是某汽车销售公司，理由是该公司作为犯罪嫌疑人向银行借款的担保人，在二人不再偿还银行借款时，按照合同约定承担保证责任，是实际的损失承担者。

三、评析意见

笔者同意第三种意见，具体理由如下：

根据《刑法》第36条规定，由于犯罪行为而使被害人遭受经济损失的，对犯罪分子除依法给予刑事处罚外，并应根据情况判处赔偿经济损失。可见，判断刑事案件中被害人的时候，"经济损失"的实际情况是关键因素。本案中，犯罪嫌疑人张某、林某在预谋实施诈骗行为时对于被害人的身份并不明确，是一种概括、放任的主观心态。随着案件的发生、发展，各方主体之间的法律关系也在不断发生变化，截至二人逃匿、案发，该法律关系方才得以固定，我们才能够对实际损失情况进行客观评判。

1. 对于某商业银行而言，二人最初预谋诈骗时，确实商量过只还三个月银行借款之事，主观上具有诈骗银行的故意。二人为了得到银行的借款，连同某汽车销售公司，三方签署了关于银行借款及相关车辆抵押、连带保证方面的合同。随着事件的发展，在银行发现二人不再按时还款，且找不到抵押车辆，无法实现抵押权时，其按照合同约定扣划了连带保证人，即某汽车销售公司的款项，有效地挽回了损失，故银行实际上并未遭受物质损失，不应认定为本案被害人。

2. 对于某抵押公司而言，虽然二犯罪嫌疑人将不具有处分权的车辆质押给了该公司，使其承担了银行随时追回车辆并且不支付对价的风险，表面上其15万元的债权无法得到保障，但是分析具体情况可见：第一，该公司在取得车辆时并未进行审慎的审核义务，其对于上述风险有一定的过错；第二，该车辆实际价格远高于该公司支付的借款数额，且其实际占有该车辆，并最终以高于借款的价格另行转押，并无任何损失，故也不应认定为本案被害人。

3. 某汽车销售公司而言，该公司虽然在销售车辆时获取了该车的全部价款，但是，第一，该公司不知二犯罪嫌疑人事先具有只偿还部分银行借款的犯罪故意，误以为二人会如约履行合同义务，在陷入错误认识的情况下，签署了关于银行借款及连带保证的相关合同，造成了其替人还款的风险；第二，在二犯罪嫌疑人逃匿之后，上述风险变成了现实，该公司的账户被银行扣划，被迫承担连带责任，造成了实际损失。

综上，本案中，二犯罪嫌疑人以非法占有的目的，在签订、履行合同的过程中，令某汽车销售公司陷入错误认识，自愿提供担保，二人凭借其担保获取相关财产后逃匿，最终致使该公司遭受财产损失，故本案实际的被害人应为某汽车销售公司。

(河北省滦州市人民检察院 胡斯琴)

"以数额巨大的财物为盗窃目标"的盗窃未遂如何定罪处罚

一、基本案情

犯罪嫌疑人王某某因与家人争吵后离家出走,2018年4月20日晚前往曹妃甸区A银行自助取款区睡觉,2018年4月21日3时许睡醒后,因手头拮据,产生砸开银行取款机出钞口进行盗窃的念头,遂用捡到的石头对四台取款机进行不同程度破坏,其将出钞口砸出一个缝后,手一直未能伸进去,后犯罪嫌疑人王某某离去。4月21日下午犯罪嫌疑人王某某被公安局民警抓获。经查,4台取款机内共有现金33万余元。经物价鉴定,被损坏取款机价值人民币6956元。

二、分歧意见

第一种意见认为,犯罪嫌疑人王某某的行为构成盗窃罪,由于意志以外的原因未能得逞,属于未遂。从主观上看,犯罪嫌疑人王某某有盗窃的故意;从客观上看,王某某实施了用石头砸取款机的行为,已经着手实施犯罪,其行为构成盗窃罪(未遂)。因取款机内共有现金33万余元,属于"以数额巨大的财物为盗窃目标",已达到盗窃未遂的追诉标准。犯罪嫌疑人王某某采取破坏性手段实施盗窃,属于牵连犯,从一重罪处罚,因此王某某的行为应以盗窃罪定罪处罚。

第二种意见认为,犯罪嫌疑人王某某的行为未达到盗窃罪的追诉标准,应以故意毁坏财物罪定罪处罚。盗窃未遂,以数额巨大的财物为盗窃目标的才追究刑事责任,犯罪嫌疑人王某某称只是想盗窃几百元,并非以数额巨大的财物为盗窃目标,其盗窃行为未达到刑事追诉标准,不应以盗窃罪追究刑事责任,王某某以破坏性手段进行盗窃,手段行为本身构成故意毁坏财物罪,且造成财物损失 5000 元以上，应以故意毁坏财物罪定罪处罚。

三、评析意见

笔者同意第二种意见，理由如下：

最高人民法院、最高人民检察院《关于办理盗窃刑事案件适用法律若干问题的解释》（以下简称《解释》）第 12 条规定，"盗窃未遂，具有下列情形之一，应当依法追究刑事责任：（一）以数额巨大的财物为盗窃目标的；（二）以珍贵文物为盗窃目标的；（三）其他情节严重的情形"。具体到本案，犯罪嫌疑人王某某的行为是否构成盗窃罪（未遂），关键是看其是否"以数额巨大的财物为盗窃目标"。

本案中，犯罪嫌疑人王某某在着手实施盗窃的过程中只是将取款机砸坏，但仍然无法将钱取出，事实上犯罪嫌疑人盗窃过程中分文未取，所以具体盗窃数额显然是无法确定的，本案该如何判断王某某是否"以数额巨大的财物为盗窃目标"呢？如果单纯从王某某主观上去判定他追求的目标数额具体是多少，或者单纯从客观上去看可能造成的财产损失数额，如第一种意见中以"取款机内共有现金 33 万余元"来推定王某某"以数额巨大的财物为盗窃目标"显然是违背主客观相统一原则的，本案应根据王某某主观及客观的具体犯罪行为来综合进行认定，这里的"以数额巨大的财物为盗窃目标"应理解为"客观上的盗窃行为是针对数额巨大的财物"。本案中，从主观上看，王某某因与家人争吵而离家出走，因手头拮据而住在银行取款区，其供述称只是想盗窃几百元用于生活，其企图造成的财产损失只是几百元而已；从客观上看，王某某对取款机内有多少钱并不了解，其到银行取款区的目的是睡觉，也没有事先准备砸取款机的工具或装钱的袋子，这些客观行为也印证了其主观上临时起意盗窃几百元的目的。因此王某某的行为不构成"以数额巨大的财物为盗窃目标"的盗窃未遂。

根据《解释》第 11 条第 1 项的规定，采用破坏性手段盗窃公私财物，造成其他财物损毁的，盗窃行为未构成犯罪，但损毁财物构成其他犯罪的，以其他犯罪定罪处罚。王某某损坏的取款机价值人民币 6956 元，已达到故意毁坏财物罪的追诉标准，故应以故意毁坏财物罪定罪处罚。

（河北省唐山市曹妃甸区人民检察院　徐　娜）

入户盗窃取财后当场被抓系盗窃既遂还是未遂

一、基本案情

2014年12月某夜,被告人冯某窜至某住宅小区后面的巷子,潜伏至深夜后翻墙撬窗潜至被害人徐某的卧室,趁徐某熟睡之机,偷偷将徐某钱包内3000元现金及手机揣进自己的口袋,欲离开时被醒来的徐某发现并当场抓获。

二、分歧意见

冯某进入徐某的家中实施盗窃行为,属于入户盗窃无异议,但对于冯某的行为构成盗窃既遂还是未遂,有三种不同意见:

第一种意见认为,盗窃罪是结果犯,由于行为人意志以外的原因导致犯罪未能得逞,被害人并未失去对财物的控制,故冯某的盗窃行为是盗窃未遂。

第二种意见认为,盗窃行为属行为犯,行为犯不存在犯罪未遂,只要行为人实施了上述行为就构成盗窃既遂。因此,入户盗窃不存在未遂,冯某的盗窃行为构成盗窃既遂。

第三种意见认为,入户盗窃是行为犯,行为犯也存在既遂与未遂,行为人实行行为终了系犯罪既遂,行为人因意志之外的原因导致实行行为没有终了系犯罪未遂。入户盗窃应以行为人在户内控制财物,将财物置于自己掌控之下作为实行行为完成的标志,在户内控制了财物就构成犯罪既遂,因意志以外的原因未控制财物则是犯罪未遂。本案中冯某已将财物置于自己掌控之下,应认定为犯罪既遂。

三、评析意见

笔者同意第三种意见,理由如下:

1. 盗窃行为侵害的是财物的占有状态。行为人将现金从被害人藏匿的地方取出并置于自己口袋的行为，完成了对现金的占有，被害人在屋内将行为人抓获后取回现金及手机的行为不是阻却构成盗窃既遂的因素。

根据通说，一般以财物是否脱离了所有人或者占有人的实际控制来划分盗窃罪的既遂与未遂。因此，行为人是否对犯罪对象完成了占有是判定盗窃既遂还是未遂的关键。刑法上的占有是一种事实上的支配状态，除了共同占有，占有具有排他性，即在一个物上不可能同时存在两个及两个以上的占有状态。判定盗窃既遂还是未遂，必须回归到行为人是否完成对物的占有本身来考虑。现金、手机作为一种体积小、易移转占有的客体，被行为人从被害人所放置现金、手机的地方（如钱包、抽屉）取出并放入自己的口袋时，行为人就已经完成了对现金的占有。因为被害人是利用自己身体或钱包等来实现对现金的占有，行为人取出现金的行为破坏了这种占有状态，行为人将现金放进口袋的行为导致被害人完全丧失了对现金的占有，行为人取得了对现金的占有。无论行为人此时处于屋内或者屋外都不影响盗窃既遂的处理，被害人发现后在屋内将行为人擒获并取回现金的行为是其行使物的所有权追及效力的一种体现，而不是占有权的体现，即无法阻止盗窃行为人对该物占有权的实现。

2. 判断入户盗窃是否既遂，不能简单地以财物是否离开户（室）来判断，应全面考虑财物本身的性质和状态，被害人对财物的占有形态以及窃取行为的形式等。

围绕盗窃罪的既遂标准，目前理论上有接触说、取得说（控制说）、转移说、隐匿说、失控说、失控加控制说等六种观点，其中失控加控制说为通说。应当说，只要行为人取得（控制）了财物，就是盗窃既遂。当然，还应当考虑行为人排除被害人的占有、取得了财物的情形，考虑财物的性质和状态、被害人对财物的占有形态以及窃取行为的形式等来判定。一般来说，在行为人为了实施盗窃而入户的情况下，对于大件物品以及难于搬运的东西，应以从室内搬运至户外为既遂；对于现金、手表、手机、金银首饰等形状小、容易携带的财物，行为人在室内取得后，就应认定为既遂。

（河北省唐山市曹妃甸区人民检察院 孙喜霞）

将他人反锁后取财的行为如何定性

一、基本案情

被告人裴某某化名王超，在某地租了一间门面房（分里外间），后用砖将门面房里间窗户垒上，又用白铁皮将里间窗户和房门包住。后裴某某来到程某某经营的电器商店，谎称为其公司购买开关、插座等电器元件，骗得程某某信任后，裴某某用租来的货车将价值20720元的34箱电器元件拉至裴某某事先租的门面房门口，程某某随车押货同至，裴某某以让程某某开发票填写货物清单为由把程某某骗至门面房屋内里间，后裴某某又以打电话找公司领导为由，借程某某的手机边打电话边往外走，走出里间屋时，趁程某某不备，迅速将里面房门拉住并将程某某反锁屋内，使程某某无法出来，程某某在屋内极力呼喊但无人理会，后裴某某将以上电器元件拉至他处存放。

二、分歧意见

第一种意见认为，裴某某虚构购买电器元件的事实，骗取程某某信任，使程某某"自愿"将其货物交付裴某某，符合诈骗罪的特征。因此，裴某某构成诈骗罪。

第二种意见认为，裴某某在实施犯罪时未使用暴力或以暴力相威胁，而是趁他人不备，公然夺取他人的财物，符合抢夺罪的特征。因此，裴某某构成抢夺罪。

第三种意见认为，裴某某将程某某反锁于其设计的房间内，使程某某失去抵抗能力，并当场劫取他人财物，符合抢劫罪的特征。因此，裴某某构成抢劫罪。

三、评析意见

笔者同意第三种意见，理由是：

本案中，裴某某非法取得他人财物时，虽然分别使用了欺骗、趁人不备、反锁等一系列的方法，但并不意味着可以分别成立骗取、夺取和劫取行为。财产犯罪中所谓的取得他人财物，是指将他人的占有变为自己占有，也就是说，只有对占有的转移发生了直接作用的方法才决定取财行为的性质。占有的转移，通常是指对财物现实支配力的变更。因此，认为裴某某的行为构成诈骗罪是不正确的。裴某某为获得程某某的信任，起初确实使用了某些诈骗手段，如谎称购买电器元件等，但在具体交易过程中，程某某虽然被骗随车押货至裴某某租房处，但直至裴某某将程某某反锁，二人的交易尚未完成，程某某可以随时停止交易，故程某某并未对其货物失去控制。既然货物仍然在程某某的占有下，那么裴某某在交易过程中，违背程某某的意志，将其反锁后当场劫走货物，就充分说明程某某不是因为受骗才"自愿"交给裴某某占有，也就是说裴某某并非通过诈骗手段非法获取程某某的货物。因此，裴某某之前实施的一系列行为不能认定为"骗取"，裴某某的行为不构成诈骗罪。

那么，裴某某的行为认定为抢夺罪是否恰当呢？从表面上看，裴某某在实施犯罪行为时似乎是采取了趁人不备公然夺取的手段，事前事后也未直接对被害人施加暴力或以暴力相威胁，但其之所以能够得逞，是因为裴某某经过策划，预先将作案地点的唯一窗户用砖垒上，又用白铁皮将里间窗户和房门包住，使人被反锁后无法从屋子里面将门打开，然后按照计划，将程某某引入屋内，并将其反锁起来，从而使被害人处于不能抗拒、丧失对货物控制且不能及时夺回的状态，这才使得裴某某当场劫取被害人货物的目的得以实现。这显然与抢夺罪中被害人没有丧失夺回自己财物的行为自由和能力是不同的，因此裴某某的行为不构成抢夺罪。

根据刑法规定，抢劫罪中的"其他方法"正是指暴力、胁迫以外的使被害人不能反抗的方法，该方法在手段上没有限制，只要反锁或者使用麻醉品、药品等使他人陷入难以事实上支配自己的财物的状态即可。本案中，裴某某趁被害人程某某反应过来之前将其反锁在屋内，其行为完全符合抢劫罪中"其他方法"的认定标准，因此，裴某某的行为应当以抢劫罪定罪论处。

（河北省唐山市古冶区人民检察院　郑　银）

使用他人手机进行网络借贷并消费的行为构成盗窃罪还是诈骗罪

一、基本案情

2018年12月至2019年1月期间，犯罪嫌疑人秦某虚构其推广支付宝商家收款二维码业务的事实，取得被害人黄某、赵某的信任后操作被害人手机，登录被害人的支付宝或者微信，在支付宝"网商贷"、微信"微粒贷"等借款平台进行借款操作。借款到账后，秦某谎称是其会计转过来的钱，然后将借款转入其本人账户非法据为己有。截至案发，秦某已转入其账户112400元。

二、分歧意见

关于秦某的行为定性有以下不同意见：

第一种意见认为，秦某的行为构成盗窃罪。秦某以非法占有为目的，虽然其行为具有一定的欺骗性质，但其通过登录被害人的支付宝或者微信申请借款是秘密进行的，借款成功后，又在被害人不知情的情况下窃取财物，其行为符合刑法关于盗窃罪的犯罪构成规定。

第二种意见认为，秦某的行为构成诈骗罪。秦某以非法占有为目的，虚构事实，取得被害人黄某、赵某的信任后操作被害人的手机，并且在借款到账后向被害人隐瞒真相，骗取被害人财物据为己有，其行为符合诈骗罪的犯罪构成规定。

三、评析意见

笔者同意第二种意见。秦某使用黄某、赵某的支付宝或者微信私自进行借款，其支付宝或者微信完全按照支付系统正常的程序来操作，此时支付宝或者微信已经对此笔借款产生了错误的认识，误以为是黄某、赵某本人的操作，秦某的行为在借款时就是冒用他人身份，具有一定的秘密性和欺骗性。但本案重点应当放在后面秦某取得财产的方式。

1. 秦某取得财产的方式并非在黄某和赵某不知情的情况下，而是黄某和赵某都知道自己的手机账户里有这笔钱，所以秦某取得财产的方式不是秘密窃取，而是在黄某和赵某被欺骗，不明真相的情况下取得。因此，秦某的行为也不符合盗窃罪的犯罪构成，不构成盗窃罪。

2. 秦某利用黄某和赵某的微信或者支付宝借款到账后，其通过隐瞒真相的方式，谎称是其会计转过来的钱，使黄某和赵某陷入错误认识，基于这种错误认识，黄某和赵某才"自愿"允许秦某对其财产进行了转移。所以秦某的行为应当定性为诈骗罪。

3. 在本案办理过程中，对诈骗罪与盗窃罪的判定，主要应当在于取得财物的方式上的不同。如果行为人实施犯罪活动时，既使用了欺骗手段，又使用了窃取手段，则以行为时非法占有财物起主要作用的手段定罪：如果起主要作用的手段是欺骗，就应定诈骗罪；相反，如果取得财物的主要手段是秘密窃取，则应以盗窃罪论处。本案中，秦某取得财物的主要手段是欺骗，应当以诈骗罪定罪处罚。

（河北省滦州市人民检察院　刘向红　李　鹏）

私自取走他人合法留置财物是否构成盗窃罪及犯罪数额如何确定

一、基本案情

2018年9月10日,被害人贾某的车坏了,遂去某修车店修车,修完后不想支付2万元的修车费用。该修车店老板便不予归还汽车,要求贾某支付了修车费后才可以开走汽车。次日晚,贾某潜入汽车修理店院子,将汽车偷偷开走,修理店老板遂向公安机关报案。

二、分歧意见

第一种意见认为,贾某构成盗窃罪。本案中,贾某在修车后拒绝支付修车费用,修车店老板可以行使民法中的留置权,合法占有该车辆。那么盗窃罪的金额应当以所欠修车费用计算,即2万元。

第二种意见认为,贾某不构成犯罪。本案中,贾某拥有车辆的所有权,其虽将自己的车偷偷开回,客观上并不能对修车店老板造成实际的经济损失,因为修车店老板对贾某的债权请求权仍然存在,修车店老板仍可以通过提起民事诉讼的途径解决该问题。

三、评析意见

笔者同意第一种意见。贾某构成盗窃罪,盗窃对象是汽车,因为修车店老板在行使债权而产生了合法的留置权,对汽车是合法占有状态。

盗窃罪的数额不应是汽车的整体价值的数额,因为修车店老板并不想占有汽车整体价值(如50万元),只是想占有其中相当于修车费的2万元价值。

因此,贾某偷偷将自己车辆开回,给修车店老板造成的财产损失是2万元的修理价值，所以，盗窃罪的数额应是 2 万元。

传统理论认为，盗窃罪保护的法益是财物的所有权，而对于保护财物占有权这一说法，目前仍有争议，但他人的合法占有应受法律保护这一观点毋庸置疑。就本案来讲，行为人侵犯的是占有权，根据《刑法》第 264 条的规定，盗窃罪是以非法占有为目的，秘密窃取公司财物数额较大或多次盗窃、入户盗窃、携带凶器盗窃、扒窃公私财物的行为，故盗窃罪在主观方面表现为直接故意，且具有非法占有为目的，侵犯的是他人的合法占有权，故应支持第一种意见，贾某构成盗窃罪。

那么在认定案件是否为刑法所调整时，应该正确认识民法与刑法所保护的"所有权"的界限。从法理上讲，所有权是一种绝对的物权，具有排他性，是一种针对外界不特定多数人的权利，只有通过一些合法的途径产生、转移和消灭，如通过民法所调整的先占、买卖、受赠取得所有权。权利的消灭如国家征用、物品毁损、灭失等法定情形失去所有权。盗窃罪是一种以占有他人财物并想使用收益权的行为，它主要是使所有权人失去对财物的占有和控制，而此时财物的所有权并不随着被盗行为的发生而转移或失去，因为法律不承认此种转移。但如果盗窃人盗得财物后将财物毁损就会侵犯到所有权问题，因为财物已经灭失，所有权人已经实质性的不可能再从财物上获得使用、收益的权利，所有权遭到实质性的侵害。例如出租人偷偷将自己租赁出去的汽车开回，不能想当然认定为盗窃罪，因为此时该行为的法律评价为民事违约行为，因为承租人享有的是汽车的使用权并不当然享有占有权，在此例中占有权和所有权主体是一致的，所有权与占有权均未发生转移。在合约履行过程中所有权人完全可以根据其对物品的占有权取回物品，而只需承担合约的违约责任即可。回归案例，与例子中的承租合同不同的是，案中贾某因为修理行为，与某修车店老板产生合法的债权，此时车辆所有权人仍系贾某，那为何与列举中的同样行为却产生了不同的法律后果？笔者认为产生两种截然不同的法律后果的原因系贾某因为拒不支付修理费用，使得修车店依法取得了对该车的留置权，那么随着留置权的取得，修车店天然地获得了对该车的合法占有权。故此时贾某再将车辆偷偷开走的行为，虽然其系该车的所有人，但因其侵犯了他人的合法占有权，故该行为被评价为依刑法所调整的法律行为，构成了盗窃罪。

（河北省唐山市曹妃甸区人民检察院　张　斌）

故意碰瓷获得赔偿的行为构成何罪

一、基本案情

2017年10月13日，犯罪嫌疑人贾某伙同刘某经事先预谋（通过故意制造交通事故获得赔偿的方式"赚钱"，选择撞公交车是因为刘某在公交公司上班知道公交公司赔钱快，在公交车掉头时碰撞会认定公交车主责或全责），在某镇88路公交车惠达终点站附近，趁一辆88路公交车掉头时，先由刘某驾驶一辆租赁的共享电动汽车在车前故意阻挡该公交车，随后贾某驾驶一辆斯巴鲁汽车故意碰撞该公交车，刘某下车后拨打122报警。交警大队根据现场监控录像中止了此次事故的认定，并建议公交公司向该区公安局刑警队报警。经某价格认证中心认定汽车修复费用为63941元，经某保险公估股份有限公司河北分公司公估报告确认公交车实际损失为6500元。

二、分歧意见

对于本案嫌疑人通过故意碰撞公交车获得赔偿的方式"赚钱"是否可以定性为诈骗的问题，有以下三种意见：

第一种意见认为，贾某与刘某不构成诈骗行为而是构成敲诈勒索罪，二者行为本质上就是碰瓷，想取得的财物是公交公司的钱，出于敲诈勒索目的，客观上也实施了故意碰撞公交车的行为，主客观一致，虽主动报警，未采取威胁、要挟手段，但二人报警并不是为了自首，而是为了得到交警对公交车事故主责的认定，得到估值后去实施敲诈，其报警行为并不能掩盖其敲诈勒索的目的，因此认为这是一种典型的敲诈勒索犯罪。

第二种意见认为，二人构成牵连犯应从一重罪论处，贾某与刘某的撞车行为出于骗取财物的目的同时损坏了公交车，构成故意毁坏财物罪与诈骗罪（未遂）的牵连犯，虽未达到以数额巨大的财物为目标的情形，但属于情节严重情形，应从一重罪处罚，认定诈骗罪（未遂）。

第三种意见认为，刘某与贾某的行为仅构成诈骗罪（未遂），因未达到定罪标准，检察机关应作出依法不起诉的决定。刘某与贾某主观上希望隐瞒事故真相，通过报警确定公交车责任以达到骗取财物的目的，应定性为诈骗行为。并且根据河北省关于诈骗未遂的相关规定，以数额巨大（7万元以上）的财物为目标诈骗未遂的应定罪处罚，本案斯巴鲁汽车损失数额为63941元，未达到诈骗罪追诉标准。

三、评析意见

笔者同意第二种意见，贾某与刘某的行为构成故意毁坏财物罪与诈骗罪的牵连犯，应从一重罪处罚，以诈骗（未遂）论处。

1. 贾某与李某的行为不构成敲诈勒索罪，理由如下：

（1）笔者认为二者实施的不是典型的碰瓷行为，碰瓷通常是假意被撞后敲诈勒索，本案中相当于两人只实施了一半的碰瓷行为，之后并未采取敲诈行为，而是及时报警。

（2）《刑法》第274条规定，敲诈勒索罪是指以非法占有为目的，对被害人使用威胁或要挟的方法，强行索要公私财物的行为。本案中贾某与刘某未采取威胁或要挟方法，而是按照处理交通事故的正常程序及时报警，虽然二人报警目的不是自首而是希望交警认定公交车主责或全责，但被害人（公交司机）未因此产生恐惧心理，其余可能在索要赔偿阶段采取的敲诈行为均未发生，二人未来得及实行敲诈勒索的犯罪行为便被抓获，尚在犯罪的预备阶段，且也无明显证据证明贾某与刘某在索要赔偿阶段将采取威胁或要挟方法，因此不能以此定性为敲诈勒索罪。

2. 贾某与刘某的行为构成故意毁坏财物罪与诈骗罪的牵连犯，理由如下：

（1）贾某与刘某的行为构成故意毁坏财物罪，根据《刑法》第275条规定，故意毁坏财物罪，是指故意毁坏或者损坏公私财物，数额较大或者有其他严重情节的行为。二人撞公交车的目的虽然不是想毁损公交车而是为了骗得赔偿，但其为达到获得赔偿的目的客观上使用了毁损公交车的手段，实施了毁坏公交车的行为，并且根据最高人民检察院、公安部《关于公关机关管辖的刑事案件立案追诉标准的规定》，故意毁坏财物罪造成公私财物损失5000元以上的应与立案追诉，本案中公交车损失为6500元，达到构罪标准，因此笔者认为二人的行为已构成故意毁坏财物罪。

（2）贾某与刘某的行为构成诈骗罪（未遂），且已经达到诈骗罪（未遂）的追诉标准。首先，《刑法》第266条规定，诈骗罪是以非法占有为目的，用虚构事实或者隐瞒真相的方法，骗取数额较大的公私财物的行为，本案中刘某与贾某主观上希望隐瞒事故真相，通过报警确定公交车主责以获取赔偿；客观上二人采取了故意碰撞公交车、报警确定责任的行为，隐瞒了故意碰撞的事实。在笔者看来，二人是以非法占有公交公司赔偿的目的，隐瞒事实真相，主要采取的是骗的方式，属于欺诈行为，主客观相一致，应定性为诈骗行为，只是因为交警介入，及时发现事故蹊跷，并建议公交公司向刑警队报警，其诈骗目的并未实现，应以诈骗（未遂）定罪处罚。

其次，关于二人行为是否构成诈骗（未遂）追诉标准的问题，目前河北省关于诈骗未遂的追诉标准是以数额巨大（7万元）为诈骗目标，本案中二人目的是诈骗公交公司的赔偿，损失未达到7万元，按此来说二人的诈骗目标未达到诈骗罪的追诉标准。但根据最高人民法院、最高人民检察院《关于办理诈骗刑事案件具体应用法律若干问题的解释》第5条规定，诈骗未遂，以数额巨大的财物为诈骗目标的，或者具有其他严重情节的，应当定罪处罚。解释规定，实施前款规定行为，诈骗手段特别恶劣、危害特别严重的，应当认定为《刑法》第266条规定的"其他严重情节"，以诈骗罪（未遂）定罪论处。笔者认为，本案应该属于法律规定的其他严重情节，公交车作为公共交通工具，发生事故容易引起民众的不安，虽然碰撞时公交车上无乘客，但碰撞也具有一定社会危害性，且贾某是公交公司职员，与人合谋利用其对于交警对公交掉头时一般事故认定的了解，故意碰撞公交车，属于诈骗手段特别恶劣。

（3）首先，牵连犯是指行为人实施某一犯罪，而其手段行为或者结果行为又触犯其他罪名的情况，犯罪嫌疑人出于一个目的，实施数个犯罪行为，数个行为之间又存在手段与目的或者原因与结果的牵连关系，分别触犯数个罪名的状态。本案中行为人故意制造交通事故诈骗财物的行为是目的行为，撞坏公交车是结果行为，两个犯罪之间形成目的与结果的牵连关系，出于诈骗的目的，实施了诈骗行为和毁坏财物行为，属于诈骗罪和故意毁坏财物罪的牵连犯。其次，关于应定何罪的问题，我国刑法没有对牵连犯进行规定，理论上一般是从一重罪论处，根据《刑法》第275条规定，故意毁坏公私财物，数额较大或者有其他严重行为的，处三年以下有期徒刑、拘役或者罚金；第266条规定，诈骗公私财物，数额较大的，处三年以下有期徒刑、拘役或者管制，并处或者单处罚金，数额巨大或者有其他严重情节的，处三年以上十年以下有期徒刑，因此笔者认为应以诈骗罪（未遂）论处。

综上，笔者认为，应以诈骗罪（未遂）追究贾某与刘某的刑事责任。

（河北省唐山市丰南区人民检察院　于思萌）

以次充好型销售行为如何定性

一、基本案情

2016年至2017年间,犯罪嫌疑人李某为谋取非法利益,伙同王某、杨某等人,购买了大量客户信息,并冒充电视购物售后服务人员,在其承租的住宅内通过电话推销手机。其以积分换购手机等活动为诱饵,以每部手机1500元的价格诱骗客户购买。后李某等人在手机批发市场以600元的价格购进一批高仿冒牌手机充当行货,并通过快递发货,先后骗取六名被害人9000元购机款。

二、分歧意见

对于李某、王某、杨某等人的行为如何定性,存在不同意见:

第一种意见认为,李某、王某、杨某等人的行为构成诈骗罪。理由是:本案犯罪嫌疑人是以销售为名,行诈骗之实,即以高仿冒牌手机充当行货,隐瞒手机是高仿机的事实,骗取被害人钱财,给被害人造成损失,已达到数额较大的标准,因此构成诈骗罪。

第二种意见认为,李某、王某、杨某等人的行为是销售伪劣产品的情形,因没有达到追诉标准,因此不构成犯罪。理由是:销售伪劣产品罪,是指销售者在产品中掺杂、掺假,以假充真,以次充好,以不合格产品冒充合格产品,销售金额在5万元以上的行为。本案中,李某等人以高仿冒牌手机冒充行货手机出售,属于"以次充好",应属于销售伪劣产品的情形,但尚未达到5万元的追诉标准,故不构成犯罪。

第三种意见认为,销售伪劣产品从实质来看,也是虚构事实、隐瞒真相的欺诈行为,所以该罪与诈骗罪是想象竞合关系,在因销售金额不满5万元无法适用特殊罪名的情况下,只能适用诈骗罪一般罪名追究刑事责任。

三、评析意见

笔者同意第二种意见,理由如下:

1. 从客观方面看,犯罪嫌疑人与被害人之间存在真实的买卖关系,嫌疑人提供了货物,虽然提供的手机系冒牌手机,但具备手机的使用功能。从二者的价值对比看,所售手机成本为 600 元,出售价格为 1500 元,以一般人的标准看,其差距也尚未达到较大程度,犯罪嫌疑人的行为应属于"经营型"欺诈行为,而不是非法占有目的下的"占有型"欺诈行为。

2. 从主观方面看,诈骗罪的主观要件要求行为人具有诈骗故意和非法占有的目的,而本案犯罪嫌疑人并非直接非法占有被害人财物,只是以推销所谓的高质量的手机为名,销售低质量的冒牌手机,以此来谋取非法利润,其销售手机的意图是真实的,并非非法占有被害人财物,不符合诈骗罪的主观要件。如声称卖给他人一部手机,发货时却邮寄了一包纸巾,其根本不具备手机的使用价值,也没有真实的销售意图,这种情形则构成诈骗罪。

3. 诈骗罪与销售伪劣产品罪不是想象竞合关系。销售伪劣产品罪其实质也是一种欺诈行为,是民事欺诈严重化的刑法规制,根据涉案数额是否较大、情节是否严重,可以分为民事违法、行政违法和刑事犯罪,民事欺诈与刑事诈骗属于两种不同性质的行为,不可能同时存在于一个案例中。作为民事欺诈在刑法上的表现之一的销售伪劣产品罪,不可能同时构成诈骗罪,在此类案件中不是想象竞合关系。

综上,笔者认为,以次充好型销售行为在实际交付货物的情况下,应以构成销售伪劣产品罪为原则,以构成诈骗罪为例外。除非所交付的货物与约定标的物的价值差距太大,如以纸巾冒充手机等,以一般人标准来看并无交易诚意,销售行为只是诈骗得以完成的手段,这种情形则构成诈骗罪。

(河北省唐山市曹妃甸区人民检察院　徐　娜)

以赠与为由诈骗他人财物可否从犯罪数额中排除犯罪成本

一、基本案情

犯罪嫌疑人张某与高某系微信网友。2017年6月12日，张某主动提出为高某购买一部手机后，与高某见面。二人在手机店挑中一部iPhone 7 plus手机后，高某以钱款不足为由要求办理分期付款，并与张某商量好，首付2000元和以后每月的月供由张某负责，但是由于手机实际使用者是高某，所以需要以高某的名义办理分期付款，于是高某向手机店提供了自己的身份证，以自己的名义办理了分期付款。离开手机店后，张某以给手机下载软件为由，让高某将手机交给张某，并且以高某的黄金项链样式老旧，张某可以为其换购样式新颖且克数更重的项链为由，让高某将项链也交给自己。张某取得手机和项链后离开。当天下午，手机店销售员发现一部手机序列号与高某所购手机相同的iPhone 7 plus手机正在微信朋友圈内出售，遂将此事告知高某。高某找到正在出售该手机的徐某后，得知该手机已被张某以5950元的价格出售给徐某。经鉴定，涉案iPhone 7 plus手机价值6799元，黄金项链价值4815元。

二、分歧意见

本案的犯罪数额是多少？存在以下两种分歧意见：

第一种意见认为，犯罪数额是（6799+4815）元，即手机和项链的总价值，诈骗数额不应当扣除诈骗成本。

第二种意见认为，犯罪数额是（6799-2000+4815）元，即诈骗数额应当扣除诈骗成本。理由是：（1）被害人高某实际损失数额为手机贷款和项链价值的总和，即（6799-2000+4815）元。该损失数额表现了诈骗行为社会危害性的严重程度，为贯彻刑法"罪责刑相适应"的原则，应当以被害人损失数额为计算犯罪数额的依据；（2）犯罪嫌疑人张某为实施诈骗花费2000元，犯罪所得数额为（6799－2000＋4815）元。最高人民法院《关于审理诈骗案件具体应用法律的若干问题的解释》第9条规定："对于多次进行诈骗，并以后次诈骗财物归还前次诈骗财物，在计算诈骗数额时，应当将案发前已经归还的数额扣除，按实际未归还的数额认定……"可见，最高人民法院认为诈骗数额应当以犯罪行为最终所得数额为准，本案中犯罪嫌疑人张某的犯罪所得数额为（6799－2000＋4815），因此犯罪数额应当扣除犯罪成本。

三、评析意见

笔者同意第一种意见，即诈骗数额不应扣诈骗成本，具体分析如下：

1. 从文理解释方面分析，虽然刑法和相关司法解释没有明文规定"诈骗数额"具体指的是什么数额，但是仔细分析刑法中关于诈骗罪的罪状表述，即可看出犯罪数额的具体指向。《刑法》第266条规定："诈骗公私财物，数额较大的……"根据语言习惯，用"数额较大"来修饰"公私财物"，其犯罪数额描述和指向的应当是该财物本身的数额。本案中财物本身数额为（6799＋4815）。

2. 从案情角度分析，笔者认为，本案应注意将民事行为和刑事部分按时间顺序分开研究。先发生的是民事行为：张某答应赠送高某一部手机，在支付首付后将手机交付高某。公民之间赠与关系的成立，以赠与物的交付为准，即在高某收下手机后，首付2000元视为张某对高某的赠与，此2000元经济利益的所有人为高某，整部手机的所有人也是高某。之后才发生了刑事部分：张某借故从高某处骗取手机后出售，此时高某的损失不仅是日后需要偿还的手机贷款金额，而且包括已经转移所有权的受赠与金额，即高某的损失为手机的全部价值。

3. 从犯罪成本的定义分析，犯罪成本指行为人因实施犯罪而付出的物质成本，即行为人实施犯罪行为的全部支出，也可称作个人成本。本案中，2000元手机首付的性质是为了获取信任、为了诈骗成功、为了谋取整部手机的经济利益而支付的犯罪成本。该成本作为犯罪得手的基石，属于广义上的犯罪工具。我国法律规定犯罪工具应当予以没收，即犯罪成本不能弥补被害人的损失，故不应当将犯罪成本从犯罪数额中扣除。例如，如果犯罪嫌疑人支付了2000元诈骗成本，进而诈骗取得被害人的手机，之后发现该手机实际只能卖2000元，那么这种情况下，如果扣除犯罪成本，此诈骗行为就不存在犯罪数额了。显然，诈骗数额是应当包括诈骗成本的。

4. 从犯罪主客观方面分析，客观上，本案犯罪嫌疑人在犯罪既遂的形态下，已经取得对整部手机的实际控制。主观上，犯罪嫌疑人的犯罪目的就是骗取被害人整部手机的金额，而非其中的差价。如果犯罪数额以差价论，那么为实施犯罪而购买犯罪工具或者雇佣他人而产生的费用，均作为犯罪成本予以扣除吗？这显然是不合理的。此时，从主客观相统一的原则出发，唯有认定犯罪嫌疑人实际取得的所有财物均为诈骗数额，才能真正反映犯罪本质。

综上，笔者认为本案的诈骗数额不应当扣除诈骗成本。在实际办案中，根据罪责刑相适应原则，可以将成本数额的投入作为一个酌定量刑情节予以考虑。

（河北省唐山市玉田县人民检察院　杨　婧）

占有他人放弃的盗窃所得可否认定为侵占罪

一、基本案情

2018年9月20日晚，高某与李某潜入唐山某工厂偷盗电缆、焊机等财物，二人将电缆、焊机搬出工厂准备离开时，恰巧遇到上夜班回家的吴某，吴某见高某与李某鬼鬼祟祟从工厂搬运电缆、焊机，认为二人可能是小偷，便上前阻止并大吼"抓小偷"，高某与李某见事情败露，便放下电缆、焊机逃离现场，吴某见电缆、焊机等财物被丢弃在地，便将其搬运回家，次日卖给废品回收站，得款1万余元。

二、分歧意见

本案中对高某与李某的行为定性没有争议，二人以非法占有为目的，秘密窃取了工厂电缆、焊机等财物，数额较大，构成盗窃罪，但对于吴某中途介入并将电缆、焊机等财物卖掉的行为如何定性，有以下几种意见：

第一种意见认为，吴某的行为属于民法上的不当得利。不当得利的成立要件有四：一方取得财产，一方受有损失，取得利益与所受损失间有因果关系，没有法律上的依据。本案中吴某获利，工厂利益受损，二者之间有因果联系，且吴某取得的利益没有合法的依据，吴某介入时主观上没有非法占有的目的，客观上也未实施相应的行为，不应用刑法来评价，高某与李某放弃占有后，电缆、焊机变为无人占有的状态，吴某恶意占有电缆、焊机后出卖获得利益且使工厂遭受损失的行为，构成民法上的不当得利。

第二种意见认为，吴某构成盗窃罪。《刑法》第264条规定，盗窃罪是指以非法占有为目的，盗窃公私财物数额较大或者多次盗窃、入户盗窃、携带凶器盗窃、扒窃公私财物的行为。吴某明知电缆、焊机等财物是高某与李某从工厂偷出来的，在吓跑二人后将电缆、焊机据为己有，主观上具有了非法占有的目的，客观上承接了高某与李某的盗窃行为，偷运工厂电缆、焊机等财物回家，且根据最高人民法院、最高人民检察院《关于办理盗窃刑事案件适用法律若干问题的解释》达到了数额较大（以1000～3000元为起点）的立案标准，应构成盗窃罪。

第三种意见认为，吴某构成侵占罪。《刑法》第270条规定，侵占罪是指以非法占有为目的将代为保管的他人财物、遗忘物或者埋藏物非法据为己有，数额较大，拒不退还的行为。高某与李某的盗窃行为已经使电缆、焊机等财物脱离了工厂的占有，二人非法占有电缆、焊机，当高某与李某逃跑时，电缆、焊机自然落到吴某的占有保护之下，吴某占有电缆、焊机等财物未采用非法手段，但其具有非法占有工厂财物的目的，客观上实施了占有处分行为，他将工厂电缆、焊机等财物变卖、拒不归还的行为构成侵占罪。

三、评析意见

笔者同意第三种意见，吴某成立侵占罪。理由如下：

1. 吴某不构成盗窃罪。首先，根据对盗窃罪既遂的一般认定，高某与李某将电缆、焊机等财物搬出工厂的那一刻，一个犯罪过程已经完成，工厂丧失了对电缆、焊机等财物的占有，高某与李某非法占有电缆、焊机等财物，成立盗窃既遂。此时吴某介入，高某与李某逃离现场，这种行为属于两个无权占有人放弃了对物的控制，此时电缆、焊机等财物的所有权仍在工厂，但由于高某与李某的盗窃行为，电缆、焊机等财物已经脱离了工厂的控制，属于吴某代为保管。吴某据为己有的行为不属于秘密窃取他人占有的财物，且高某与李某的行为已经侵犯了工厂的所有权且既遂，吴某的行为并未让工厂产生新的损失，因此不符合盗窃罪的构成要件。

2. 刑法的谦抑性。刑法的谦抑性是刑法追求的三大价值目标之一，即对于某种危害社会的行为，国家只有在运用民事的、行政的法律手段和措施，仍不足以抵制时，才能运用刑法的方法。一般情况下，此类对属于民事上的不当得利还是刑法上的财产犯罪有争议时，在碰到行为人主观罪过、危害结果较轻微的案件时，通常从民法上的不当得利角度切入，但在本案中吴某最终取得了1万余元的收入，数额较大，单纯用民法上的不当得利调整不能起到惩戒目的，不利于打击犯罪，因此仍需要发挥刑法的补充性作用。

3. 吴某主观上具有非法占有的目的。吴某是仅构成不当得利还是成立刑法上的侵占罪，主要判断其是否有非法占有的目的。本案中吴某取得财物未采用非法手段，但笔者认为，看行为人是否具有非法占有的目的要看吴某是否排除权利人占有、将他人的财物作为自己的所有物，并遵从财物的用法进行利用、处分的意思，其区分于想归还的盗用行为和故意毁坏财物的行为。本案中吴某明知电缆、焊机等财物是高某与李某盗窃所得，即使二人放弃了占有，所有权也未发生转移，财物仍属于工厂，此时吴某占有了财物，实际是属于合法保管财物，此时本应报警或将电缆、焊机等财物归还给工厂，但吴某却将财物带回家于次日变卖，这是一种处分行为。综上，笔者认为吴某排除工厂占有，处分财物，有非法占有，工厂财物的目的。

4. 不当得利与行为人是否构成财产犯罪不是对立关系。不当得利是指没有合法依据，有损于他人而取得利益，是民法上调整当事人财产关系的一项重要制度；而侵占罪是指以非法占有为目的，取得他人财物的行为。虽然二者一个调整民法关系、一个是刑法罪名，构成要件不同，但不当得利与侵占类犯罪实际上调整的都是财产关系，二者在部分情况下可能发生竞合，换句话说，我国刑法将盗窃行为、侵占行为类型化为财产犯罪，这些行为并不因为被刑法禁止后，而不再成为民事违法行为，不当得利和盗窃侵占本身就不是对立关系，如同不能因为故意杀人罪为刑法上的犯罪而否定杀人行为也是民法上的侵权行为，同样不能因为这种行为在民事上属于不当得利而否认其构成侵占罪。实际上，在司法实践中认定当事人行为性质时不当得利与侵占罪经常发生交叉，但二者在特别场合又是特别关系，如拾得他人财物，拒不归还的都是不当得利，但只有一部分构成侵占罪，因此二者并非对立关系。部分侵占罪中本身就包含不当得利，严重且符合刑法规定的财产犯罪构成要件的不当得利才构成刑法犯罪。从民法上来说，本案高某与李某侵犯了工厂对电缆、焊机的所有权，工厂可基于二人的侵权行为请求赔偿损失，但是高某和李某的行为也当然成立盗窃罪。因此即使认为本案当事人吴某的行为符合不当得利的构成要件，也不能否认其行为已经构成侵占罪。

且从司法实践来看，我国案件办理应先处理刑事犯罪，需要首先判断吴某是否构成侵占罪。吴某以非法占有为目的，处分了由自己保管的财物，构成侵占罪，且根据河北省高级人民法院《关于常见犯罪的量刑指导意见》规定，侵占数额1万元以上不满10万元的，属于"数额较大"。本案中吴某获利1万余元，符合侵占罪数额较大的标准，因此对吴某应首先追究刑事责任。同时吴某的行为在民法上属于无权处分，若废品站善意且无过失并支付了合理价格，即取得了电缆、焊机等财物的所有权。吴某并没有合法依据而处分了工厂财产，工厂遭受损失，吴某获利1万余元，工厂同样有权要求吴某返还不当得利，二者并不冲突。

综上，笔者认为，应对高某、李某以涉嫌盗窃罪，吴某以涉嫌侵占罪提起公诉，同时工厂有权要求高某、李某、吴某返还不当得利，并赔偿侵权（物权）损失。

（河北省唐山市丰南区人民检察院　于思萌）

在签订和履行合同过程中实施诈骗的行为如何定性

一、基本案情

2012年4月至2014年3月，某信托公司销售经理高某利用管理信托公司印章和空白合同的工作便利，私刻信托公司的公章、合同专用章、财务专用章和业务专用章等多枚印章，并以包某、张某等20余人为信托受益人的名义，伪造信托公司资金信托合同、信托受益权转让协议、转让申请书，以及缴款收据，以信托受益人转让该信托产品为由，骗取他人购买该虚假的信托产品。

为消除购买信托产品者的顾虑，高某利用其销售经理的身份，将被害人邀请到信托公司办公场所，带领被害人参观信托公司，并详细介绍各业务部门在信托产品转让过程中的分工协作以及具体流程。在不到两年的时间内，高某利用这种手段，先后骗取近20余位受害人共计7000余万元，并全部挥霍殆尽。

二、分歧意见

该案的主要焦点在于高某行为的定性问题，存在三种分歧意见：

第一种意见认为，高某的行为构成职务侵占罪。理由是：首先，高某的职务身份是真实的，其确实是信托公司的销售经理；其次，高某使用的信托资金投资合同、信托受益权转让协议、转让申请书以及缴款收据等一系列合同文本及凭证也是真实的，都是信托公司的制式文本；最后，高某与被害人进行交易的地点也是真实的，签约、付款、开票等一系列交易行为都是在信托公司办公场所内完成的。在被害人眼中，高某的所有行为都是代表信托公司的职务行为，由此产生的所有权利义务均应由信托公司享有和承担，信托公司应承担信托资金投资合同项下向受害人支付信托投资收益的合同义务。至于信托公司因高某职务行为带来的损失，可向高某追偿。对于高某本人，应根据《刑法》

第 271 条的规定，追究其职务侵占罪的刑事责任。

第二种意见认为，张某的行为构成合同诈骗罪。理由是：高某以非法占有为目的，采取私刻信托公司印章、伪造信托投资合同及转让协议、缴款收据的方法，在签订、履行合同过程中，骗取对方当事人巨额钱款，根据《刑法》第 224 条规定，高某的行为构成合同诈骗罪。

第三种意见认为，高某的行为构成诈骗罪，应根据《刑法》第 266 条规定，追究其刑事责任。

三、评析意见

笔者同意第二种意见，即高某以非法占有为目的，在签订、履行合同过程中，骗取对方当事人财物数额巨大，构成合同诈骗罪。

辨析本案的定性，涉及两个层面的问题：高某涉嫌职务侵占，还是诈骗。如果是职务侵占，则不再涉及第二个问题；如果是诈骗，则会引出第二个问题，即高某涉嫌合同诈骗，还是普通诈骗。

1. 高某不成立职务侵占，应属诈骗范畴。职务侵占罪和诈骗罪的定罪量刑标准差距较大，本案的定性直接影响对高某的量刑。因此，首先应解决高某是成立职务侵占，还是诈骗的问题。

职务侵占罪，指公司、企业或者其他单位的人员，利用职务上的便利，将本单位财物非法占为己有，数额较大的行为。合同诈骗罪，指以非法占有为目的，在签订、履行合同过程中，采用虚构事实或者隐瞒真相等欺骗手段，骗取对方当事人的财物，数额较大的行为。

二者的主要区别表现在：（1）犯罪对象不同。前者的犯罪对象是本公司企业的财物，这种财物实际上已被行为人所掌握；后者的犯罪对象是不为自己实际控制的合同相对方的财物。（2）犯罪手段不同。前罪是利用职务上的便利侵占本单位的财物；后罪则是用虚构的事实或者隐瞒事实真相的方法骗取合同相对方的财物。所以，区分两罪重点应从犯罪对象和犯罪手段两方面分析。

从犯罪手段分析，高某的行为是冒用信托公司名义签订合同，欺骗合同当事人，而不是直接利用职权侵占公司利益。简而言之，高某利用包某等人的信托受益人身份，直接将被害人打入信托受益人名下银行账户的钱款占为己有。具体来讲，高某的行为方式如下：高某先是以包某、张某等人的身份证复印件开立银行账户，并冒用包某、张某等人的名义签订资金信托合同，在信托合同、缴款收据上加盖其私刻的信托公司的相关印章，虚构包某、张某作为信托受益人（以下称"原信托受益人"），已向信托公司购买该信托产品，并全额交付信托本金的事实。其次，高某再向被害人谎称原信托受益人拟转让该信托产品，由被害人直接从原信托受益人处受让，双方签订信托受益权转让协议，由被害人将钱款直接打给原信托受益人。最后，转让完成后，高某代表信托公司收回与原信托受益人签订的资金信托合同、缴款收据等，重新与被害人签订资金信托合同，出具被害人为交款人的缴款收据。一系列的行为至此，原信托受益人退出，被害人作为新的委托人与信托公司建立资金信托合同关系，享有合同项下的信托受益权。纵观始终，信托公司均未参与，原信托受益人和原资金信托合同关系都是虚假的，没有原信托受益人向信托公司交付信托本金的事实；也没有被害人先向信托公司交付钱款，然后再由高某利用职权侵占的事实。高某利用虚假的原信托受益人身份，直接将被害人打入原信托受益人名下银行账户的钱款占为己有。

高某作为信托公司的销售经理，有权代表公司向客户销售信托产品。综上，高某以非法占有为目的，通过私刻公司印章，签订虚假资金信托合同，虚构信托受益人购买信托产品并拟转让的事实，冒用信托公司的名义，与被害人签订虚假的资金信托合同，骗取合同当事人的巨额钱款，符合合同诈骗罪的构成要件，应以合同诈骗罪论处。

从犯罪对象分析，本案的关键事实是信托公司根本就没有收到所谓的任何信托本金，不存在高某侵占公司钱款的基础，高某非法占有的是20余位被害人的钱款，而非信托公司持有的信托委托人的信托本金。因此，本案高某侵害的犯罪对象是20余位被害人，而不是信托公司。

信托公司因诉讼被判决赔偿被害人损失，不影响本案的定性。本案案发后，高某已将赃款用于赌博挥霍殆尽，其亲属也无力代为退赔被害人的经济损失。被害人以表见代理，要求信托公司承担返还信托本金并支付信托收益为由，或以信托公司存在重大过错，应承担赔偿责任为由，将信托公司诉诸法院，获得了部分赔偿，损失得以部分弥补。就信托公司而言，其因高某犯罪行为而承担的民事赔偿责任，属于民事法律责任问题，其因此可取得对高某的追偿权，但不影响本案的定性。

2. 对高某应以合同诈骗罪定罪量刑。合同诈骗罪与诈骗罪是法条竞合关系，是特殊罪名与一般的关系，从本质上看，合同诈骗罪就是一种具体的诈骗犯罪，是诈骗罪的一种特殊形式。区分两者的关键在于，诈骗行为是否利用了合同的形式，诈骗行为是否发生在合同的签订、履行过程中。如果是，则构成合同诈骗罪，反之则成立诈骗罪。

综观本案，高某正是利用了信托公司空白的制式合同文本及缴款收据等，私刻了信托公司的印章，与被害人签订虚假的资金信托合同，并在签订和履行过程中实施诈骗行为，将自认为是与信托公司建立合同关系、自己是合同相对方的被害人的钱款占为己有，用于挥霍。因此，属于利用合同实施诈骗的特殊诈骗行为，应对高某以合同诈骗罪论处。

（河北省迁安市人民检察院　任艳红　丁莉颉）

妨害社会管理秩序罪

被执行人隐匿下落是否构成
拒不执行判决、裁定罪

一、基本案情

2016年3月23日,赵某向刘某借款10万元,约定借期为12个月,月利率为2%。借款到期后,赵某没有如期偿还借款本金及其利息。经多次催收未果,2018年1月18日刘某向当地人民法院提起诉讼,赵某亦到庭应诉,对借款事实不表异议。2018年4月1日,法院作出一审判决:判决被告赵某在本判决生效后立即偿还原告刘某借款本金10万元及其利息(从2016年3月24日开始起算,月利率2%,直到本息付清为止)。双方当事人均没有上诉。判决生效后,刘某向人民法院申请强制执行。法院根据在诉讼阶段赵某留下的电话和送达地址均无法找到赵某,赵某下落不明,经网络查控亦无法找到赵某可供执行的财产。

二、分歧意见

对于赵某在执行阶段逃避执行的行为是否构成拒不执行判决、裁定罪?实践中有两种不同的意见:

第一种意见认为,根据罪刑法定原则,一个行为是否构成拒不执行判决、裁定罪,主要看该行为是否符合法律和司法解释规定的情形。但是,被执行人赵某在执行阶段离开诉讼阶段所留下的联系住址,更换手机号码,导致执行法院无法查找到被执行人赵某并不符合全国人民代表大会常务委员会《关于〈中华人民共和国刑法〉第三百一十三条的解释》以及最高人民法院《关于审理拒不执行判决、裁定刑事案件适用法律若干问题的解释》第 2 条规定的情形,因此,赵某的行为不构成拒不执行判决、裁定罪。

第二种意见认为,根据《刑法》第 313 条规定,被执行人赵某在诉讼阶段参与了应诉,明知判决其履行给付义务的生效民事判决存在,赵某依法应当自动履行生效判决,但是被执行人赵某在执行阶段离开诉讼阶段所留下的联系住址,更换手机号码,导致执行法院无法查找被执行人赵某,属于消极的拒不执行的行为,依法应当构成拒不执行判决、裁定罪。

三、评析意见

笔者同意第二种意见,理由如下:

根据全国人民代表大会常务委员会《关于〈中华人民共和国刑法〉第三百一十三条的解释》规定,"下列情形属于刑法第三百一十三条规定的"有能力执行而拒不执行,情节严重"的情形:(一)被执行人隐藏、转移、故意毁损财产或者无偿转让财产、以明显不合理的低价转让财产,致使判决、裁定无法执行的……(五)其他有能力执行而拒不执行,情节严重的情形"。最高人民法院《关于审理拒不执行判决、裁定刑事案件适用法律若干问题的解释》第 2 条规定,"负有执行义务的人有能力执行而实施下列行为之一的,应当认定为全国人民代表大会常务委员会关于刑法第三百一十三条的解释中规定的'其他有能力执行而拒不执行,情节严重的情形':(一)具有拒绝报告或者虚假报告财产情况、违反人民法院限制高消费及有关消费令等拒不执行行为,经采取罚款或者拘留等强制措施后仍拒不执行的"。被执行人赵某在执行阶段离开诉讼阶段所留下的联系住址,更换手机号码,导致执行法院无法查找到被执行人的行为似乎不完全符合前述规定。但是,被执行人隐匿自己的下落是否符合拒不执行判决、裁定罪的客观要件呢?

1. 从法益衡量的类比看,将被执行人隐匿下落按拒执罪追究刑事责任符合社会正义。最高人民法院《关于审理诈骗案件具体应用法律的若干问题的解释》规定,"恶意透支"是指持卡人以非法占有为目的,或者明知无力偿还,透支数额超过信用卡准许透支的数额较大,逃避追查,或者自收到发卡银行催收通知之日起 3 个月内仍不归还的行为。也就是说,只要银行根据透支人在办理信用卡的时候所留通信地址邮寄了催收通知后 3 个月不归还借款,则构成信用卡诈骗罪。法律和司法解释这样规定的背景在于维护信用卡本身的信用度,降低追究信用卡诈骗罪的诉讼成本。再对比拒不执行判决、裁定罪的追诉,人民法院作出的生效裁判系人民法院代表国家行使审判权,其权威性和信用度由国家做保障,生效裁判得不到执行损害的不仅仅是胜诉当事人的合法权益,而且损害了国家的法律权威和国家信用,国家应当采取至少不低于维护信用卡的信用的法律保障,人民法院根据被执行人在诉讼阶段地址确认书所确认的联系地址和联系电话送达执行通知书,无法联系被执行人的,应当类比信用卡诈骗罪的客观情态,认定被执行人赵某符合拒不执行判决、裁定的客观要件。

2. 从内在逻辑的立场看,将被执行人隐匿下落按拒执罪追究刑事责任符合客观规律。全国人民代表大会常务委员会《关于〈中华人民共和国刑法〉第三百一十三条的解释》规定,被执行人隐藏、转移财产,致使判决、裁定无法执行的,符合拒不执行判决、裁定罪的客观要件。执行实践表明,被执行人与被执行财产是执行行为指向的两个重要因子,被执行人的查找与被执行财产的查找具有同等重要性,在很多情形中,无法查找到被执行人,就无法查找到被执行财产;找到了被执行人,也就便于查找被执行财产。既然立法解释明确规定被执行人隐匿、转移财产符合拒不执行判决、裁定罪的客观要件,那么被执行人隐匿自己的下落导致案件执行陷入困境也应当符合拒不执行判决、裁定罪的客观要件。

3. 从实践经验的探索看,将被执行人隐匿下落按拒执罪追究刑事责任符合现实要求。在执行实践中,被执行人有意躲避法院执行的案件不在少数,躲避执行的方式有两种:一种方式是隐匿财产,另一种方式是隐匿被执行人下落。最高人民法院提出在"两到三年内基本解决执行难"的目标之一就是让规避执行得到基本遏制。当前人民法院查找被执行人下落的措施非常有限,与申请执行人的期待还有较大的差距,与维护法律权威的要求还不完全适应。对于参与了诉讼,明知人民法院作出了生效裁判,但是在执行阶段有意隐匿下落的被执行人采取刑事追究措施效果也非常明显,比如赵某被网上追逃抓获归案后,立即履行了生效裁判确定的给付义务。就算部分被执行人被采取刑事强制措施以后仍然不履行义务,至少可以督促被执行人配合人民法院执行,维护人民法院的司法权威,让人民群众感受到更多的公平正义。当然,对于债务人一直下落不明,在审理阶段没有参与诉讼,也没有委托律师参与诉讼,因被执行人在诉讼过程中没有填写地址确认书,也不知道人民法院已经作出了生效裁判的被执行人,人民法院在执行阶段无法查找被执行人不宜单独以被执行人隐匿下落为由移送公安机关刑事立案,以体现社会公平正义。

(河北省唐山市路北区人民检察院　刘树利)

制作涉黄软件并传播下载链接的行为如何定性

一、基本案情

2017年12月以来,犯罪嫌疑人王某通过电脑编程软件,开发了一款涉黄手机软件,该软件内包含多个直播网站链接以及三个黄色网站链接,通过网站链接可以直接观看黄色网站中的淫秽视频。王某将制涉黄软件的下载链接通过QQ发送给他人,他人可以自行点击链接下载使用该软件观看淫秽视频,也能够将此链接转发给他人下载使用。截至2018年4月,王某编程的软件点击使用量已达到4万余次。

二、分歧意见

司法实践中,王某的行为是否构成传播淫秽物品罪成为本案争议的焦点:

第一种意见认为,根据最高人民法院、最高人民检察院《关于办理利用互联网、移动通信终端、声讯台制作、复制、出版、贩卖、传播淫秽电子信息刑事案件具体应用法律若干问题的解释》的规定,制作、复制、出版、贩卖、传播淫秽电子信息,实际被点击数达到20000次以上的,以传播淫秽物品罪定罪处罚。本案中,王某通过QQ将自己编程的含有黄色视频链接的涉黄软件进行传播,通过统计点击使用量已达到4万余次,王某的行为构成传播淫秽物品罪。

第二种意见认为,王某的行为不构成传播淫秽物品罪。根据上述解释的规定,王某传播的淫秽视频只有被点击数达到2万次以上才构成传播淫秽物品罪。但是淫秽视频点击量的统计是存在异议的,并不能准确反映视频的实际被点击数。因此王某不构成传播淫秽物品罪。

三、评析意见

笔者同意第二种意见，认为王某的行为不构成传播淫秽物品罪。

传播淫秽物品罪伴随 IT 技术和互联网行业的勃兴出现了新形式——网络、手机色情的泛滥和蔓延。传统的证据审查与证据分析已不再适应该罪的审查要求，因此我们要适应新形势的发展，更加严格地审查该案的电子证据。

众所周知，通常在浏览网页时，对同一视频会出现多次点击或者多次观看的情况，并且该案中对涉黄软件点击量的统计是通过非官方软件进行的。这种情况下，一是不能排除同一人多次点击和观看的可能；二是对该统计软件是否能够准确统计点击量存在合理怀疑。根据刑法及司法解释的规定，传播淫秽物品的行为"情节严重"的才构成传播淫秽物品罪，其中司法解释中提到实际点击量达到 2 万次的则认定为情节严重。法律将 2 万点击量定为一个标准是因为其传播范围较广、危害较大，在此处提到的 2 万点击量应指视频传播到的人头数，即观看该视频的数量，而非同一人不停点击而达到了 2 万数字。故侦查机关应委托专业机构对视频实际点击量进行检测，以 IP 地址数量作为判断实际点击量的依据，以检测出本案涉黄视频的实际点击量。经过公安机关补充侦查，作出书面情况说明，该说明表示无法检测点击该视频的 IP 数量。但本案中又没有实际证据或者线索能够证明有人重复点击，只是这种可能性很大。

综上，在司法实践中依据刑法及相关解释的立法本意来认定犯罪并处以刑罚，应对定罪量刑的证据链条进行谨慎研究，提出合理的怀疑，并对证据与事实充分论证。因此，笔者认为根据现有证据不能认定王某的行为构成传播淫秽物品罪。

（河北省遵化市人民检察院　王宏旭）

组织人员在微信群中依据麻将软件中的输赢情况支付赌资的行为如何定性

一、基本案情

肖某建立了名为"某麻将两块钱一分"微信群,并在朋友圈发布信息,招揽人员参与赌博。肖某先从"某麻将"软件购买"房卡",用该卡在上述软件中开设"房间",后将"房间号"发送到微信群中,群成员通过在"某麻将"软件中输入该"房间号"参与麻将游戏。每轮游戏结束后,参赌人员返回群中,以发送"红包"的形式完成"房费"及赌资的支付,其中,"房费"的标准为每人每轮2元钱,由肖某领取。自2018年9月至10月期间,肖某累计组织50余人参与赌博并非法获利共计3万余元。

二、分歧意见

对于本案肖某行为的定性,存在三种不同意见:

第一种意见认为,肖某的行为构成赌博罪,理由是肖某以营利为目的,组织三人以上赌博,抽头渔利数额累计超过了5000元的追诉标准,构成聚众赌博型的赌博罪。

第二种意见认为,肖某的行为构成开设赌场罪,理由是肖某利用移动通信终端,建立赌博网站,组织赌博活动,传输赌博数据,其行为构成网上开设赌场犯罪。

第三种意见认为,肖某的行为构成开设赌场罪,理由是肖某利用网络空间,将游戏软件与微信群相结合,组织并管理赌博活动,其行为构成普通开设赌场犯罪。

三、评析意见

笔者同意第三种意见，理由如下：

最高人民法院、最高人民检察院、公安部《关于办理网络赌博犯罪案件适用法律若干问题的意见》中"赌博网站"的含义应为该网站本身兼具"赌博行为"和"支付赌资"两项功能，即一场赌局结束后，无须借助其他软件或方式的帮助，参赌人员即可完成赌资的转移。由于该司法解释将建立"赌博网站"或者为其代理等行为拟制为"开设赌场"行为，故在实践中，对于法律拟制的概念切不可进行扩大解释，不能将案件中"某某麻将"等不具备赌资支付功能的软件认定为"赌博网站"，故本案中，肖某的行为不构成上述司法解释规定的"网上开设赌场"行为。

肖某将游戏软件与微信群合二为一，具有组织赌博的行为，根据现行刑事法律的规定，以营利为目的，组织3人以上赌博，抽头渔利数额累计达到5000元以上、赌资达到5万元以上或者参赌人数累计达到20人以上等行为均构成赌博罪，所以肖某的行为确实符合上述赌博罪的构成。然而，由于聚众赌博与开设赌场有许多共同之处，二者不是非此即彼的对立关系，而是开设赌场罪行为吸收聚众赌博行为的关系。如果聚众赌博行为达到了开设赌场罪的犯罪构成就应当按照"择一重罪"的处理原则，认定为开设赌场罪。

结合本案，肖某组织的赌博活动，参赌人员首先需要加入微信群，群主和成员均有权邀请人员加入，且从实际情况看，参赌人员达到50余人，成员间互不相识，但均遵守群内赌博规则，对于不按照规则行事的人员，如赌输之后拒不支付赌资的，群主有权将其移出群等，在仅一个月的时间内，宋某获利3万余元，以上特征显示出该赌博活动已经具备了一定的开放性、规模性、系统性、持续性，符合普通开设赌场罪的构成，故应按照开设赌场罪追究肖某的刑事责任。

（河北省滦州市人民检察院　胡斯琴）

证人提供虚假证言以及唆使他人提供虚假证言行为如何定性

一、基本案情

2016年7月，公安机关在侦查刘某涉嫌非法占用农用地一案过程中，在对刘某非法占用土地情况做调查时（现刘某因犯非法占用农用地罪被判处有期徒刑），多次找到刘某同村的付某取证，付某在接受公安机关询问时，故意提供虚假证言，谎称自己曾在该片土地挖沙取土，用于自家建房使用，并唆使崔某、刘某等多人向公安机关提供虚假证言，加大了公安机关调查刘某非法占用农用地案的困难。

二、分歧意见

该案中，对付某的行为是否构成犯罪，构成何罪存在几种不同意见：

第一种意见认为，付某的行为构成包庇罪。付某明知刘某在本村基本农田上进行取土挖沙，造成本村农用地大量破坏的事实，在接受公安机关调查询问时，出于使刘某免受法律追究的目的，故意提供虚假证言进行包庇，其行为构成包庇罪。

第二种意见认为，付某的行为构成伪证罪。付某作为本案证人，隐瞒刘某挖沙毁坏基本农田的事实，还唆使他人向公安机关提供虚假证言，是属于对案件有重要关系的情节故意作虚假证明，其行为构成伪证罪。

第三种意见认为，付某不如实作证的行为，是知情不举，未达到刑事处罚的程度，不构成犯罪。

三、评析意见

笔者同意第二种意见，理由如下：

1. 将付某的行为定性为包庇罪不妥。本案中，作为证人的付某即使对案件有重要关系的情节即犯罪事实部分故意作虚假证明，虽然广义上是一种包庇行为，但是由于法律对此已经专设伪证罪这一罪名，本案中即使要对付某的行为定罪，也只能按伪证罪处理。

2. 付某行为构成伪证罪。根据刑法规定，伪证罪是指证人、鉴定人、记录人、翻译人对与案件有重要关系的情节，故意作虚假证明、鉴定、记录、翻译，意图陷害他人或者隐匿罪证的行为。本案中，付某出于使刘某免受司法机关追究的故意，隐瞒了刘某挖沙取土破坏农用地的事实，从犯罪构成上讲，付某的行为符合伪证罪的构成要件。

首先，付某对刘某涉嫌非法占用农用地案有重要关系的情节作虚假证明。所谓"作虚假证明"，是指歪曲案件的客观事实，即无中生有或将有说无。该案中，付某谎称是自己在被调查的农用地上取土，用于自家建房使用，并且还有唆使崔某、刘某等其他人在接受公安机关调查时提供虚假证言的事实，其行为的性质不属于知情不举，而是在作虚假证明。其次，故意作虚假证明要求的是积极的作为，付某主观上有为刘某推脱罪名的故意，向公安机关说了假话，且唆使他人的行为也是其积极行为的一种表现形式。最后，付某隐匿刘某罪证的行为，发生在公安机关对刘某涉嫌非法占用农用地案的侦查活动过程中，刘某及他人提供的谎言给司法机关办案设置一道屏障，为了查清该案，公安机关花费了更多的时间、精力，又抽调了专人进行核查，其行为侵犯了国家司法机关的正常活动，也即侵犯了司法机关的刑事诉讼活动的进行。因此，笔者认为付某的行为构成伪证罪，对其应当给予相应的刑事处罚，以保障司法权的依法运行。

（河北省遵化市人民检察院　王宏旭）

以借用名义强行拿走他人手机行为如何定性

一、基本案情

2017年至2018年间，犯罪嫌疑人丁某某、齐某某等人相互纠集，在某区第二中学、职中及城镇周边，针对在校学生多次实施聚众斗殴、强奸、盗窃、随意殴打他人等违法犯罪活动，严重侵害学生权益，造成了在校生的心理恐惧，社会影响极恶劣，形成了以犯罪嫌疑人丁某某、齐某某等人为纠集者，以高某、吴某等人为积极参加者的恶势力集团。其间，犯罪嫌疑人丁某某、齐某某为筹款消费，以借用名义将被害人单某某（犯罪嫌疑人丁某某弟弟的同学）的OPPO R11手机拿走，后二人将该手机出售，经鉴定，该手机价值人民币2728元。2017年10月，犯罪嫌疑人齐某某为筹钱消费，在自己家中以借用名义将其友张某某的OPPO A57手机拿走后出售，经鉴定，该手机价值人民币730元。2018年4月，犯罪嫌疑人陈某为筹钱，以借用名义将其友梁某的VIVO X21手机拿走，后将该手机出售，经鉴定，该手机价值人民币2789元。

二、分歧意见

针对上述行为的定性，主要存在三种意见：

第一种意见认为，本案犯罪嫌疑人的行为属于诈骗行为。主要理由是，上述犯罪嫌疑人在向被害人借手机打电话之前就有非法占有的目的，后以借用手机名义，骗取被害人的信任，使被害人产生犯罪嫌疑人仅仅是借用手机的错误认识，而自愿将自己的手机交给犯罪嫌疑人，犯罪嫌疑人在拿到手机后将其变卖，供自己挥霍。犯罪嫌疑人的行为属于诈骗行为，但其诈骗数额未达到数额较大，遂不认为是犯罪。

第二种意见认为，本案犯罪嫌疑人的行为符合盗窃罪的犯罪特征。盗窃罪的行为手段，核心是秘密窃取。秘密窃取是指在取得财物的过程中没有被发现,在暗中进行。本案中各被害人只是将手机借给犯罪嫌疑人打电话,并不是将手机的所有权处分给犯罪嫌疑人,被害人的真实意思是处分手机的暂时使用权,犯罪嫌疑人并不拥有手机的所有权。犯罪嫌疑人虽然实施了诈骗行为,即以借用为由,骗取被害人的信任,暂时持有了被害人的手机,但这只是为其最终窃取财物创造了条件,犯罪嫌疑人最终非法占有被害人的手机是趁被害人不注意将手机拿走这一行为所致,其行为在本质上仍属于秘密窃取,侵犯了他人财物的所有权,所以犯罪嫌疑人的行为属于盗窃行为。

第三种意见认为,上述犯罪嫌疑人的行为应当认定为强拿硬要型寻衅滋事。主要理由是,本案中各犯罪嫌疑人相互纠集,已经形成恶势力集团,该集团在学校周边实施多起违法行为,社会影响恶劣,在该恶势力集团发展过程中,犯罪嫌疑人的上述行为侵犯的客体已经不单单是他人财物的所有权,还包括公共秩序。上述犯罪嫌疑人向各被害人借用手机不还,主要是利用了各被害人对该恶势力集团的恐惧,不得不将自己的手机出借,所以犯罪嫌疑人的上述行为实质就是强拿硬要行为。

三、评析意见

笔者同意第三种意见。司法实践中,针对以借用名义将他人财物拿走的行为,我们应当结合整个案情具体分析,而不能单纯地从犯罪嫌疑人的客观手段去评价。

寻衅滋事罪的犯罪构成包括以下方面:犯罪主体为一般主体;犯罪客体为复杂客体,即该罪既侵犯了公共秩序,同时也侵犯了他人的人身权利、公私财产权利等;犯罪主观方面表现为故意;该罪的客观方面,对于强拿硬要型寻衅滋事而言,表现为违背他人意志,强行取得他人财物,情节严重的。本案中,各犯罪嫌疑人经常纠集在一起,喜欢逞强、耍威风,多次实施违法犯罪活动,该涉恶集团中有多人实施过以借用名义拿走他人手机变卖的行为,对该行为的定性,不应当脱离犯罪嫌疑人为涉恶集团成员这一背景。寻衅滋事罪的强拿硬要是通过暴力手段非法获取他人财物,但不需要达到足以压制被害人反抗的程度。本案犯罪嫌疑人利用其已经树立的非法权威,认为自己向被害人借手机,被害人不敢不借,其借手机时表现出来的逞强耍横的状态,虽不是殴打、捆绑、伤害等严重的暴力,但其已经形成了对被害人的软暴力,对被害人起到了压制作用,所以第一种意见认为被害人是基于犯罪嫌疑人仅仅是借用手机的错误认识而自愿将手机交给犯罪嫌疑人的观点是错误的,犯罪嫌疑人行为的实质就是强拿硬要。第二种意见认为,犯罪嫌疑人最终非法占有被害人的手机是趁被害人不注意将手机拿走这一行为所致，其行为在本质上仍属于秘密窃取，笔者认为，本案中被害人均与犯罪嫌疑人相识，在犯罪嫌疑人以借用名义将手机拿走到变卖这一过程中，被害人曾多次向其索要手机，均遭无理拒绝，所以犯罪嫌疑人非法占有被害人财物的行为实际上已经被发现了，并不属于秘密窃取。此外，犯罪嫌疑人行为实施的时间、地点、被害人的选择都有极大的随意性，也不在乎非法所得财物的价值，这些不仅体现了行为人对他人为所欲为、唯我独尊的态度，同时也是行为人蔑视法纪和社会秩序的具体表现，所以该行为侵犯的是复杂客体。

综上，笔者认为，本案犯罪嫌疑人的行为应定性为寻衅滋事罪。

（河北省唐山市曹妃甸区人民检察院　李英英）

在逃犯暴力抗拒抓捕的行为如何定性

一、案情简介

杨某甲、石某某、杨某乙系盗窃在逃犯，公安民警通过车辆监控录像发现三人车辆行踪，于是着便衣开民用牌照轿车前去围堵，民警将犯罪嫌疑人车辆逼停之后，驾驶位置犯罪嫌疑人杨某甲与副驾驶位置嫌疑人石某某被较为顺利地抓捕，后座犯罪嫌疑人杨某乙开车门逃跑，警察在其前方拦截并且表明身份，杨某乙继续逃窜，民警鸣枪示警，杨某乙踹了民警一脚，依旧想逃跑，民警开枪将杨某乙腿部打伤，并将杨某乙抓捕，后被踹民警被认定为轻微伤。

二、分歧意见

对于杨某乙的罪行方面，除了认定其构成盗窃罪之外，是否构成妨害公务罪，有以下两种意见：

第一种意见认为，杨某乙在构成盗窃罪的同时亦构成妨害公务罪。杨某乙明知民警在依法执行公务，还踹了民警的腿部，构成轻微伤，符合妨害公务罪的主客观要件。

第二种意见认为，杨某乙只构成盗窃罪而不构成妨害公务罪。杨某乙在逃窜过程中，抗拒抓捕，使用了暴力，对民警造成了威胁，且是在明知民警持枪的情况下，不足以对抓捕行为产生阻碍，故不构成妨害公务罪。

三、分析意见

笔者同意上述第二种意见，具体分析如下：

本案具有争议的问题集中体现在两个方面：一是杨某乙使用暴力的行为是否具体上或者抽象上产生了足以妨害公务的危险；二是杨某乙使用暴力伤害警

察的行为应该如何评价；三是杨某乙使用暴力抗拒抓捕的行为是否具有期待可能性。

1. 杨某乙在被抓捕的过程中使用暴力伤害警察的行为，不应当做过度评价。司法实践中，妨害公务罪如不涉及法定的一罪及法律拟制的情况下，容易与故意伤害罪发生牵连，如果行为人的暴力行为造成国家机关工作人员重伤结果或者因重伤导致死亡，应当按照重罪进行处罚。这也从另外一个侧面看出，本罪所要保护的法益是国家公务的正常顺利执行，而不是国家工作人员的身体健康。

杨某乙在被抓捕的过程中使用暴力踹了警察，虽然造成警察轻微伤的结果，但是，对于杨某乙的行为是否构成妨害公务罪，不应从是否对执行抓捕的警察造成了伤害方面进行评价。

2. 杨某乙在被抓捕的过程中使用暴力的行为，具体上或者抽象上都未能产生足以妨害公务的危险。妨害公务罪属于危险犯，需要有具体上或者抽象上的危险发生才能认定。

本案中，杨某乙的行为是否能够认定为使用"暴力"并且"阻碍公务"，是其罪与非罪的重点。第一种观点认为杨某的行为"阻碍"了民警的正常抓捕，这一观点过于牵强。本案中杨某乙在民警持枪的情况下，踹了民警一脚，其使用的暴力程度在与持枪民警的抗衡之下，不足以产生"阻碍公务"的效果，没有侵犯"公务的正常执行"这一法益，因此并不能认为杨某乙的行为在具体上或者抽象上有阻碍执行公务的可能性。

3. 杨某暴力抗拒抓捕的行为，是不具有期待可能性的行为。只有在存在实施合法行为的期待可能性的情况下追究行为人的刑事责任，才有可能使行为人在刑罚的震慑、教育、感化之下认识到自己的主观罪过性和行为的客观危害性。如果在无期待可能性的情况下追究行为人的刑事责任，这是强人所难。刑事责任之有无取决于期待可能性之有无，这合乎刑事责任的目的，能够达到特殊预防的效果。

本案中，杨某乙所在车辆被民警逼停之后，下车逃窜并且在民警鸣枪示警之后依旧踹民警一脚妄图逃窜的行为，是抓捕犯罪嫌疑人过程中经常遇到的一种反抗行为。这一点是出于人的本能，应评价为不具有期待可能性的行为。

综上，笔者认为，杨某乙的行为不构成妨害公务罪。

（河北省唐山市古冶区人民检察院　付宁宇飞）

为立威殴打他人的行为如何定性

一、基本案情

刘某是刘家村人，周某是常河村人，两村相邻，但是两人互不相识，刘某和周某两人为争得一块承包地有过一次激烈的争吵。周某的工厂为节省电费开支私接电线被当地电力所断了电，当日周某路过镇电力所见刘某的车停在门前，怀疑是刘某举报此事，扬言不会放过刘某。刘某在村街道上碰到周某欲解释并非自己举报，周某不听解释且出言不逊，两人争吵起来，周某打电话叫来20多名小伙子，身穿黑衣服，手拿木棍，殴打刘某，并砸坏了刘某的汽车，周某扬言："刘某我就是让你看看我的厉害，以后看见我躲着走，要不然见你一次打你一次。"后经法医鉴定，刘某的伤势属于轻伤甲级。

二、分歧意见

对于周某召集多人殴打刘某的行为如何定性，存在以下两种不同意见：

第一种意见是周某的行为构成故意伤害罪。故意伤害罪是指故意非法伤害他人身体并达到一定的严重程度，应受刑事处罚的犯罪行为。本案中，周某主观上明知自己的行为会造成损害他人健康的结果，而希望或放任这种结果的发生；客观上周某殴打刘某一人，并没有造成多人受伤的结果，仅造成刘某轻伤甲级的危害结果，完全符合故意伤害罪的犯罪构成，周某的行为构成故意伤害罪。

第二种意见是周某的行为构成寻衅滋事罪。寻衅滋事罪是从1979年刑法的流氓罪中分离出来的四个单独罪名之一，是指在公共场所故意寻衅滋事，破坏社会秩序，情节恶劣或情节严重或造成公共场所秩序严重混乱的行为。主观上周某表现为直接故意；客观上随意殴打他人，情节恶劣，且任意损毁刘某的汽车，情节严重；在村街道发生打架事件，严重扰乱了正常的公共秩序，符合寻衅滋事罪的犯罪构成，周某的行为构成寻衅滋事罪。

三、评析意见

笔者认为，司法实践中，故意伤害罪与寻衅滋事罪难以界定，要准确认定刘某所犯罪的罪名，首先要厘清故意伤害罪与寻衅滋事罪之间的区别，就应当对两种罪名的犯罪构成的要件予以区分：

1. 犯罪主体：两罪的主体范围不同。根据刑法的相关规定，故意伤害罪的主体范围较为特殊，包括14周岁至16周岁和16周岁以上两类，前者主要为重伤承担刑事责任，而后者则包括对轻伤和重伤都承担刑事责任。寻衅滋事罪的主体为一般主体，即具有刑事责任能力的自然人均可构成。

2. 主观方面：两罪的故意内容不同。故意伤害罪在主观上有使他人身体健康受到损害的故意。寻衅滋事罪的故意则要求行为人明知自己的行为会发生破坏社会秩序的危害结果，并且希望或促使这种结果发生，其动机就是为了满足耍威风、取乐等不正常的精神刺激或其他不健康的心理需要，以达到满足精神空虚的犯罪目的，故意伤害罪则无此动机和目的。

从犯罪行为方面看，寻衅滋事罪的起因通常是"无事生非"和随意殴打他人，表现为无端生事和小题大做等行为，而故意伤害罪的起因则"事出有因"。

3. 客体方面：两罪所侵犯的客体不同。故意伤害罪侵犯的客体是他人的身体健康权利，侵犯的客体比较单一。而寻衅滋事罪侵犯的客体相对比较复杂，既侵犯了社会公共秩序，即人们遵守共同生活规则所形成的秩序，包括公共场所秩序与非公共场所人们遵守共同生活规则所形成的秩序，有可能侵犯他人的身体健康权。

4. 客观方面：两罪所侵犯的对象不同。故意伤害罪所侵犯的对象往往比较明确和特定的，一般是认识的或有过节的人，且在伤害行为实施之前往往有一个准备过程，行为人与被害人有一定的接触或者交往，而且纠纷往往在伤害发生之前没有得到较好的解决，导致矛盾激化，进而产生了行为人挑起事端，伤害对方，报复对方；而寻衅滋事罪侵犯的对象比较随意、不特定，可以是熟人，也可以是陌生人，只是自己看不惯就惹是生非，寻求精神上的刺激来满足自己非正常的心理，在行为发生时大多是临时起意。

本案中，结合上述分析，对于周某的行为定性笔者同意第二种意见，理由如下：

从主观方面看，两罪都是直接故意，但是两罪的故意内容有较大差别。故意伤害罪主观上有伤害的故意，意图使他人身体健康受到损害；但是寻衅滋事罪的故意不一定要以伤害人的身体健康为目的，此罪通常是行为人通过自己的行为破坏社会秩序，寻求精神刺激，发泄不良情绪，以满足自己藐视社会、逞强称霸等心理。

本案中，周某明知自己与刘某有过节，借让刘某害怕自己，进而在村中立威，增加自己在村民眼中的"威严"形象，纠集多人不仅随意殴打刘某，甚至砸坏刘某的汽车，可见周某耍威风殴打刘某的犯罪行为符合寻衅滋事罪的故意内容。

从客观方面看，故意伤害罪表现的具体行为是非法伤害他人身体健康；寻衅滋事罪表现的具体行为是寻衅滋事、破坏社会秩序。我国《刑法》第293条规定了以下几种情况：(1) 随意殴打他人，情节恶劣；(2) 追逐、拦截、辱骂他人，情节恶劣的；(3) 强拿硬要或者任意损毁、占用公私财物，情节严重的；(4) 在公共场所起哄闹事，造成公共场所秩序严重混乱的。由此可见，寻衅滋事的表现形式多种多样，可以是伤害他人的身体健康，也可以是其他手段如打砸抢破坏公共秩序等表现形式。一方面，追逐和拦截可能以暴力方式实施也可能以威胁等方式实施，辱骂是指以言语对他人予以轻蔑的价值判断，恐吓是以恶害相通告的行为。本案中，周某纠集多人殴打刘某，扬言"让你看看我的厉害""见一次打一次"的字眼能认定周某以暴力方式追逐、拦截、辱骂、恐吓的行为。另一方面，根据最高人民法院、最高人民检察院《关于办理寻衅滋事刑事案件适用法律若干问题的解释》的规定，持凶器追、拦截、辱骂、恐吓他人的，应当认定为"情节恶劣"；又将刘某的汽车砸坏，损失达到数千元，具有"持械""造成他人轻伤""损失严重"等恶劣情形，应当构成寻衅滋事罪。

从侵犯的客体上看，故意伤害罪侵犯的客体是特定的，即他人的身体健康权；而可以肯定的是寻衅滋事罪旨在保护公共秩序或社会秩序，刑法也将寻衅滋事罪规定在刑法分则第六章"妨害社会管理秩序罪"之第一节"扰乱公共秩序罪"中。众所周知，村街道是村民之间、村与村之间生产、生活的重要公共空间，本案中周某在村街道纠集多人随意殴打他人，砸坏财物，致使村集体的正常生产、生活不能顺利进行，或者说妨碍了村集体的有序活动，当然属于破坏公共秩序。

综上，刘某的犯罪行为符合寻衅滋事罪的构成要件，应以寻衅滋事罪论处。

实践中，寻衅滋事罪与故意伤害、敲诈勒索、故意毁坏财物等罪的关系，一直是困扰司法机关的难题，之所以如此，是因为刑法理论与司法机关一直希望在寻衅滋事罪与故意伤害、敲诈勒索、故意毁坏财物等罪之间划出明确的界限；而要划出明确的界限，就必须提出明确的区分标准。其中，是否具有流氓动机应认为是区分寻衅滋事罪与相关犯罪的关键标准。笔者认为，刑法理论与司法实践不应当强调此罪与彼罪之间的区别与区分标准，而应注意此罪与彼罪的想象竞合，并根据想象竞合犯的处罚原则，从一重罪处罚。

(河北省唐山市丰南区人民检察院　刘秀伟)

以"蹭吸"为目的代购毒品的行为如何定性

一、基本案情

2018年9月11日,犯罪嫌疑人王某受吸毒人员黄某之托,(黄某出资300元)从贩毒人员张某处购买1克冰毒,后贾、黄二人在某酒店房间内共同吸食。次日,黄某再次出资并请求犯罪嫌疑人王某为其从张某处购买300元冰毒,后二人共同吸食。2018年9月28日,犯罪嫌疑人王某又受黄某之托(黄某出资)从张某处购买5克冰毒,后二人在某酒店房间内共同吸食毒品时被民警现场抓获。案发后,犯罪嫌疑人王某辩称其为黄某代购毒品仅是为了免费"蹭吸"毒品,并未从中牟取到利益,认为其行为不构成贩卖毒品罪。

二、分歧意见

以"蹭吸"为目的为他人代购毒品的行为是否构成贩卖毒品罪,司法实践中存在两种相反的意见:

第一种意见认为,为他人代购仅用于吸食的毒品并"蹭吸"的行为不构成贩卖毒品罪。以"蹭吸"为目的为他人代购毒品,其根本目的是满足自身及托购者吸食毒品的需求,此种"蹭吸"行为不能认为是"从中牟利",加之贩卖者主观上不具有贩卖毒品的故意,其代购"蹭吸"毒品的行为并未促进毒品在社会中的流通,仅用于自身吸食、消耗,社会危害性相对较小,并且其客观上也没有贩卖毒品的行为,因此不宜将这种代购"蹭吸"行为认定为贩卖毒品罪。该意见还认为,倘若以吸食为目的的托购者构成立非法持有毒品罪,而对"蹭吸"的代购者认定为贩卖毒品罪,明显处罚失衡。

第二种意见认为,"蹭吸"也是非法获利、获得好处的一种表现形式,免费吸食毒品本身就是一种变相牟利,应当纳入牟利的范畴。"蹭吸"行为牟取的虽然不是直接的金钱利益,但却是可以用金钱衡量的利益,并且使得代购行为具有了有偿性，代购者从中收取部分毒品作为酬劳，应当视为从中牟利，尤其对于多次"蹭吸"甚至以"蹭吸"作为代购毒品的主要目的的，因其行为具有惯常性，应当认定为从中牟利，并且代购毒品者明知他人贩卖毒品却仍为其提供帮助，将毒品转移给购买者，在毒品买卖双方之间起到了帮助作用，其主观上希望毒品买卖双方交易行为成功，在客观上促成了毒品交易，所以，此种"蹭吸"的代购者宜认定为贩卖毒品罪。

三、评价意见

所谓"蹭吸"，是指代购者以自身吸食为目的，从托购者处收取少量毒品作为酬劳的情形。"蹭吸"本身不是一个法律概念，而是侦查人员对一种事实行为的称谓。司法实践中，对代购"蹭吸"的行为存在不同的认识甚至分歧，有些作了入罪化处理，有些则作了无罪化处理。

根据2008年12月1日最高人民法院出台的《全国部分法院审理毒品案件工作座谈会议纪要》（大连会议纪要）的精神，代购行为要构成贩卖毒品罪，必须以牟利为前提。对于王某这种代购"蹭吸"行为该如何定性，重点在于判定王某的"蹭吸"行为是否属于牟利。目前，无明确的法律及司法解释对代购"蹭吸"是否属于牟利做出明确的规定，司法实践中也对这一问题存在较大的争议。《全国法院毒品犯罪审判工作座谈会纪要》（武汉纪要）对毒品犯罪中的"牟利"作了具体规定："行为人为他人代购仅用于吸食的毒品，在交通、食宿等必要开销之外收取'介绍费''劳务费'，或者以贩卖为目的收取部分毒品作为酬劳的，应视为从中牟利，属于变相加价贩卖毒品，以贩卖毒品罪定罪处罚。"显然，若按照该《武汉会议纪要》中的相关解释来严格界定"牟利"的概念，王某的代购"蹭吸"行为并不是牟利。

笔者认为，应当结合司法实践中的具体案情对"蹭吸"行为进行分析定性。虽然《武汉会议纪要》中并未将"蹭吸"作为牟利的情形之一，但笔者认为，可以结合案情相应地将《武汉会议纪要》中对毒品犯罪中"牟利"的规定基于立法精神作适当的扩大解释。

对于代购之前就有明确约定以少量毒品作为报酬，或代购者主动提出要求获得少量毒品作为报酬，抑或为了"提成"毒品而帮助吸毒者购买毒品的，可以认为是从中牟利，当然，如果代购者在购买毒品后私自截留或克扣部分毒品作为报酬的，毫无疑问是从中牟利。

对于代购之前没有特别约定以部分毒品作为报酬，而事后购买毒品者分给代购者部分毒品作为报酬的，因不符合故意犯罪主客观一致的要求，一般原则上不应认为从中牟利，不以贩卖毒品罪定罪处罚，但例外情况可以对"蹭吸"行为定罪处罚，如对于代购者与托购者之间已经有过多次合作，两者有事后分毒的默契的，可以认定代购者是以牟利为目的从事代购行为，宜认定为贩卖毒品罪；再如多次从同一卖家处为他人代购毒品而后"蹭吸"，代购者在客观上为贩卖毒品者提供了帮助行为，这种惯常性代购"蹭吸"行为的危害性远大于偶尔的代购"蹭吸"，可能与上家构成贩卖毒品罪的共犯，也宜认定为贩卖毒品罪。

　　本案证据显示，犯罪嫌疑人王某多次从张某处为吸毒人员黄某代购毒品并"蹭吸"毒品，其实质上是通过惯常性代购行为来满足自身的"蹭吸"目的。王某的行为在客观上为张某贩卖毒品提供了下线，且王某作为代购者与吸毒人员黄某之间已经有过多次合作，二人之间也有事后分毒的默契，所以，可以认定代购者王某是以牟利为目的的从事代购行为，因此，对犯罪嫌疑人王某应以贩卖毒品罪定罪处罚。

（河北省唐山市曹妃甸区人民检察院　张　娜）

经营者发现客人在房间内吸毒不予制止的行为是否构成容留他人吸毒罪

一、基本案情

2018年2月至8月，吸毒人员宋某、张某、池某、江某（未成年人）、易某先后入住被告人袁某某在唐山市路北区某小区经营的"和平旅馆"内吸食毒品。袁某某在送毛巾等物品到上述人员入住的房间时，看见他们吸食毒品未予制止。

二、分歧意见

在案件处理过程中，围绕袁某某的行为是否构成容留他人吸毒罪，形成两种意见：

第一种意见认为，袁某某事先并不明知客人前来登记入住是为吸食毒品，也未从入住客人处收取除应收房费外的其他费用，其行为不同于主动为吸毒人员提供场所，甚至以此非法获利的情形，袁某某对入住客人的吸毒行为也没有义务制止或者报告公安机关，故其行为不构成容留他人吸毒罪。

第二种意见认为，袁某某发现入住客人吸食毒品后不予制止，其行为属于放任他人吸毒，且袁某某对于入住客人的吸毒行为有义务制止或者报告公安机关，对袁某某应以容留他人吸毒罪论处。

三、评析意见

笔者同意第二种意见，具体理由如下：

1. 容留他人吸毒罪的主观方面包括间接故意。根据《刑法》第354条规定，容留他人吸毒罪，是指容留他人吸食、注射毒品的行为。对于此处的容留，应当理解为允许他人在自己管理的场所内吸食、注射毒品，或者为他人吸食、注射毒品，提供场所的行为。容留他人吸食毒品罪属于行为犯，主观方面只能由故意构成，但对于是否包括间接故意，即放任型的容留他人吸毒行为是否构成本罪，则有不同看法。一种意见认为，容留他人吸毒罪主观方面必须出于直接故意。理由是：容留他人吸毒罪是指行为人明知他人吸食、注射毒品仍然提供场所，表明行为人主动、积极地实现犯罪目的，追求结果的发生，其主观上不存在放任危害结果发生的可能性。另一种意见认为，容留他人吸毒罪的主观方面包括间接故意。理由是：犯罪故意包括直接故意和间接故意，从刑法对该罪的罪状规定来看，并未排斥间接故意构成本罪的情形；如果将放任型的容留他人吸毒行为排除在本罪范围之外，不利于对容留他人吸毒行为的有效打击，有违立法原意。笔者赞同后一种意见，即容留他人吸毒罪的主观方面包括间接故意。直接故意与间接故意虽然存在区别，但二者并非对立关系，而是具有统一性。在刑法分则中，凡是由故意构成的犯罪，刑法分则条文均未排除间接故意。在适用法律时，一般不宜将间接故意排除在某一故意犯罪的构成要件之外。具体到本罪，立法原意旨在打击为他人吸食、注射毒品提供场所的行为，实质是处罚吸毒违法行为的"帮助犯"，以最大限度地遏制吸毒行为的发生。因此，容留他人吸毒罪的主观方面包括间接故意，这样的理解既不违反立法原意和刑法理论，也符合我国厉行禁毒的一贯立场和坚决主张。换言之，容留他人吸毒行为，既可以主动实施，也可以被动实施。

需要说明的是，虽然容留他人吸毒罪的主观方面包括间接故意，但并非对于所有放任型的容留他人吸毒行为都要追究刑事责任。在个案处理上，要根据案件的具体情况区别特征。例如，房主出租房屋后，偶然发现他人在房屋内吸食、注射毒品未予制止或者报案的，一般不成立本罪；行为人放任共同生活的家庭成员在自家住所吸食、注射毒品的，一般也不成立本罪。根据2012年最高人民检察院、公安部《关于公安机关管辖的刑事案件立案追诉标准的规定（三）》，并非对所有容留他人吸毒行为都要追究刑事责任。该规定第11条规定了容留他人吸毒案件的立案追诉标准，具体内容是：提供场所，容留他人吸食、注射毒品，涉嫌下列情形之一的，应予立案追诉：（1）容留他人吸食、注射毒品两次以上的；（2）一次容留三人以上吸食、注射毒品的；（3）因容留他人吸食、注射毒品被行政处罚，又容留他人吸食、注射毒品的；（4）容留未成年人吸食、注射毒品的；（5）以牟利为目的容留他人吸食、注射毒品的；（6）容留他人吸食、注射毒品造成严重后果或者其他情节严重的。在最高人民法院出台容留他人吸毒案件的定罪量刑标准之前，审理此类案件时可以参照该立案追诉标准。

2. 旅馆经营者对于入住客人的吸毒行为有义务制止或者向公安机关报告。根据《禁毒法》第 15 条规定，飞机场、火车站、长途汽车站、码头以及旅店、娱乐场所等公共场所的经营者、管理者，负责本场所的禁毒宣传教育，落实禁毒防范措施，预防毒品违法犯罪行为在本场所内发生。根据《治安管理处罚法》第 56 条规定，旅馆业的工作人员对住宿的旅客不按规定登记姓名、身份证件种类和号码的，或者明知住宿的旅客将危险物质带入旅馆，不予制止的，处 200 元以上 500 元以下罚款。经国务院批准，公安部发布的《旅馆业治安管理办法》第 9 条规定，旅馆工作人员发现违法犯罪分子，形迹可疑的人员和被公安机关通缉的罪犯，应当立即向当地公安机关报告，不得知情不报或隐瞒包庇。该办法第 12 条规定，旅馆内，严禁卖淫、嫖宿、赌博、吸毒、传播淫秽物品等违法犯罪活动。由此可见，依照相关法律法规的规定，旅馆经营者对于入住客人在房间内的吸毒行为，有义务予以制止或者公安机关报告。

本案中，被告人袁某某作为案发旅馆的实际经营者，其对于旅馆房间拥有场所上的管理权和支配权。5 名吸毒人员（含 1 名未成年人）先后入住袁某某经营的旅馆，并在房间内吸食毒品，但其在到房间送毛巾等物品时，发现这 5 名客人吸食毒品的行为后，既未做制止，也未向公安机关报告，放任吸毒行为的继续发生，其行为客观上为他人吸食毒品提供了场所，符合容留他人吸毒罪的构成要件。参照上述立案追诉标准，本案同时具有容留他人吸食毒品 2 次以上，容留未成年人吸食毒品等情形，依法应当追究刑事责任。

需要说明的是，对于旅馆经营者发现入住客人在房间内吸食毒品不予制止的，尽管可以以容留他人吸毒罪追究刑事责任，但此种情形毕竟不同于事先明知他人吸食毒品而提供场所的行为，旅馆经营者也没有从吸毒人员处收取除应收房费外的其他费用，故量刑时可以酌情从轻处罚。这也是贯彻执行宽严相济刑事政策的必然要求。

（河北省唐山市路北区人民检察院　赵　娜）

聚众斗殴案件未持械人员
能否认定为"持械聚众斗殴"

一、基本案情

2015年3月22日晚,犯罪嫌疑人孙某甲、周某某、孙某乙、柴某某、孙某丙等人在唐山市丰润区火石营镇东吕各庄村于润友家玩牌。玩牌时孙某甲与孙某丙发生口角,双方情绪激动,孙某丙驾车将孙某甲带至唐山市丰润区腰岱山林场。其间,孙某丙电话纠集杨某某、孙某丁等人,孙某甲电话纠集孙某戊、周某某、孙某乙、柴某某赶至林场。犯罪嫌疑人孙某戊、周某某、孙某乙、柴某某在赶赴林场途中购买菜刀5把。在林场,犯罪嫌疑人孙某甲、孙某戊、周某某、柴某某等人持菜刀与犯罪嫌疑人孙某丙、杨某某等人持斧头互相殴斗(孙某乙与孙某丁在殴斗中未使用工具,孙某丙、杨某某所持斧头系斗殴过程中临时获得),致使孙某甲、孙某戊、孙某丙、杨某某受伤。经司法医学鉴定,孙某甲所受伤情为轻伤,孙某戊、孙某丙所受伤情为轻微伤。

二、分歧意见

《刑法》第292条规定,聚众斗殴的,对首要分子和其他积极参加的,处三年以下有期徒刑、拘役或者管制;持械聚众斗殴的,对首要分子和其他积极参加的,处三年以上十年以下有期徒刑。可见持械聚众斗殴属于加重情节。

对犯罪嫌疑人孙某乙、孙某丁二人是否构成持械聚众斗殴,存在以下不同意见:

第一种意见认为,犯罪嫌疑人孙某乙、孙某丁二人在实际斗殴过程中并未实际持械,不应认定为持械聚众斗殴,而应按照普通聚众斗殴论处。

第二种意见认为,孙某乙事先参与了孙某甲一方准备器械的过程,与本方其他行为人共同预谋了持械参与聚众斗殴，虽然其在实际斗殴过程中未使用器械，但这只是行为人内部分工的不同，故对孙某乙仍应定性为"持械聚众斗殴"。犯罪嫌疑人孙某丁作为聚众斗殴的孙某丙一方，孙某丙与杨某某在聚众斗殴中使用的斧头是临时持有的，没有在案证据证实孙某丁事先参与了器械的准备过程，故对孙某丁不认定为"持械聚众斗殴"。

三、评析意见

笔者同意第二种意见，认为对犯罪嫌疑人孙某乙、孙某丁的行为根据具体案情区别对待，孙某乙应认定为"持械聚众斗殴"，孙某丁则不宜认定"持械聚众斗殴"。理由如下：

在参与聚众斗殴行为中，部分人员持械，对于其他未持械的人员，刑法该如何评价，理论中存在以下观点：一是一方个别成员携带器械或者利用现场物品参与斗殴的，对于本方未持械成员，不以持械聚众斗殴论处；二是一方部分成员持械，按照共同犯罪理论认定本方全体人员持械；三是一方存在持械行为，对于该方首要分子及持械行为人适用持械聚众斗殴规定，其他参与人员不宜认定持械。笔者认为，对于聚众斗殴中未持械的行为人能否认定"持械聚众斗殴"应具体情况具体分析。

1. 参与聚众斗殴一方共同事先预谋持械聚众斗殴，实际斗殴中一部分人员持械，一部分人员未持械的，应认定为该方全体参与人员持械聚众斗殴。

聚众斗殴罪是共同故意犯罪，事前有预谋，一方先行商定分工，部分人持械，部分人从事其他行为，只是行为人内部分工的不同，并不能否认该方持械这一性质。未持械的参与人员事先知道同案犯持械，能够认识到持械会给对方可能造成的伤害，但仍积极参与聚众斗殴行为，应认定为持械聚众斗殴。

2. 行为人未持械，且参与斗殴之前未预谋持械，未明确分工，但明知己方有其他人员持械仍积极参与斗殴的，也应认定该行为人属于持械聚众斗殴。

行为人虽然没有同己方持械人员达成一致的意思联络，但其明知己方参与人员持械，也明知持械可能造成的危害后果，对此予以默认并且未提出反对意见，仍参与斗殴，其行为实质上是配合己方持械人员共同打击对方。行为人与持械人员有共同的犯罪故意，有共同的犯罪行为，对持械造成的伤害后果应共同承担责任。

3. 在斗殴过程中己方人员临时寻找并使用器械，未持械行为人不宜认定为持械聚众斗殴。

本方人员临时决定寻找器械并使用，并未与未持械行为人进行沟通。未持械行为人与本方持械人员不存在持械的意思联络，是本方人员个人持械行为超出了共同的犯罪故意，不能要求同案其他人员对此承担责任。在此种情况下，持械人员就地取材，使用器械，超出了共同的犯罪故意，未持械人员主观上对此不明知，客观上没有积极配合持械人员的行为，故不宜认定为持械聚众斗殴。

回到本案中，本案犯罪嫌疑人孙某乙参与了本方事先购买菜刀，准备器械的过程，明知菜刀是本方准备用于聚众斗殴使用的，仍积极参与斗殴，虽然在实际斗殴中未使用菜刀，仍应以持械聚众斗殴论处。

孙某丁作为聚众斗殴的孙某丙一方，孙某丙与杨某某在聚众斗殴中使用的斧头是临时持有的，没有在案证据证实孙某丁事先参与了器械的准备过程，故对孙某丁不认定为"持械聚众斗殴"。

（河北省唐山市丰润区人民检察院　张振华）

殴打辅警的行为是否构成妨害公务罪

一、基本案情

2018年5月16日9时许,遵化市公安局交警大队辅警梁某、岳某到遵化市东新庄镇高速公路收费站,处理犯罪嫌疑人李某将车堵在收费口一事时,李某拒不配合交警工作人员执法。在抢夺行车本的过程中,李某动手推搡交警大队工作人员梁某,并用手掐、用胳膊勒辅警岳某的脖子,造成两名工作人员受伤。经法医鉴定,梁某的伤情不构成轻微伤,岳某的伤情构成轻微伤。

二、分歧意见

在案件审查过程中,针对刘某的行为是否构成妨害公务罪存在两种不同意见:

第一种意见认为,妨害公务罪是指以暴力、威胁的方法,阻碍国家机关工作人员依法执行职务的行为。虽然本案执行公务的是两名辅警,但是两名辅警是在接到民警指令的前提下去执行任务,应视为是依法执行公务的行为。基于此,李某用暴力的手段阻碍岳某、梁某的行为构成妨害公务罪。

第二种意见认为,辅警岳某、梁某虽是在接到民警指令的情况下到达高速公路,对将车堵在收费口的李某进行处理,但在司法实践中,有观点认为"民警的指令"不等于"民警的带领",在没有正式干警在场的情况下,辅警不能单独执行公务,没有独立执法权。因此,两名辅警的行为并不能认定是在执行公务,李某的行为也就不构成妨害公务罪。

三、评析意见

笔者同意第二种意见，认为李某阻碍辅警执法的行为不构成妨害公务罪。

1. 应当明确的是，制定妨害公务罪的立法本意是为了打击暴力妨害、阻碍国家机关正常公务秩序的行为，使国家机关依法执行的公务能够有序地进行。并且在当前社会矛盾多发、暴力袭警案件时有发生的背景下，《刑法修正案（九）》将暴力袭警行为又明确加以列举，旨在对警察这一特殊群体依法执行职务的行为给予一体保护，以更好地威慑和预防这类犯罪，积极回应各方面的关切。

2. 对于妨害公务罪涉及的侵害对象国家工作人员的理解。2003年11月13日，最高人民法院《全国法院审理经济犯罪案件工作座谈会议纪要》对"国家工作人员"作了如下规定：刑法中所称的国家机关工作人员，是指在国家机关中从事公务的人员，包括在各级国家权力机关、行政机关、司法机关和军事机关中从事公务的人员。由此根据法律规定，国家工作人员不但是指国家机关中有正式国家干部编制的工作人员和参照公务员管理的事业编制国家机关人员，还应包括国家机关聘请的长期从事协助国家机关工作人员的辅助人员，该类人员和国家机关签订劳动合同或虽未签订劳动合同，但是长期在国家机关从事公务，由国家机关给予报酬，专门从事协助国家机关工作人员执行公务的辅助人员。将虽未列入国家机关人员编制，但在国家机关中从事公务的人员，规定为视为国家工作人员的范畴，辅警就是属于这类情况。

3. 对殴打辅警的情况要具体问题具体分析。首先，辅警必须是正在协助国家机关工作人员执行职务，对非正在协助执行公务的辅警进行殴打的行为，不属于以暴力方法阻碍国家机关工作人员依法执行职务的行为。其次，辅警执行公务应有正式民警在场，辅警不能单独执行公务。因为辅警是协助人民警察执行公务的辅助人员，无权单独执行公务。结合本案，被害人梁某、岳某二人系辅警即警务辅助人员，不具备国家工作人员身份和受委托从事行政执法活动的事业编制人员执行行政执法职务人员身份，作为辅助警力，二人是不具备独立执法权的，必须是在正式民警的带领下开展工作。犯罪嫌疑人李某对出警的梁某、岳某的推搡、殴打行为，并不构成妨害公务罪。

因此，在司法实践中，首先要做到执行公务行为的合法性，即国家机关等组织机构中的工作人员是在依法执行职务、履行职责的。这样才能实现刑法打击妨害公务行为的目的，达到保障公务执行主体人身安全及公务行为顺利地进行，以保障社会秩序的和平与稳定。

（河北省遵化市人民检察院　刘丽娟　王宏旭）

活立木交易引发非法采伐林木责任应由谁"买单"

一、基本案情

2017年11月,被告人陈某购买王某承包经营的纳入县级林地保护利用规划范围内的杨树,在未办理林木所有权变更登记情况下,双方约定由被告人陈某到主管部门办理采伐许可证手续,陈某已支付价款39000元,而后被告人陈某在未办理林木采伐许可证的情况下,砍伐上述杨树共计122棵,被砍伐杨树林木蓄积量合计56.3881立方米。

二、分析意见

对于谁是滥伐林木的责任主体,实务中存在三种不同的意见:

第一种意见认为,陈某构成滥伐林木罪。因为杨树的买卖双方已就办证事宜作出约定,明确由陈某负责。陈某在未办理采伐许可证的情况下,擅自砍伐树木,由此引发的法律责任理应由陈某承担。

第二种意见认为,陈某不构成盗伐林木罪。因为陈某支付价款的行为,并不导致王某出售的林木所有权转移。根据采伐许可证应由林木所有者办理的法律规定,应认定王某有办理采伐许可证的义务。现王某未予办理,应由王某承担责任。

第三种意见认为,陈某、王某均是滥伐林木的责任主体。

三、评析意见

活立木交易是指林木的所有权人将本人或者本单位的活立木作价卖给他人,由买方进行采伐的林木交易方式。目前,活立木买卖是基层组织和群众采用的最为普遍的一种林木交易方式，而在实际生活中，很多活立木交易的当事人缺乏法律意识，既不办理林木所有权变更登记，也不申请林木采伐许可证。殊不知此类行为颇具法律风险，乃至构成刑事犯罪。对于活立木交易引发非法采伐的责任承担问题，司法实践中存在较大分歧，做法不尽一致。本案结合相关法律理论和司法实践，在构罪的前提下，着重探讨活立木交易引发非法采伐林木行为的责任主体和性质认定问题。

针对本案，笔者同意第三种意见。王某出售以采伐为目的的活立木给陈某，在未办理林木所有权登记的情况下，陈某支付价款的行为，并不导致王某出售的林木所有权转移。根据《中华人民共和国森林法实施条例》第30条规定，申请林木采伐许可证，应当提交申请采伐林木的所有权证书。因此，陈某并不能以自己名义申办理采伐许可证，王某才是申办采伐许可证的真正义务人，即使双方约定由陈某负责办理，但该民事约定不能阻却其行为的刑事违法性。既然王某仍是申请办理采伐证的义务人，就应在砍伐林木前履行谨慎审查义务[1]。实际上王某并未履行此义务，放任陈某无证砍伐，因此，王某应当承担非法采伐林木的责任，构成滥伐林木罪。另外，陈某在明知没有采伐许可证的情况下，实施了砍伐行为，亦构成滥伐林木罪。

（河北省唐山市曹妃甸区人民检察院　姚文卿）

---

[1] "谨慎审查义务"解释为，对应知内容进行询问并实施实质审查，谨慎程度高于"一般程度的审查义务"。

将过期月饼馅料回炉再生产的行为如何定罪

一、基本案情

被告单位唐山某食品公司系于2016年3月26日依法成立的有限责任公司,被告人张某某系公司法定代表人,被告人张某甲、高某某、张某乙、冯某某、耿某某(以下简称五被告人)系公司股东,均参与公司经营管理。2018年6月底的一天晚上,由被告人张某甲提议,五被告人在明知回收的过期月饼不能作为食品原料的情况下,为降低生产成本,合谋决定将经销商处退回的部分过期月饼馅料回炉生产,并于同年7月26日晚开始指使员工在剥离回收的过期莲蓉、椰蓉、五仁、百果月饼皮后,将上述回收的过期月饼馅料掺入锅炉的新鲜馅料中重新生产月饼,直至2018年8月7日案发。自2018年8月1日至2018年8月5日,唐山某食品公司将掺入过期月饼馅料生产的月饼销往某商贸有限公司等十余家单位。被告单位生产、销售掺入回收的过期月饼馅料的月饼达7000千克,共计人民币100000元。2018年8月7日,唐山市食品药品监督局在被告单位厂房内查获回收的过期月饼约3000千克。2018年9月4日,唐山市食品药品监督局出具报告,评价送检的被告单位成品月饼中检出霉菌超标。

二、分歧意见

关于被告单位和五被告人的行为应如何定性,有两种意见:

第一种意见认为,五被告人作为被告单位股东,均参与公司的经营管理,在明知过期月饼馅料不能作为食品原料回炉生产的情况下,为降低生产成本,仍集体决定将回收的过期月饼馅料回炉生产新月饼并予以销售,五被告人及被告单位的行为构成生产、销售有毒、有害食品罪。

第二种意见认为,回收的过期月饼馅料仍属食品原料,故本案不能认定为生产、销售有毒、有害食品罪,而应认定为生产、销售不符合食品安全罪。

三、评析意见

笔者同意第一种意见。关于本案如何定性,首先要将两罪进行区别。《刑法修正案(八)》对该两罪名均作了修订:对生产、销售不符合安全标准的食品罪的基本犯作了修订,即将原条文中"不符合卫生标准的食品"修改为"不符合食品安全标准的食品";而对于生产、销售有毒、有害食品罪的基本犯行为并未进行修订,但将原条文中"造成严重食物中毒事故或者其他严重食源性疾患,对人体健康造成严重危害"修改为"对人体健康造成严重危害或者有其他严重情节",将"销售金额百分之五十以上二倍以下罚金"修改为无限罚金,取消了基本犯"单处罚金"的规定,并将"对人体健康造成特别严重危害"修改为"其他特别严重情节"。司法实践中,关于该两罪的辨析有很多,主要集中在两点:(1)行为方式不同。即生产、销售有毒、有害食品罪是在指在生产、销售的食品中掺入有毒、有害的非食品原料,后者是生产、销售不符合安全标准的食品;(2)危害结果要求不同。前者的基本犯是行为犯,即只要实施生产或销售掺入有毒、有害的非食品原料的食品,则应构成生产、销售有毒、有害食品罪,对危害后果没有任何要求。后者是危险犯,对危害后果有要求,即足以造成严重食物中毒事故或者其他严重食源性疾病是其基本犯的最低要求。

生产、销售有毒、有害食品罪客观方面的行为,具体表现为两种:第一,行为人在生产、销售的食品中掺入有毒、有害的非食品原料的行为;第二,行为人明知是掺有有毒、有害的非食品原料的食品而予以销售。那么,本案的争议焦点落在回收的过期月饼馅料能否认定为有毒、有害的非食品原料。这就要对"有毒、有害的非食品原料"进行界定。无论是刑法理论界还是实务界,对此尚无系统认识,有些观点将各词组分别依据汉语词义定义,依据定义寻找"有毒、有害的非食品原料"的内涵和外延,也有观点依据食品添加剂的相关规定来界定食品原料,进而确定"有毒、有害的非食品原料"概念。且实务中如何认定某一物质是"有毒、有害的非食品原料"也是各抒己见,有客观说、主观说、主客观一致说,鉴定标准说。界定"有毒、有害的非食品原料"正是法律解释问题。"目的是全部法律的创造者",在对刑法犯罪构成要件中的规范性要素进行解释时,必须考虑到刑法最终要实现何种目的,进而作出合乎目的的最为合理的解释。所以,刑法中的"食品原料"的内涵和外延应不同于传统意义上的"食品原料"的外延。另,对"有毒、有害的非食品原料"的司法认定和犯罪构成是两个层面的不同问题,而对非食品原料是否有毒、有害本身就是一个客观问题,不存在价值判断的问题,所以在这个问题上就不存在犯罪构成理论主客观一致说观点的讨论。那么客观问题如何界定，司法实践中，无论是从主体身份判断，还是站在大众角度认识，最终都寻求科技手段予以解决，也就是最终需通过鉴定来确定。

最高人民法院、最高人民检察院《关于办理危害食品安全刑事案件适用法律若干问题的解释》（以下简称《食品安全案件司法解释》）第20条规定，下列物质应当认定为"有毒有害的非食品原料"：（1）法律、法规禁止在食品生产经营活动中添加、使用的物质；（2）国务院有关部门公布的《食品中可能违法添加的非食用物质名单》《保健食品中可能非法添加的物质名单》上的物质；（3）国务院有关部门公告禁止使用的农药、兽药以及其他有毒、有害物质；（4）其他危害人体健康的物质。显而易见，回收的过期月饼馅料并非包含在该规定第（二）、（三）项中，根据法律适用规则，如果包含在第（一）项中，则排除了第（四）项兜底条款的适用。那么，回收的过期月饼馅料是否属于法律、法规禁止在食品生产经营活动中添加、使用的物质？

《食品安全法》第28条规定，禁止生产经营食品中，第（一）项为用非食品原料生产的食品或者添加食品添加剂以外的化学物质和其他可能危害人体健康物质的食品，或者用回收食品作为原料生产的食品。故，回收月饼馅料进行再加工的行为符合《食品安全法》第28条第（一）项中禁止的行为，可以认定回收的月饼馅料即为"两高"《关于办理危害食品安全刑事案件适用法律若干问题的解释》第20条第（一）项中规定的"法律禁止在食品生产、经营活动中添加、使用的物质"。另，唐山市食品药品监督局对涉案送检的月饼作了鉴定，被检回收的过期月饼均存在严重的霉菌超标情况，也进一步对回收的过期月饼馅料的安全性作了说明，即回收的过期月饼馅料系"有毒、有害的非食品原料"。据此，认定被告单位和五被告人的行为构成生产、销售有毒、有害食品罪。

生产、销售不符合安全标准的食品罪，是指生产、销售不符合食品安全标准的食品，足以造成严重食物中毒事故或者其他严重食源性疾病的行为。本案中，被告单位唐山某食品公司虽然利用回收月饼馅料生产加工新月饼，但并不满足"足以造成严重食物中毒事故或者其他严重食源性疾病"的条件，故不构成生产、销售、不符合安全标准的食品罪。

（河北省唐山市路北区人民检察院　单庆梅）

行为人在辅警受指派维持秩序过程中暴力袭警构成何罪

一、基本案情

2018年10月18日,某区公安局某派出所四名辅警受派出所指派,开着警车、着辅警制服到某镇某村选举现场维持秩序时,被告人王某某以补办选票不公为由,抢夺选举现场办公桌内的选民证扔到墙外,并用头撞击选举现场办公桌,致使选举中断,严重扰乱选举现场的秩序,维持秩序的辅警在对其实施带离过程中,被告人王某某用刀刺向派出所辅警,致一名辅警手部划伤。

二、分歧意见

第一种意见认为,被告人王某某构成妨害公务罪,持此种观点的理由为:(1)四名辅警受公安机关指派,开警车、着辅警制服到现场维持秩序,系依法执行公务;(2)被告人王某某明知是公安机关辅警在维持现场秩序,将其带离过程中仍持刀袭击辅警,系使用暴力阻碍辅警依法执行职务的行为,符合《刑法》第277条规定的妨害公务罪构成要件。

第二种意见认为,被告人王某某构成寻衅滋事罪,持此种观点的理由为:(1)辅警不具备国家机关工作人员身份和警察身份,且无正式民警带领执行公务,不符合《刑法》第277条规定的是"以暴力、威胁方法阻碍国家机关工作人员依法执行职务"。(2)在现场维持秩序的辅警无国家机关工作人员身份,但被告人王某某持械随意殴打他人,其行为符合《刑法》第293条寻衅滋事罪的构成要件。

三、评析意见

笔者同意第一种意见,理由如下:

妨害公务罪与寻衅滋事罪的区别在于妨害公务罪侵犯的客体是刑法规定的四类人员的公务活动,而寻衅滋事侵犯的客体是公共秩序。从客观方面看,前者主要表现为以暴力、威胁的方法阻碍国家机关工作人员、人大代表、红十字会工作人员依法执行职务,或者故意阻碍国家安全机关、公安机关依法执行国家安全工作任务,虽未使用暴力、威胁方法,但造成严重后果的;而后者主要表现为肆意挑衅,无事生非,起哄闹事,进行骚扰的破坏行为。从主观方面看,前者具有妨害公务的故意,而后者的故意往往表现为多种。妨害公务罪与寻衅滋事罪都存在危害公共安全的行为,但是客观方面存在些许不同,而且两个罪名的犯罪对象也是不一样的。

四名辅警受公安机关指派,开警车、着制服到某村执行维持秩序的公务,被侵害的属于公安机关依法授权的执行公务行为,应属于妨害公务罪的侵害对象。寻衅滋事罪侵害的客体是社会公共秩序,属于一般客体;而妨害公务罪侵犯的是复杂客体,国家的正常管理活动是其主要客体,国家机关工作人员的人身权利是其随机客体。本案中,辅警受到公安机关指派,依法进行社会秩序的管理,故应属于妨害公务罪侵害的客体。辅警受公安机关指派到选举现场维持秩序属于"依法执行公务",制止扰乱选举秩序的行为没有超越受委托的职权范围,属于依法执行公务。综上,笔者同意第一种意见,构成妨害公务罪。

(河北省唐山市丰润区人民检察院 付 建)

索要债务过程中为泄愤而毁坏他人财物的行为构成何罪

一、基本案情

2017年10月24日下午，马某某因与尹某某有赌债纠纷，遂带上李某某等三人前往尹某某的住处，欲索要债务。尹某某父亲开门后发现不认识马某某等人，并告知尹某某不在家。马某某等人不相信，在其家寻找尹某某无果后，马某某让李某某打电话联系尹某某，两人在电话中争执，李某某为发泄对尹某某的不满情绪，动手毁坏了尹某某家客厅里的电视机等财物，经评估损失为5445.47元。作案后李某某逃离现场，后被公安机关抓获。

二、争议焦点

对本案如何定性，存在两种不同意见：

第一种意见认为，本案中李某某故意毁坏公私财物，数额较大，且相关司法解释中明确"造成公私财物损失5000元以上的，应立案追究"，故李某某的行为触犯《刑法》第275条规定，构成故意毁坏财物罪。

第二种意见认为，本案中李某某为了泄愤，任意毁坏公私财物，情节严重，相关司法解释中也明确"任意损毁、占用公私财物价值2000元以上的，应当认为寻衅滋事罪第三项规定的情节严重"，故李某某的行为触犯《刑法》第293条规定，构成寻衅滋事罪。

三、评析意见

笔者同意第二种意见，理由如下：

寻衅滋事罪，是指肆意挑衅，随意殴打、骚扰他人或任意损毁、占用公私财物，或者在公共场所起哄闹事，严重破坏社会秩序的行为。故意毁坏财物罪，是指故意毁坏公私财物，数额较大或有其他严重情节的行为，属于侵犯财产类犯罪。两个罪名在主观和客观方面都存在一定的重合。如主观方面都是故意，希望或放任某种结果的发生；客观方面都是造成了财物的损毁，侵犯了公私财产权。笔者试从主观故意和客体两个方面辨析寻衅滋事罪与故意毁坏财物罪。

1. 主观动机方面：故意中是否具有"随意性"。对于寻衅滋事一词的理解，依照2013年最高人民法院、最高人民检察院《关于办理寻衅滋事刑事案件适用法律若干问题的解释》（以下简称《解释》）规定，行为人为寻求刺激、发泄情绪、逞强耍横等，无事生非，实施随意殴打他人、追逐、拦截、辱骂、恐吓他人等《刑法》第293条规定的行为的，应当认定为寻衅滋事。寻衅滋事罪包含的主观心态主要是行为人寻求精神刺激、公然藐视国家法律法规法纪与社会传统道德的故意和肆意，主观恶性较大，危害程度也要大于故意毁坏财物罪，所以，其入罪门槛的设定低于故意毁坏财物罪。

故意毁坏财物罪中的犯罪行为通常是由某种现实原因引起的，行为人可能是出于对财物所有人的打击报复、嫉妒心理或其他类似"有针对性"的心理态度，毁坏财物使所有人的财产受到损失就是其犯罪目的，因此，其主观上不具有"随意性"。

本案中，李某某毁坏了尹某某家客厅里的电视机等财物是为了泄愤，对所毁坏财物的选择具有任意性，而不是以使尹某某财产受损失为目的，故从主观动机上看，李某某的行为更符合寻衅滋事罪的"随意性"故意。

2. 犯罪客体方面：侵害法益是否侧重于"公共秩序"。我国刑法将寻衅滋事罪规定在刑法分则第六章"妨害社会管理秩序罪"的"扰乱公共秩序罪"一节中，旨在保护公共社会秩序这一公共法益；而故意毁坏财物罪则被规定在刑法分则第五章"侵犯财产罪"之中，其保护的法益为公私财产权利这一法益。《解释》规定，行为人因婚恋、家庭、邻里、债务等纠纷，实施殴打、辱骂、恐吓他人或者损毁、占用他人财物等行为的，一般不认定为寻衅滋事。因为这些行为侵害的法益是具体利益，并未对公共秩序法益造成侵害。因此，寻衅滋事罪必须同时侵犯社会公共秩序法益和具体法益，而且这两个法益必须相对独立，即在行为侵犯具体法益的同时必须额外造成对社会管理秩序的破坏。简言之，行为人在实施寻衅滋事行为时，主观方面是逞强好胜，想要对社会的公共秩序进行破坏,他所进行的损毁财物行为只是为了达到破坏社会秩序目的的一个手段。而行为人在实施故意毁坏财物犯罪时,让对方受到财物的损失是其唯一、直接的目的。

本案中,李某某毁坏了尹某某家客厅里的电视机等财物,是为了发泄情绪,以达到破坏社会秩序的目的,而不是让对方受到财物的损失这一唯一、直接目的,故从犯罪客体,即侵害法益上来看,更符合寻衅滋事罪。

(河北省唐山市曹妃甸区人民检察院 孙 川)

聚众斗殴过程中殴打对象发生变化
是认定犯罪既遂还是未遂

一、基本案情

2016年6月16日下午,黄某某与林某接听电话时发生争吵,互相辱骂后双方相约结伙打架。接到黄某某电话后,李某甲当即安排夏某和彭某纠集李某乙、杨某和辛某、白某等人带刀赶到某酒店,与黄某某及其朋友陈某某纠集的叶某、王某等人会合。后驾车前往分宜县新汽车站及第六加油站均未发现林某,黄某某又打电话辱骂林某,并说好在酒店等。返回后,黄某某、李某甲等人在酒店楼上发现对方车辆,夏某即从黄某某手上接过枪,和叶某、白某等持刀人员一起冲出去追打准备下车的林某等人。其间,夏某开枪朝林某等人乘坐的出租车射击,致使司机刘某轻伤二级,出租车玻璃、车门亦被人砸烂。林某等人见状不敢下车径直驾车逃离现场。

二、分歧意见

在认定李某某等人实施的聚众斗殴行为的犯罪形态上存在两种不同意见:

第一种意见认为,该聚众斗殴行为已实现既遂。主要理由:聚众斗殴是行为犯,一经着手实施犯罪,即构成犯罪既遂,聚众斗殴罪不存在未遂状态。

第二种意见认为,该聚众斗殴行为系犯罪未遂。主要理由:聚众斗殴罪与其他犯罪一样,当犯罪行为着手实施后,会存在由于犯罪分子意志以外的原因而未能得逞的一种犯罪停止状态。本案中,李某某等人在做好聚众斗殴的犯罪准备之后,搜寻被害人,当被害目标出现时,上前进行追打,开枪射击,这时犯罪正在持续发展中,且尚未完成,因被害人未下车这一行为人意志以外的原因,造成行为人的犯罪行为没有办法进行下去,未达到其主观目的,因而应当认定为犯罪未遂。

三、评析意见

笔者同意第一种意见,该聚众斗殴行为已经构成犯罪既遂。主要理由如下:

1. 关于聚众斗殴罪的既遂与未遂问题。犯罪既遂是指行为人所实施的行为已经具备了刑法分则各种犯罪构成的具体规定和刑法的一般理论。犯罪既遂有以下几种形式:行为犯、结果犯,结果加重犯、危险犯。关于聚众斗殴罪是否存在未遂状态,理论界存在不同观点。持肯定说观点者认为,聚众斗殴罪为行为犯,存在犯罪未遂状态。肯定说认为聚众行为与斗殴行为均为聚众斗殴罪的实行行为,如行为人仅实施聚众行为就因意志以外的原因而未能实施斗殴行为,即构成了聚众斗殴罪的未遂;只有行为人着手实施斗殴行为时,才构成本罪的既遂。持否定说者观点认为,聚众斗殴罪为举动犯,不存在犯罪未遂状态。而其中又存在两种不同的意见:一是聚众行为与斗殴行为均为聚众斗殴罪的客观方面的构成要件行为,且二行为为并列关系。为了保护社会公共秩序免受不法侵害,应当加大对聚众斗殴罪等侵犯社会管理秩序及公共利益类犯罪的惩处力度。因此,只要行为人实施了聚众行为,即构成聚众斗殴罪的既遂。二是认为聚众行为并非聚众斗殴罪的实行行为,而是为了斗殴行为做准备的犯罪预备行为。行为人一旦实施斗殴行为,即为既遂;行为人实施聚众行为因意志以外的原因未实施斗殴行为,系犯罪预备状态。因此,不论是将聚众行为认定为犯罪实行行为还是犯罪预备行为,否定说均认为聚众斗殴罪不存在未遂状态。

笔者同意肯定说的观点,认为聚众斗殴罪为复合性犯罪,有可能存在犯罪未遂状态。因为聚众斗殴是复杂犯罪行为的犯罪,由于在这类犯罪中犯罪构成客观方面所要求的实行行为,就应当视为该种犯罪的着手,而不能以是否开始实行目的行为为标准来判断犯罪的着手与否。据此,我们可以确定聚众斗殴罪的"着手"的认定不能以实施斗殴行为为标准,否则认定着手的时间就会被不当推后。聚众行为本身是一个复杂的过程性行为,包括以首要分子要约人员、人员聚集完毕到前往约定的斗殴地点直至斗殴前的双方对峙的整个行为过程,如果以首要分子的纠集行为认定为着手,显然认定着手的时间又被不当提前。对此,笔者认为,作为"着手"认定的标准应当从犯罪行为人已经聚集完成并形成对峙这一时间点作为起始点。因为从这时起,犯罪行为人的行为已经直接指向了聚众斗殴罪的客体并危及会公共秩序,行为继续向前发展,则必然合乎逻辑地实施目的行为——斗殴,所以应以此时间点作为界定聚众斗殴犯罪实行行为的起始点。随着斗殴行为的展开,多人开始参与斗殴过程,对公共生活秩序构成侵害时,本罪即构成既遂。

2. 聚众斗殴罪是行为犯。行为犯是指实施了犯罪基本构成要件行为即为既遂,无须发生特定的犯罪结果或有该犯罪结果发生的法定危险的犯罪类型。举动犯是指以着手实施具体犯罪的实行行为作为犯罪构成要件的犯罪类型。行为犯与举动犯的不同之处在于,举动犯一旦实施犯罪构成要件行为,即犯罪实行行为,即为犯罪既遂;而行为犯,只有当行为人实施犯罪行为达到一定程度时,才会构成犯罪既遂,即只要将法定的实行行为实施终了,就构成犯罪既遂。行为犯的立法本意是某些行为的实施本身就给社会关系或实际造成损害,故立法设定只要实施该行为就满足相应犯罪的全部构成要件。从行为特点上看,在发生聚众斗殴时,规模较大,参与人数较多,不同于少数人之间的互殴。而且在发生斗殴之前,参与者往往还会有所准备,携带刀枪棍棒等诸多凶器,极易造成参与人员的伤亡,甚至造成周边无辜群众的人身损害和财产损失。因此,有必要对该罪设定较为特殊的构成要件。从聚众斗殴罪的构成要件上分析,该罪的既遂不要求损害结果出现,只要具备聚众斗殴的行为即可。

3. 殴打对象的变化不影响聚众斗殴性质的变化。根据我国刑法的规定,聚众斗殴罪是指故意组织、策划或实施的多人互殴行为。一般情形下,聚众斗殴罪都有一定的事先组织、策划等准备行为,且双方均有聚众斗殴的故意。但也应注意,实践中,有不少聚众斗殴是临时发生的,共犯之间的犯意也是临时起意的,界定是否构成聚众斗殴的关键不在于事先有无共谋或有无达到其行为目的,而在于行为人有无共同实施多人斗殴的行为。具体到本案,不能因黄某某、李某甲一伙人只是伤及林某等人乘坐的出租车司机和砸坏出租车,而未能殴打到林某等一伙人,进而认为未达到其行为目的,就因此认为该聚众斗殴行为为未遂。因为该行为属于实施终了的犯罪行为,已完全具备了聚众斗殴罪的本质特征,即严重扰乱社会公共秩序,破坏社会治安秩序的稳定。因此,应当认定其为犯罪既遂。

4. 虽然林某及其召集的一方人员见李某甲一方人员开枪而害怕未下车,但本案仍应认定为聚众斗殴罪,且属于既遂。首先,本案李某甲纠集人员完毕,并已经着手实施斗殴,李某甲一方中的夏某朝对方人员乘坐的出租车开枪。其次,虽然黄某某、李某甲等人未找到事先预定的殴打对象林某,但当他们一起对出租车司机刘某等人实施开枪射击时,他们之间主观上已经形成了新的聚众斗殴犯意,客观上也实施了殴打行为,虽与事先约定的斗殴目的不同，但不改变其行为的本质属性。因此，李某甲等人的行为仍应认定为聚众斗殴罪。最后，从犯罪结果来看，本案已经实行终了，属于既遂。因为在夏某开枪及同伙持刀砍、砸对方后，对方因害怕而逃跑，黄某某、李某甲一方已经实现了聚众斗殴中的犯罪意图，造成了公共秩序被破坏的实际后果。

（河北省唐山市丰南区人民检察院　李彦军）

从携带物品中搜出一定数量的毒品是否必然对其批准逮捕

一、基本案情

2018年10月30日,丁某某叫其朋友王某某与其一块去武汉玩儿,但未具体告诉王某某去做什么。到达武汉后,丁某某从一狱友谭某某手中购买冰毒201.283克欲卖给关某某,后由丁某某藏在王某某带去的一双鞋中。次日,二人分乘火车到达唐山火车站。后丁某某与关某某联系约定交易地点时被公安机关抓获,当场从王某某背包的鞋中搜出冰毒。

二、分歧意见

关于本案,对王某某是否达到了批准逮捕的条件产生了不同的意见:

第一种意见认为,对王某某应当予以批准逮捕。理由是:第一,毒品藏在了王某某的鞋中,并由王某某从武汉带到唐山,在实际查扣时也是从王某某随身携带的背包中查获毒品的,即王某某实施了实际控制毒品的行为。第二,丁某某和王某某二人从武汉分乘火车到达唐山火车站后会和,逃避公安机关查获的意图明显,且毒品藏在背包的一双鞋中,属于故意隐藏毒品,可以认定为明知,据此可推断王某某主观上有犯罪的故意。

第二种意见认为,认定王某某涉嫌贩卖、运输毒品的犯罪事实,依据现有证据无法证明,应当作出不批准逮捕决定。理由是:第一,可以王某某涉嫌运输毒品或者非法持有毒品罪批准逮捕。王某某随身携带毒品从武汉到达唐山,虽然在客观方面王某某具有持有、运输毒品的行为,但从现有的证据无法推断王某某在持有、运输毒品的时候主观上对自己持有,以及正在实施运输毒品的行为明知,也就是说,从现在的证据来看,不能排除王某某的确不知道自己背包中有毒品的事实。第二,对王某某可以涉嫌贩卖毒品罪批准逮捕。对于王某某涉嫌贩卖毒品的行为，丁某某与王某某均供述，王某某不知道丁某某购买毒品并联系关某某欲再卖的事情，丁某某仅是告诉王某某去武汉，但未告诉去做什么，并且在丁某某购买毒品的时候王某某也不在场，后来丁某某要王某某的背包，王某某将背包给丁某某后，丁某某拿着背包去了另一间房间，王某某未看见丁某某往其背包中放毒品的情况。因此，无法认定王某某与丁某某系共同犯罪。

三、评析意见

笔者同意第二种意见，不应当对王某某批准逮捕。理由如下：

不论是贩卖毒品、运输毒品，还是非法持有毒品，均要求主观上必须明知是毒品。本案争议的焦点在于王某某主观上对毒品是否明知。从王某某和丁某某的供述看，二人均供述王某某不知道随身携带毒品，由此不能直接证实王某某主观上明知。那么，能否据此推断王某某主观上属于应当知道的情况？最高人民检察院、公安部《关于公安机关管辖的刑事案件立案追诉标准的规定（三）》第1条第8款对如何认定应当知道进行了规定，走私、贩卖、运输毒品主观故意中的"明知"（非法持有毒品主观故意中的"明知"，依照本规定第1条第8款的有关规定予以认定），是指行为人知道或者应当知道所实施的是走私、贩卖、运输毒品行为。具有下列情形之一，结合行为人的供述和其他证据综合审查判断，可以认定其"应当知道"，但有证据证明确属被蒙骗的除外：（1）执法人员在口岸、机场、车站、港口、邮局和其他检查站点检查时，要求行为人申报携带、运输、寄递的物品和其他疑似毒品物，并告知其法律责任，而行为人未如实申报，在其携带、运输、寄递的物品中查获毒品的；（2）以伪报、藏匿、伪装等蒙蔽手段逃避海关、边防等检查，在其携带、运输、寄递的物品中查获毒品的；（3）执法人员检查时，有逃跑、丢弃携带物品或者逃避、抗拒检查等行为，在其携带、藏匿或者丢弃的物品中查获毒品的；（4）体内或者贴身隐秘处藏匿毒品的；（5）为获取不同寻常的高额或者不等值的报酬为他人携带、运输、寄递、收取物品，从中查获毒品的；（6）采用高度隐蔽的方式携带、运输物品，从中查获毒品的；（7）采用高度隐蔽的方式交接物品，明显违背合法物品惯常交接方式，从中查获毒品的；（8）行程路线故意绕开检查站点，在其携带、运输的物品中查获毒品的；（9）以虚假身份、地址或者其他虚假方式办理托运、寄递手续，在托运、寄递的物品中查获毒品的；（10）有其他证据足以证明行为人应当知道的。

本案中，第一，王某某并不存在以上逃避检查的行为，从其购买火车票欲乘坐火车开始完全是按照普通乘车人的身份接受了各项检查，证据中也未显示检查过程中王某某存在任何异常行为。第二，虽然被查获时毒品藏在背包的鞋中，但这种隐藏不足以证明就是为了逃避检查，因为任何普通人都知道在通过火车安检的时候必然要检查随身携带的背包等物品，这种隐藏不应当属于高度隐蔽的方式。第三，公安机关认为，当时王某某应该是穿着藏有毒品的鞋过的安检，所以未被发现，且在被查获的这双鞋里鉴定出了王某某的DNA，这种情况下能够推断王某某应该知道持有毒品。的确，如果能够证实在毒品被藏到鞋里之后王某某曾穿在脚上，从毒品的数量来看，穿鞋的人不可能不知道鞋里藏有东西，这种情况可以认定行为人采取了高度隐蔽的方式，必然能认定王某某应当知道的事实。但现有任何证据不足以证明丁某某将毒品藏到鞋中后王某某曾穿上过，这双鞋本身就是王某某的，鉴定出DNA也不足为奇，所以王某某是否接触过毒品现有证据根本无法证实。第四，丁某某的供述没有明确提出王某某对毒品知情的事实，且称王某某被自己利用了，理由是王某某不吸毒，这样便于携带毒品。经过对王某某的尿液检测，受检尿样呈冰毒阴性，在没有其他证据能够证实王某某明知的情况下，无法否定丁某某供述的真实性，因此，无法排除丁某某和王某某供述的王某某不知情的情况确实存在。

逮捕作为一种最严厉的刑事强制措施，涉及公民的人身权利，只有也必须在严格符合法律规定的情况下才可以适用，那么，在具体案件的审查过程中就要严格把握逮捕条件，要将有证据证明有犯罪事实的法律要求真正体现在司法实践中，强化证据意识，做到始终坚持以证据为核心，真正维护司法的威信与威严。

（河北省遵化市人民检察院　齐小静）

危险驾驶后找人顶包行为如何定性

一、基本案情

甲醉酒后驾驶机动车上道路行驶,乘坐甲车的有同村的乙、丙、丁。甲驾车与张某某驾驶的机动车发生交通事故,致车辆损坏。事故发生后,乙提出甲是醉驾,需找人顶替,甲、丙、丁均表示同意。乙联系好与甲同村的亲戚戊和甲父,甲父驾驶二轮摩托车将戊带至案发现场。甲此时在离事故现场300米处,甲父到达后,甲驾驶甲父的摩托车在驶离现场过程中被交警查获后抽血,经鉴定,血液中酒精含量为143.2mg/100ml。甲、乙、丙、丁、戊、甲父在公安机关做笔录时均称肇事司机是戊。

二、戊构成何罪

(一) 争议焦点

第一种意见认为,戊构成伪证罪。根据《刑法》第305条关于伪证罪的规定,(1) 从主体上来讲,戊通过乙打电话告知这一传来方式得知甲构成犯罪,此时戊已经是适格的证人,符合伪证罪的特殊主体资格。(2) 从主观方面来看,戊主观明知甲构成犯罪,在侦查机关询问时,仍然故意捏造虚假证言。(3) 客体上,戊的行为阻碍了国家司法机关对案件的侦查活动。(4) 客观方面,戊具有对与案件有重要关系的情节,故意作出虚假证明的行为。显然,戊的行为完全符合伪证罪的构成要件。

第二种意见认为,戊构成包庇罪。根据《刑法》第310条对包庇罪的规定,戊明知甲是犯罪的人,而作出假证意欲对甲进行包庇,使甲逃避法律追究,戊的行为符合刑法关于包庇罪的规定。

(二) 评析意见

出现以上两种分歧的原因在于法条竞合。作伪证是一种手段行为,伪证罪的立法目的是惩罚采取特定危害手段的犯罪行为；包庇是一种目的追求，包庇罪的立法目的是惩罚追求特定危害后果的犯罪行为。因二者的分类方式不同，前者从手段分类，后者从目的分类，故存在交叉关系。本案中，戊以伪证为手段，以包庇为目的，因此出现了法条竞合的情况。

在此法条竞合情况下，戊构成何罪？虽然伪证罪规定了特殊的犯罪主体，但两个法条均为刑法中的一般条款，不存在普通条款与特别条款之分，因此不能适用"特别法（条款）优于普通法（条款）"的一般定罪原则。另外，两罪名在相同的一般犯罪情节下，法定最高量刑均为三年，亦不能适用"择一重处"的原则。笔者认为，包庇罪不仅要求行为人在客观上作出对犯罪的人有利的假证明，同时也要求行为人主观目的是出于包庇犯罪的人。根据主客观相统一原则，从戊的客观行为和主观目的来看，构成包庇罪，第一种观点属于单独评价戊的客观伪证行为，而忽视了包庇才是其最终的主观目的。司法实践中，将对意图帮助犯罪的人逃避法律制裁而作出有利于犯罪的人的假证明的，按包庇罪论处；对出于贪财、畏惧或其他心理而作出有利于犯罪的人的假证明的，按伪证罪论处。本案戊因为与甲的关系亲近，不愿其被法律惩罚，而意图帮助甲逃避法律追究，戊应被认定为包庇罪。

因此，笔者同意第二种意见，认为戊构成包庇罪。

三、丙和丁构成何罪

（一）争议焦点

第一种意见认为，丙、丁构成伪证罪。

第二种意见认为，丙、丁构成包庇罪。该二人的行为同戊的行为一致，均是明知甲构成犯罪，在侦查阶段作假证明对甲进行包庇，因戊构成包庇罪，故丙、丁也构成包庇罪。

（二）评析意见

笔者同意第一种意见，丙、丁构成伪证罪。

1. 从犯罪构成来看。第一，从犯罪主体来讲，丙和丁均为在甲车上目击甲醉酒驾车后发生交通事故的目击证人。第二，从主观方面来讲，该二人明知甲构成犯罪，在侦查机关询问时，仍然故意捏造虚假证言。第三，从犯罪客体来讲，二人的行为阻碍了国家司法机关对案件的侦查活动。第四，犯罪客观方面，二人具有对与案件有重要关系的情节，故意作出虚假证明的行为。丙和丁的行为符合伪证罪的构成要件。

2. 从作假证明时的主观目的来看。丙、丁与甲共同饮酒，明知甲醉酒仍然乘坐甲驾驶的车辆，发生交通事故后乙提出找人顶罪，丙、丁表示同意。丙、丁作出虚假证明的主观目的有可能是意图帮助甲逃避法律追究，亦可能是在乙提出方案后，不想对乙进行驳斥，以免伤害同村情谊，实际上并没有帮助甲脱罪的目的，还可能是担心自己明知同桌饮酒甲醉酒后驾驶机动车，未尽到劝阻义务，担心自己需要承担交通事故的部分民事赔偿责任。可见，关于丙、丁作假证明时的主观目的是不是出于包庇甲是不能确定的。本案中的戊，与醉驾肇事无关，完全是因主观欲帮助甲逃避法律追究才参与此事，其主观目的明确，这是丙、丁不同于戊的地方。

包庇罪不仅要求行为人在客观上作出对犯罪的人有利的假证明，同时也要求行为人主观目的是出于包庇犯罪的人。丙、丁的主观目的不明，因此，丙、丁不构成包庇罪。伪证罪没有对行为人作伪证时的主观目的作出要求，只需证人针对与案件有重要关系的情节故意作虚假证明即可构成，因此，丙、丁的行为构成伪证罪。

四、乙构成何罪

（一）分歧意见

第一种意见认为，乙构成妨害作证罪。根据《刑法》第 307 条对妨害作证罪的规定，（1）主体上，此罪主体为一般主体；（2）主观方面，乙通过积极的行为指使丙、丁作伪证，表现出主观上是直接故意；（3）客体上，对司法机关的侦查活动造成了阻碍；（4）客观方面，乙劝说没有喝酒的戊自愿代替甲冒充肇事司机，指使丙和丁作伪证。虽然乙行为的表现形式与法条列举的暴力、威胁、贿买三种手段相比并不十分恶劣，但法条以"等"字含括的如劝说、请求、指使方式也可作为构成该罪的手段，尤其是在犯罪方式纷繁复杂的今天，不能只是单纯依据法条对犯罪手段的逐一列举。这三种较为平和的表现形式，在量刑上相对于暴力、威胁、贿买三种手段可以酌定从轻处罚。综上，乙应当以妨害作证罪定罪处罚。

第二种意见认为，在第一种意见的基础上，认为乙也构成了窝藏、包庇罪，应当数罪并罚。将乙的行为拆解开来：（1）指使丙、丁作伪证，构成妨害作证罪。（2）乙联系戊，劝说、指使没有喝酒的戊代替醉酒的甲成为肇事司机，以帮助甲逃避法律追究，其与戊构成包庇罪的共犯，乙为教唆犯，并且乙也在公安机关作出虚假证言，构成包庇罪。（3）乙联系甲父，让甲父骑来摩托车以帮助甲逃匿，构成窝藏罪，与甲父构成窝藏罪的共犯，且乙为教唆犯。因此，乙的数行为构成窝藏罪、包庇罪、妨害作证罪，应当数罪并罚。

第三种意见认为，窝藏罪、包庇罪和妨害作证罪择一重处。乙的主观目的是包庇，在实施包庇罪的过程中，只是以妨害作证和窝藏为手段行为，系牵连犯，根据择一重处原则，乙应当构成处断的一罪，而非数罪并罚。

（二）评析意见

笔者同意第三种意见。理由如下：

牵连犯是指出于一个犯罪目的，实施数个犯罪行为，数个行为之间存在手段与目的或者原因与结果的牵连关系，分别触犯数个罪名的犯罪状态。牵连犯有三点要求：（1）实施两个以上独立犯罪。乙指使丙和丁作伪证，实施了妨害作证罪；乙联系甲父骑来摩托车以帮助甲逃匿，实施了窝藏罪；乙在侦查机关作虚假证言，指使戊顶包，实施了包庇罪。（2）数罪必须出于同一个犯罪目的。乙出于帮助甲逃避法律追究的目的，指使丙、丁、戊、甲父作出触犯刑法的行为，成为交通事故后的行动策划者。（3）数个犯罪行为之间有牵连关系。乙在公安机关作了包庇甲的虚假证言，为了帮助甲，事先与甲、丙、丁串通，事先联系戊为甲顶包，事先联系甲父将甲带离案发现场。乙的行为完全符合牵连犯的要求，故笔者认为乙构成牵连犯。

牵连犯是从一重处还是数罪并罚，笔者倾向于前者，也就是通说的观点。（1）从侵犯的客体来看，乙的数个行为侵犯的客体只有一个，即司法秩序。（2）从危害后果看，乙的目的仅是包庇，妨害作证和窝藏是乙的手段行为，只是为了完成包庇而采取的必要方法，其造成的危害后果远小于数个分开的独立犯罪。（3）从主观恶性来看，乙不具有实施数次犯罪的主观目的和动机。（4）从刑罚效果上看，牵连犯从一重处，不会违背罪责行相适应原则，不会轻纵犯罪分子。（5）从立法目的上看，对牵连犯实行数罪并罚实际上是混淆了牵连犯与犯数罪的一般并罚犯之间的界限，忽视了牵连犯这一重要的罪数形态，显然违背了立法者的初衷。

综上，笔者认为，对于乙的定罪量刑，应当以窝藏罪、包庇罪与妨害作证罪择一重处。

五、甲除危险驾驶罪外，是否还构成其他罪

（一）分歧意见

第一种意见认为，甲不构成其他犯罪。甲在危险驾驶发生交通事故之后离开现场，在公安机关进行询问时谎称肇事司机是戊，该行为系危险驾驶后的逃逸，只构成危险驾驶罪一罪。

第二种意见认为，甲还构成妨害作证罪。甲为逃避法律制裁，在乙提议找

人顶替后欣然同意，离开案发现场，在公安机关作出虚假笔录，其行为又侵犯了新的法益，破坏了司法秩序，与乙同样构成妨害作证罪。

（二）评析意见

笔者同意第二种意见，甲应当以危险驾驶罪和妨害作证罪数罪并罚。

第一，从犯罪主体来看，妨害作证罪的主体为一般主体。需要讨论的是当事人能否作为本罪的主体？司法实践中主要是当事人的亲朋好友会采取非法手段妨害作证，笔者认为，当事人本人采取非法手段妨害作证的，也构成本罪。

第二，从主观方面来看，甲具有妨害司法的主观意识。甲明知自己的行为会产生妨害司法客观公正的结果，仍然配合乙提出的方案，积极采取行为，希望这种结果的发生，其妨害司法的主观意图明显。

第三，从犯罪客体来看，甲侵犯了司法秩序。甲醉酒驾驶机动车上道路行驶的行为，侵犯的客体是公共安全。对乙提出的脱罪方案表示同意，并按乙的计划执行，侵犯的客体是司法秩序。甲先后两个犯罪行为，分别侵犯了两个犯罪客体，应当以两个罪名定罪处罚。

第四，从犯罪客观方面来看，乙与甲商议找人顶包时，甲表示同意；乙给戊打电话指使戊顶包时，甲在乙旁边；乙指使丙、丁作伪证时，甲也在乙旁边。甲没有对乙的行为进行制止，表示对乙行为的认同，乙的一系列行为视为与甲的共同商议与筹划行为，系共同犯罪。之后甲驾驶摩托车离开现场，做笔录时谎称戊是肇事司机，甲的一切行为都按照乙事先安排的进行。与寻常的妨害作证罪相比，本案只不过是将原本应当由甲来直接完成的指使行为，由共犯乙来实际执行。

综上，甲应当以危险驾驶罪和妨害作证罪数罪并罚，乙应当以窝藏罪、包庇罪与妨害作证罪择一重处，丙、丁应当以伪证罪定罪处罚，戊应当以包庇罪追责，甲父构成窝藏罪、包庇罪。

（河北省唐山市玉田县人民检察院　　杨　婧）

"事出有因"殴打他人行为中如何认定"因"

一、基本案情

2017年4月5日23时许,吕某、乔某某到某足道店做足疗,二人点了58号技师,服务员吉某某用对讲机与前台沟通后,告知二人所点技师请假未上班。吕某和乔某某认为吉某某存心欺骗,且服务态度不好,故与吉某某发生争执并动手殴打吉某某,后被人劝开。在吉某某返回一楼大厅后,吕某和乔某某从二楼包房追至一楼水房、大厅,继续殴打吉某某,致其左耳外伤性鼓膜穿孔。经鉴定,吉某某损伤为轻伤二级。

二、分歧意见

此案在罪名认定上出现两种不同意见,即吕某、乔某某的行为构成故意伤害罪还是寻衅滋事罪?

第一种意见认为,吕某、乔某某因对服务员吉某某服务态度不满意而与之发生争执,进而殴打吉某某,造成吉某某轻伤二级,侵犯了他人的身体健康,存在明显的主观故意;加之二人的殴打行为是有前因的(服务人员态度不好),故应认定二人构成故意伤害罪。

第二种意见认为,吕某、乔某某在公共场所逞强耍横,因一点小事随意殴打他人,致人轻伤二级,情节恶劣,已经触犯《刑法》第293条规定,构成寻衅滋事罪。

三、评析意见

笔者同意第二种意见,吕某和乔某某的行为构成寻衅滋事罪。从故意伤害罪与寻衅滋事罪的区别来分析吕某和乔某某的行为,理由如下:

1. 侵犯的法益不同。寻衅滋事罪作为刑法第六章第一节扰乱公共秩序中的罪名，侵犯的法益并不是特定的人身、人格或公私财产，而主要指向社会公共秩序秩序，蔑视道德和法律；故意伤害罪作为刑法第四章侵犯公民人身权利、民主权利中的罪名，侵犯的法益则是人的身体权。

2. 侵犯的对象不特定。寻衅滋事罪挑战的是社会秩序，因此指向的对象多为不特定、不明确的人，具有很大的主观随意性；故意伤害罪指向的对象多为明确、特定的人，对自己的行为造成损害他人身体健康的结果系明知。

本案中，吕某、乔某某去足道店做足疗，接待二人的服务员是随机的，而二人与吉某某素不相识，也没有矛盾，不存在特定对象。后因点技师发生争执，吕某和乔某某对吉某某进行殴打，属于在公共场所耍横闹事，破坏的是社会公共秩序，并非吉某某身体健康。

3. 出于"事出有因"而殴打他人。寻衅滋事罪，客观方面一般表现为耍威风、取乐等不健康动机，在公共场所无事生非、制造事端，殴打伤害无辜，扰乱公共秩序的行为；而故意伤害罪一般事出有因或者双方有潜在矛盾，而且这里的"因"不能是借故生非，应该足以让一般人认可。

本案中，吕某、乔某某所点技师请假不在，是吉某某与前台服务人员沟通后得到的答复，这一点也已经得到前台的证实。其告知二人后，吕某和乔某某认为自己受到欺骗，并以此为借口大吵大骂，进而对吉某某拳打脚踢，吉某某亦没有还手。由此可以看出，吉某某在整个过程中并无欺骗顾客行为，且无其他过错，吕某和乔某某以此为借口打人，纯属小题大做、借故生非，这个原因不足以让一般人认可，其殴打他人过于随意。况且被人拉开后，吕某、乔某某又从二楼追至一楼水房和大厅，并在一楼踹开多间休息室的门，造成其他服务人员恐慌，系典型的寻衅滋事。

综上，吕某、乔某某在公共场所借故生非，随意殴打他人，情节恶劣，应当认定为寻衅滋事罪。

（河北省唐山市古冶区人民检察院　段海燕）

贪污贿赂罪

非国家工作人员与国家工作人员勾结，利用职务便利占有国有财产的如何定罪处罚

一、基本案情

2013年3月15日、22日，某钢铁公司（国有企业）同唐山某商贸公司签订了两份萨阿吉焦煤（以下简称焦煤）买卖合同，合同约定交货地点为唐山某焦化有限公司（国有企业，以下简称焦化公司）料场，在该两批焦煤从码头到焦化公司料场运输过程中，犯罪嫌疑人常某某和犯罪嫌疑人赵某某利用其担任焦化公司收料员、负责监卸焦煤的职务之便，与犯罪嫌疑人史某某等人相勾结，多次利用运输焦煤的车辆进入焦化公司，更换其他大车牌照重复过磅的手段称重获取虚假焦化公司计量信息，从而伪造假的焦化公司收到焦煤并将煤卸到料场的手续，共骗取焦煤25车，价值280余万元。

二、分歧意见

由于本案涉及的人员众多，环节繁杂，所以在案件定性上存在两种不同看法：

第一种观点认为，犯罪嫌疑人常某某、赵某某等人的行为应当认定为共同盗窃，理由是：一方面，常某某、赵某某虽可认定为国家工作人员，在共同犯罪的过程中也确实利用了其负责监卸焦煤的职务便利，但作为被盗对象的焦煤的所有权却不应属于某钢铁公司，因为按照钢铁公司与商贸公司所签订的煤炭买卖合同，双方约定的交货地点为焦化公司料场，按照有关合同"标的物的所有权自标的物交付时转移，但法律另有规定或者当事人另有约定的除外"的规定，焦煤在到达焦化公司料场前其所有权并没有转移到钢铁公司一方。另

一方面，双方还约定交货方式为卖方组织汽车运输到买方指定料场交货并约定货物交付前一切费用和风险由卖方承担。焦煤是在运输过程中被骗取的，所以综合以上两点，常某某、赵某某等人骗取的并非国有公司财物，而是属于商贸公司的私有财物，其行为应当认定为盗窃罪。

第二种观点认为，常某某、赵某某等人的行为应当认定为共同贪污，理由是：首先，虽然根据钢铁公司与商贸公司的约定，交货地点为焦化公司料场，被骗取的部分焦煤最后也未能到达指定交货地点，但常某某、赵某某等人骗取焦煤的行为是一个由多个环节构成的整体，其中包括更换大车牌照、重复过磅、过磅后回皮、最后将骗取的焦煤卖掉等四个主要环节，在这四个环节中，有三个都是在焦煤到达指定地点后完成的，所以被骗走卖掉的焦煤的所有权应当视为已经转移到钢铁公司一方。其次，常某某、赵某某等人骗取焦煤的行为必须在取得焦化公司汽车衡计量专用票据（上面注明了为焦化公司送物料的车辆牌号、毛重、皮重等信息，必须在焦化公司内取得），并由作为焦化公司收料员的常某某、赵某某签收四联单后方可完成，所以焦化公司既是计量票据的出票地也是四联单的签收地，即焦化公司才是常某某、赵某某等人犯罪行为的主要实施地。综上，常某某、赵某某等人的行为属于典型的内外勾结骗取国有财产的行为，应当认定为共同贪污。

三、评析意见

笔者赞同第二种观点，分析如下：

首先，就主体方面而言，依据焦化公司人力资源部开出的证明，犯罪嫌疑人常某某、赵某某均为焦化公司料场收料员，其二人均具有监督、确认进料品种、车次、车号及车数，开具四联单、现场收货签字的职责，遂常、赵二人属于在国有公司中从事公务的人员，具有国家工作人员的身份。其次，就客观方面而言，在整个犯罪行为实施过程中，如果没有常某某、赵某某对四联单上收货人部分的签名确认，焦煤就无法被成功骗取，所以，行为人在实施犯罪行为过程中利用了作为国家工作人员的常某某、赵某某的职务便利。另外，行为人更换车牌重复过磅、回皮、签收四联单等行为均在焦化公司内完成，即焦化公司才是犯罪行为实施地。对于焦煤的所有权问题，笔者认为第二种观点中的说法有道理但不全面。本案中，无论被骗取的焦煤是否真正到达焦化公司料场，既然常某某、赵某某两人签收了四联单，那么就应当认定焦煤的所有权已经转移到了钢铁公司一方，并且钢铁公司也按照该批焦煤已全数交付向商贸公司支付了全部货款，因此作为犯罪对象的焦煤应当属于钢铁公司所有。

综合以上分析，笔者认为，该案符合最高人民法院《关于审理贪污、职务侵占案件如何认定共同犯罪几个问题的解释》第 1 条"行为人与国家工作人员勾结，利用国家工作人员的职务便利，共同侵吞、窃取、骗取或者以其他手段非法占有公共财物的，以贪污罪共犯论处"的规定，应当认定为共同贪污。

(河北省唐山市曹妃甸区人民检察院 李英英)

为完成揽储任务而挪用公款的行为是否构成犯罪

一、基本案情

2011年3月中旬，韩某某为了完成揽储任务，请求时任某县建设工程交易中心主任的白某某，将其交易中心的农民工工资保证金存到韩某某所在的工商银行。白某某碍于情面于3月21日分别从其建行、信用社账户上各提取100万元共计200万元农民工工资保证金转存到韩某某爱人梁某某所开的某物资经销处在工商银行的账户上，然后由韩某某从该账户上将该笔存款转存入白某某在工商银行的个人储蓄卡上。3月22日，白某某将该笔款项用于购买理财产品。其后，韩某某又应在中信银行工作的外甥郑某的请托，找白某某给郑某弄点存款，白某某于3月29日又从其建设银行、信用社两个账户上各提取50万元共计100万元农民工工资保证金转存到梁某某的物资某经销处账户上，韩某某将该笔款项转入梁某某在工商银行的个人储蓄卡上，之后韩某某、郑某又从梁某某个人储蓄卡上将该笔款项转存入白某某女儿在中信银行的个人储蓄卡上，白某某又将该笔存款用于购买理财产品。

二、分歧意见

本案中，各方对白某某行为的定性并无争议，但对韩某某的行为应如何定性，存在两种不同的观点：

第一种观点认为，韩某某行为不构成犯罪，不应以刑罚处罚。主要理由有：韩某某虽因完成揽储任务请求白某某将农民工工资保证金转存入自己及其外甥所在的银行，但其并不是挪用款项的真正使用人，使用人应当是保证金所存入的工商银行及中信银行。根据1998年4月29日最高人民法院《关于审理挪用公款案件具体应用法律若干问题的解释》（以下简称《解释》）第8条规定：" 挪用公款给他人使用，使用人与挪用人共谋、指使或者参与策划取得挪用款的，以挪用公款罪的共犯定罪处罚。" 即使用人才能成为挪用公款罪共犯，韩某某并不存在将挪用的公款用于个人用途的使用行为，所以其行为不符合上述司法解释的规定，不构成挪用公款罪共犯。

第二种观点认为，韩某某的行为构成挪用公款罪共犯。主要原因有：（1）韩某某作为银行工作人员，在明知农民工工资保证金为公款的情况下，请求白某某将保证金转存入其所在的银行，帮其完成揽储任务，韩某某身份虽可以作为非使用人来认定，但其行为无疑是对白某某的挪用行为起到了教唆、煽动、帮助作用。（2）《解释》第8条的规定只是意在说明使用人在何种情况下才能构成挪用公款罪共犯，而并没有限制、排他的含义。因而除使用人以外，即使是非使用人，只要其与挪用人共谋、积极参与、帮助挪用人挪用公款归个人使用的，也应当以挪用公款罪的共犯定罪处罚，即韩某某构成挪用公款罪共犯。

三、评析意见

本案中，白某某身为国家工作人员，利用职务上的便利，挪用公款数额巨大，进行营利活动；韩某某与白某某共谋，参与、策划挪用公款，其行为触犯了《刑法》第384条规定，二人均应以挪用公款罪追究刑事责任。

1. 刑法总则中关于共同犯罪的规定，应当适用于刑法分则中所有的共同故意犯罪。

《刑法》第25条第1款规定："共同犯罪是指二人以上共同故意犯罪。"即二个以上达到刑事责任年龄、具备刑事责任能力的自然人共同故意实施犯罪行为。挪用公款罪共同犯罪则指两个以上国家工作人员利用职务上的便利，或者国家工作人员与非国家工作人员利用国家工作人员职务上的便利共同故意挪用公款。本案中，白某某为国家工作人员，韩某某为非国家工作人员，两人在明知所挪用款项为公款的情形下，仍利用白某某的职务之便实施了挪用行为。其中，韩某某虽然不是所挪款项的使用人，但他在整个案件过程中教唆、帮助白某某挪用公款，使白某某产生了犯意或者加强了犯意，其行为对国家工作人员的职务廉洁性和公共财产的占有使用收益权的侵害程度，并不低于国家工作人员，所以，韩某某行为符合挪用公款罪共同犯罪的构成要件，应当按照挪用公款罪共犯处理。

2. 《解释》第8条规定明确了"使用人"可以构成挪用公款罪共犯，但也导致了对"非使用人"能否构成挪用公款罪共犯存在不同的看法和认识，如观点一中的理解。笔者认为，首先，挪用公款罪并非以实际使用为犯罪既遂的标准,假如认为只有使用人才能构成本罪共犯,那么在公款挪用后未被实际使用前,就不存在"使用人",即事前教唆、帮助、参与策划的人就不能认为构成挪用公款罪,这样就有放纵犯罪之嫌,并不符合解释的原意。其次,从我国刑法规定的挪用公款的犯罪特征和危害结果的发生来看,"非使用人"是可以符合挪用公款共犯的犯罪构成的。因此,该《解释》第8条规定意在解释使用人在何种情况下能构成共犯,而并没有将"非使用人"排除在挪用公款罪的共犯范围之外。

(河北省唐山市曹妃甸区人民检察院 李英英)

为行受贿双方牵线搭桥的行为如何定罪

一、基本案情

2012年，高某某、刘某某等人合伙从A市B区取土外运，因未取得相应取土手续被B区国土资源局查处。为尽快办理取土手续赶工期，高某某、刘某某找到其朋友王某某帮忙，看能否与B区国土资源局领导取得联系，帮助办理取土手续。王某某遂找到犯罪嫌疑人张某某（张某某曾在国土资源局工作）帮忙办理此事，张某某答应帮忙联系后，由高某某、刘某某等人出资20万元，张某某出面将此20万元送给了B区国土资源局局长胡某（胡某已因受贿罪被处理），由胡某帮助办理相关手续。

二、分歧意见

行贿罪，是指为谋取不正当利益，给予国家工作人员以财物的行为，或者在经济往来中，违反国家规定，给予国家工作人员以财物，数额较大的，或者违反国家规定，给予国家工作人员以各种名义的回扣、手续费的行为。介绍贿赂罪，是指在行贿人与受贿人之间进行沟通、撮合，使行贿与受贿得以实现，情节严重的行为。从以上概念可以看出，两者的区别主要是在客观方面上，即一种是直接的给予行为，另一种是使行贿受贿得以实现的中介行为。针对本案，存在以下分歧：

第一种观点认为，张某某行为构成介绍贿赂罪。理由是：张某某帮助高某某、刘某某与胡某取得联系，属于为双方疏通关系、撮合条件，使贿赂得以实现的行为，符合介绍贿赂罪的构成要件。

第二种观点认为，张某行为构成行贿罪。理由是：为给高某某、刘某某谋取不正当利益，张某某帮助两人联系B区国土资源局局长胡某，请求胡某帮忙，代高某某、刘某某将行贿财物转交给胡某，其行为已经超越了介绍贿赂的范围，应以行贿罪共犯处理。

三、评析意见

笔者认为，本案中张某某的行为应以介绍贿赂罪予以定性。理由如下：

1. 介绍贿赂罪是一种独立的犯罪，其不以行贿罪、受贿罪的成立为前提。所谓介绍贿赂，依据1999年最高人民检察院《关于人民检察院直接受理立案侦查案件立案标准的规定（试行）》中所作的解释，是指在行贿人和受贿人之间沟通关系、撮合条件，使贿赂得以实现的行为。介绍贿赂通常有两种形式：一是介绍行贿，即为行贿人联络行贿对象——国家工作人员，从权钱交易的角度就是为买方介绍卖方；二是介绍受贿，即为国家工作人员物色行贿人，即为卖方介绍买方。介绍贿赂罪有其独立的犯罪构成要件，即介绍贿赂罪在主观上必须具有向国家工作人员贿赂的故意，即行为人明知贿赂人具有行贿意图或者明知国家工作人员有受贿意图，而故意充当"掮客"，牵线搭桥。客观上表现为行贿、受贿双方之间进行引荐、沟通的行为，其构成要件明显不同于行贿罪、受贿罪。另外，在办案实践中，存在介绍贿赂行为人所介绍的行贿者与受贿者数额在2万元以上，但不能分别构成行贿罪与受贿罪的情况，如介绍3人（每人8000元）向5位受贿人行贿（其中4人各得5000元，1人得4000元），此时的数额虽已达到了2万元以上，但对各个行贿人、受贿人来说却并未达到犯罪的标准，此种情况下如强调介绍贿赂罪的成立应以行贿罪、受贿罪的成立为前提，即无法对介绍贿赂人追究刑事责任，这显然不符合立法目的。

2. 介绍贿赂不能简单地被认定为行贿罪、受贿罪的帮助行为。主观上方面，行贿罪、受贿罪的帮助犯认识到自己是在帮助行贿一方或者受贿一方，因而其行为主要是为一方服务；而介绍贿赂的行为人认识到自己是处于第三者的地位介绍贿赂，因而其行为主要是促成双方的行为内容得以实现。客观方面，行贿罪、受贿罪的共犯存在积极策划进行索贿、收受贿赂或者向他人行贿；而介绍贿赂人，只是在国家工作人员与行贿方中间起到牵线、搭桥的作用，没有介入行贿、受贿以及为行贿人谋取利益的具体行为当中。如果将介绍贿赂行为理解成行贿受贿的帮助行为，其结果将大大扩展"帮助行为"的范围，在行贿人、受贿人均构成犯罪的情形下，会产生介绍贿赂人到底该认定为行贿共犯还是受贿共犯的问题。

综合以上分析,本案中,胡某收受贿赂,高某某、刘某某得以办理相关手续,都是通过张某某从中联系、牵线才得以实现的。最初张某某与真正的行贿人并不认识,是经王某某介绍其才与高、刘二人相识,其主观上并没有与高某某、刘某某共同行贿的故意,其目的只是介绍贿赂,客观上实施了为上述二人物色行贿对象,在行贿与受贿两者之间进行"沟通"的行为,所以张某某行为符合介绍贿赂罪的犯罪构成,应认定为介绍贿赂罪。

(河北省唐山市曹妃甸区人民检察院　李英英)

民法篇

超过法定退休年龄发生交通事故的，受害人要求支付被扶养人生活费的能否得到支持

一、基本案情

2017年8月14日，金某持A2类驾驶证驾驶重型自卸货车，在唐山市龙泽路由北向南行驶，行至朝阳道南侧右转往某运输有限公司行驶过程中，与常某某驾驶的自行车相擦刮，造成常某某受伤，两车受损的道路交通事故。经唐山市公安局交通警察支队认定，此次交通事故由金某承担主要责任，常某某承担次要责任。事发后，原告常某某在唐山市第二医院住院治疗81天，产生住院医疗费46244.45元、门诊费123.6元等费用。出院医嘱载明：门诊随访治疗并休息1个月，出院带药巩固，每月到院复查骨折情况，骨折愈合后需行内固定取出术，住院期间需护理人员1名。2018年4月3日，经唐山市某司法部门鉴定：被鉴定人常某某的伤残程度为十级。

另查明：原告常某某（1957年3月5日生）为农村居民家庭户，从2010年10月15日起至事发前在某公司从事门卫、保洁工作，工作期间在该公司的员工宿舍居住。原告与其妻子邱某（1957年2月11日生）共育有两个女儿，且均已成年，原告的父亲常某（1935年1月4日生）与其母亲陈某（1937年7月7日生）共育有两个子女。交通事故发生时，被告金某系货车的驾驶员和实际车主，该车登记车主为被告某运输公司，并挂靠于被告某运输公司运营。被告某运输公司为货车投保了交强险和商业三者险100万元，含不计免赔。

二、分歧意见

对于是否支持被扶养人生活费，审理中存在两种意见：

第一种意见认为不应当支持。我国法定退休年龄规定为"男年满60周岁，女工人年满50周岁，女干部年满55周岁"。《劳动合同法实施条例》第

21 条规定:"劳动者达到法定退休年龄的,劳动合同终止。"本案原告常某某发生事故时年龄已达到 60 周岁,属于达到法定退休年龄的人员,其已不受劳动合同法的保护。

第二种意见认为应当支持。夫妻有互相扶养的义务,子女对父母有赡养扶助的义务。本案中,常某某事发时虽已年满 60 周岁,但其系妻子邱某、父亲常某和母亲陈某法定的扶养义务人,事发前常某某仍在企业上班,并实际扶养被扶养人,现有证据也无法证明上述被扶养人有其他生活来源,故应当支持原告的被扶养人生活费。

三、评析意见

笔者同意第二种意见,已达到法定退休年龄的城镇职工和农民工等扶养人,因机动车交通事故导致死亡或劳动能力丧失的,在提供充分证据证明扶养人负有扶养能力,且造成法定被扶养人的扶养权丧失等客观事实的,可以支持被扶养人生活费。理由如下:

1. 邱某、常某和陈某属于常某某致残前法定的被扶养人范围。被扶养人是指受害人依法应当承担扶养义务的未成年人,或者丧失劳动能力又无其他生活来源的成年近亲属。根据有关法律及司法解释的规定,被扶养人的范围:一是不满 18 周岁的未成年人;二是丧失劳动能力(以有鉴定资格的司法鉴定机构的鉴定为准,司法实践中达到法定退休年龄也被视为丧失劳动能力)又无其他生活来源的成年人;三是 60 周岁以上无其他生活来源(有退休金者不属于此列)的老年人。在常某某评残后,邱某、常某和陈某均早已年满 60 周岁,也无其他生活来源,属于被扶养人的范围。

2. 扶养人的扶养义务不因达到法定退休年龄而免除。夫妻有互相扶养的义务,子女对父母有赡养扶助的义务。常某某与其妻子邱某、父亲常某和母亲陈某具有法定的扶养义务关系,这里的扶养关系是广义的概念,包括了我国婚姻法中的赡养、抚养、扶养三种法律关系,不可单纯理解为只有平辈份亲属的扶养关系。我国民法典、最高人民法院《关于审理人身损害赔偿案件适用法律若干问题的解释》[①](以下简称《解释》)并未对扶养人的年龄进行限制,也未规定扶养人因年龄变化可免除扶养义务。扶养人的年龄是否超过法定退休年龄,不是被扶养人主张生活费的法律要件。影响被扶养人生活费数额的,系扶养人的户口类别、生活来源、劳动能力丧失程度、人均生活消费支出和被扶

---

① 该解释已于 2020 年 12 月 23 日修订,2021 年 1 月 1 日起施行。——编者注

养人的年龄等因素。原告常某某作为邱某的丈夫,作为常某和陈某的儿子,其被鉴定为十级伤残后已年满61周岁,虽已达到法定退休年龄,但并不能免除其对邱某、常某和陈某的法定扶养义务。

3. 本案被扶养人因侵权行为而致其法定扶养权利受到损害,应享有法定扶养损害赔偿请求权。我国劳动法只有禁止使用童工的规定,对达到法定退休年龄仍然从事劳动的人员,法律未作禁止性规定。如前所述,司法实践中达到法定退休年龄是法律拟制为丧失劳动能力,其劳动能力并未有相应鉴定资质的司法鉴定机构的鉴定结论予以认定,即使达到法定退休年龄,也并不必然会实际导致劳动能力丧失。本案中,原告常某某作为超过法定退休年龄的农民工,虽然已经年满61岁,但事发前一直在公司上班,客观说明常某某具有劳动能力及收入,具有履行扶养义务的能力。现因事故致常某某十级伤残,造成了常某某劳动能力部分丧失的损害事实,使被扶养人所享有的法定扶养权利遭受损害,被扶养人的扶养费来源丧失,如果赔偿义务人不承担相应的被扶养人生活费,那么对被扶养人而言显然是不公平的。

4. 被扶养人的扶养年限可酌情予以减少考虑。被扶养人的扶养年限一般应按照《解释》第28条①所规定的"六十周岁以上的,年龄每增加一岁减少一年"进行计算,并将被扶养人生活费计入原告的伤残赔偿金中。因此,被扶养人生活费的计算,应结合扶养义务人的伤情、伤残程度及劳动能力,参照《解释》第32条②关于"超过确定的残疾赔偿金给付年限,赔偿权利人向人民法院起诉请求继续给付残疾赔偿金,赔偿权利人没有劳动能力和生活来源的,人民法院应当判令赔偿义务人继续给付相关费用五至十年"的规定,综合考虑事发当地人口平均预期寿命及实际工作年限,对被扶养人的扶养年限予以酌情减少。

(河北省唐山市路北区人民检察院 刘树利)

---

① 现行第17条。——编者注
② 现行第19条。——编者注

第三人明知是套牌车而驾驶，发生交通事故的如何承担责任

一、基本案情

2018年5月15日，张某某经江某某同意后驾驶悬挂冀B×××××号牌的黑色长城牌越野车，在唐山市路北区建华桥中段驶入相向车道，与受害人黎某驾驶的冀C×××××号小型客车相撞，致黎某受伤、车辆受损的交通事故。经认定，张某某承担本次事故的全部责任。冀B×××××号牌系江某某所有。肇事的黑色长城牌越野车，系2013年5月13日在石家庄市长安区某派出所立案的失盗车辆，原车牌号为冀A×××××。2015年9月，江某某将该车套用冀B×××××号牌，且偶尔使用。张某某驾驶该机动车时明知该车未投保交强险，且系套牌机动车。

二、分歧意见

关于责任如何承担成为本案的争议焦点：

第一种意见认为，江某某虽然系被套牌机动车的所有人，也系套牌机动车的管理人，但由于本案系第三人张某某驾驶车辆发生事故，故应依照《侵权责任法》第49条①的规定判决张某某作为借用人承担直接侵权责任，江某某作为出借人承担出借人的过错责任，二人之间的责任方式为按份责任。

第二种意见认为，张某某作为肇事车辆的驾驶员在车辆发生交通事故期间实际控制并使用该机动车，应作为该机动车的管理人，江某某系被套牌机动车的所有人，故应依据最高人民法院《关于审理道路交通事故损害赔偿案件适用法律若干问题的解释》第5条②的规定，判决二人承担连带责任。

---

① 现行《民法典》第1209条。——编者注
② 2020年12月23日修正，现行第3条。——编者注

三、评析意见

关于如何确定张某某与江某某之间的责任，主要是在于《民法典》第1209条与最高人民法院《关于审理道路交通事故损害赔偿案件适用法律若干问题的解释》（以下简称《解释》）第3条如何适用的问题。《解释》第3条前半部分规定，套牌机动车发生交通事故造成损害，属于该机动车一方责任，当事人请求由套牌机动车的所有人或者管理人承担赔偿责任的，人民法院应予支持。《民法典》第1209条规定，因租赁、借用等情形机动车所有人与使用人不是同一人时，发生交通事故后属于该机动车一方责任的，由保险公司在机动车强制保险责任限额范围内予以赔偿，不足部分，由机动车使用人承担赔偿责任；机动车所有人对损害的发生有过错的，承担相应的赔偿责任。本案江某某确系套牌机动车管理人，但同时张某某又系经过江某某同意以后驾驶该套牌车发生交通事故，就本案责任的承担如何适用法律是争议的核心。笔者认为，本案可以由江某某与张某某承担连带责任。故第一种意见认定江某某与张某某承担按份责任有失妥当，但第二种意见的认定理由过于牵强。

1. 关于第一种意见存在的问题：

首先，本案中虽然张某某驾驶江某某管理的车经过江某某同意，貌似较为符合借用关系的特征。但就借用关系而言，张某某与江某某均予以否认，且又无其他直接证据证实二人之间存在借用机动车的合意，故本案不宜认定为借用关系。其次，即使本案认定为借用关系，也不宜以此判决二人对外承担按份责任。原因在于，《解释》规定被套牌机动车所有人只要同意套牌的，即应与套牌机动车的所有人、管理人承担连带责任，若仅因为存在借用关系即简单认定套牌机动车的管理人承担过错责任，显然会减轻被套牌机动车所有人的责任。套牌机动车只要是具有合法驾驶资格的人驾驶，至于具体何人驾驶本身并未加大其发生道路交通事故的危险，也不会直接加重受害人求偿的负担，从侵权责任的构成上分析不得以此作为减轻被套牌机动车所有人、管理人责任的理由。最后，《解释》同时规定，被套牌机动车所有人只要同意套牌的，就应对套牌机动车发生事故以后的损失承担连带赔偿责任。本案中，张某某明知套牌车仍然驾驶上路行驶的过错显然不亚于被套牌机动车所有人同意套牌的过错，其仅承担按份责任与过错程度不匹配。

2. 关于第二种意见存在的问题：

虽然张某某系事发时的驾驶员，客观上机动车驾驶人员在驾驶机动车时可能对机动车实施了诸如检查车况、加注燃油、检修故障等管理行为，且其驾驶行为本身也是对机动车的一种管理行为。但机动车管理人并非泛指所有对机动车享有管理权利的人,而是特指在机动车管理人与所有人分离的情况下,通过机动车所有人的委托、租赁、借用等合法方式取得对机动车的占有、支配或者收益,并因将该机动车再行通过出租、出借等方式交由他人使用,而对机动车上道路行驶负有与相同情形下的机动车所有人相同的注意义务的人。显然,张某某对该车并不具有与所有人相同的注意义务,故本案不宜认定张某某为事故车辆的管理人,也不得据此以张某某系套牌车管理人、江某某系被套牌机动车所有人并同意套牌为由判决二人承担连带责任。

3. 关于连带责任成立的理由:

(1) 从举证责任分配的角度分析责任主体。《解释》第3条规定了套牌机动车发生交通事故的,其所有人或管理人应承担赔偿责任。虽然本案中存在管理人与使用人不一致的情形,较为符合《民法典》第1209条有关租赁、借用情形下所有人与使用人分离的责任承担,但从立法从严规定套牌机动车责任主体的目的分析,本案就管理人、使用人不一致的具体原因,应由机动车管理人承担举证责任并适当提高相应的证明标准,即必须提供确实充分的证据证明套牌车系由他人借用或租用的,否则其仍然应当按照解释的规定承担赔偿责任。同时,实际使用人基于直接侵权行为也应当承担赔偿责任。于此,可以一定程度上防止套牌机动车发生事故以后其所有人、管理人为逃避责任让无力赔付的案外人顶包,进而减轻受害人求偿的风险。

(2) 从立法目的角度分析责任方式。《解释》确定由被套牌机动车所有人、管理人与套牌机动车所有人、管理人承担连带责任的基础是,被套牌机动车所有人、管理人同意套牌的行为违反了公法上关于机动车的管理秩序,同时也加大了受害人求偿的风险。可见其立法目的在于,有效遏制同意被套牌的机动车所有人与套牌机动车所有人、管理人的共同违法行为,并切实保护受害人的合法权益。本案中,张某某明知套牌车驾驶上路行驶的行为与同意套牌行为的过错相比更为严重,虽然目前并无法律明确规定明知套牌车驾驶上路行驶的应承担连带赔偿责任,但从前述立法目的分析,本案由张某某承担连带责任符合立法目的。

(3) 按份责任与连带责任的关系。《民法典》第1209条就机动车所有人、管理人与使用人之间的责任方式作出了规定。但就本案而言,若确有证据表明张某某与江某某之间存在借用关系,因张某某明知该车系套牌车的事实,也不宜判决由二人按各自的过错比例承担按份责任。原因如前所述,张某某的过错并不亚于被套牌机动车所有人、管理人同意套牌的过错。此时,《民法典》第1209条的规定可以作为张某某与江某某之间确定内部责任份额的法律依据,而对外仍应由二人承担连带赔偿责任。

(河北省唐山市路北区人民检察院 刘树利)

挂靠人执行异议之诉
能否影响建设工程款的归属

一、基本案情

某建筑公司向某银行贷款,因到期未还,某银行向法院提起诉讼。经审理,法院判令某建筑公司归还某银行借款本金1760万元及利息、罚息、复利,并承担诉讼费24.6万元。判决生效后,某建筑公司未按要求履行义务,某银行申请强制执行。另根据法院生效判决,某建筑公司对某乡政府享有到期债权468万余元及利息,故法院依法向某乡政府发出履行到期债权通知书和协助执行通知书,要求某乡政府将应对某建筑公司承担的给付义务,直接向法院履行。案外人黄某向法院提出书面执行异议,主张其系该项目的项目经理,是涉案工程的实际施工人,涉案工程款应当支付给自己。法院驳回黄某的异议请求。黄某不服,提起本案诉讼。

二、分歧意见

本案的争议焦点在于,原告黄某与某建筑公司之间的法律关系,以及某乡政府所应支付工程款的归属。对此存在以下两种不同意见:

第一种意见认为,在某银行申请执行某建筑公司金融借款合同纠纷一案中,某建筑公司系被执行人,人民法院有权依法强制执行该公司财产。某乡政府的建设项目系由某建筑公司承建,双方之间签订了建设工程合同。合同具有相对性,只在特定的当事人之间发生法律效力,只有合同的当事人才能基于合同向合同相对方主张权利。某建筑公司作为合同约定的建设工程承包方,有权向合同约定的发包方某乡政府要求支付工程款,第三人不能依据该合同向某乡政府主张合同权利。本案所涉被执行财产为生效判决确认的某建筑公司对某乡政府的债权,案外人黄某自始至终是以某建筑公司代理人的身份出现,其对该笔工程款归属某建筑公司所有是明知的，本院依法强制执行该财产是正当合法的。故不应支持黄某的诉请。

第二种意见认为，黄某与某建筑公司实际上系挂靠关系，因其个人不具备承包建设工程的施工资质，便挂靠于某建筑公司名下，以公司名义对外承包建设工程，该行为因违背行政许可、规避国家有关行业准入制度，其签订的建设施工合同是无效的。但是，根据最高人民法院《关于审理建设工程施工合同纠纷案件适用法律问题的解释》（以下简称《解释》）第26条规定："实际施工人以发包人为被告主张权利的，人民法院可以追加转包人或者违法分包人为本案当事人。发包人只在欠付工程价款范围内对实际施工人承担责任。"该规定赋予实际施工人突破合同相对性原则向发包人主张工程款的权利，黄某作为实际施工人，可以就完成的工程量相应的价款主张权利。据此，该笔工程款的权利人应当为黄某，并足以排除人民法院的执行行为。

三、评析意见

笔者同意第一种意见。本案系因建设工程挂靠施工引起的工程款归属纠纷。在挂靠人以被挂靠人名义施工并通过诉讼主张权利的情况下，如何界定挂靠人、被挂靠人、实际施工人等主体的权利义务，笔者将结合案情进行综合评判。

1. 关于挂靠与内部承包的关系。在建设工程类纠纷中，大量存在没有资质的自然人或单位借用有资质的建筑施工企业资质进行工程施工的现象，习惯上将这种情况叫作挂靠。《解释》中并没有直接对建设工程挂靠进行定义，而是将其表述为"借用"，即没有资质的实际施工人借用有资质的建筑施工企业名义从事施工。现实中还有一种情形，由具有资质的建筑施工企业以内部承包的方式进行相应的建设施工。

两者的区别主要有以下几点：第一，内部承包关系中的承包人如果是项目经理等职工个人，其应当与建筑企业有合法的劳动关系或人事关系；如果是建筑企业的分支机构，应当是建筑企业公司章程包含的部门组织机构。挂靠关系中的被挂靠的建筑企业与挂靠人之间是相对独立的主体。第二，内部承包关系中的建筑企业对建设工程的施工、质量进行监督和管理，对外承担合同责任。挂靠关系中建筑企业实际上不对建设工程进行任何管理，只对挂靠人收取管理费。第三，内部承包人不是施工合同纠纷中独立的诉讼主体，在建设单位欠付工程款时，内部承包人不能以自己的名义直接向建设单位主张工程款。挂靠关系中在被挂靠企业怠于主张工程款时，挂靠人可以自己的名义直接向建设单位主张权利。第四，挂靠行为为法律、行政法规所明确禁止，会导致其签订的建设工程施工合同无效。内部承包行为为法律所允许，其签订的建设工程施工合同在没有其他法律禁止的条件下是有效的。

本案中，黄某以某建筑公司名义进行施工，在某建筑公司收到工程款后，再支付给黄某，双方应当属于挂靠关系。

2. 关于两个合同的约束力。在挂靠关系中，存在以被挂靠人名义与建设单位签订的建设工程施工合同，还存在挂靠人与被挂靠人之间约定彼此权利义务关系的挂靠协议。这两个合同的效力，法律分别作出了不同评价。

《建筑法》第26条规定，禁止建筑施工企业以任何形式用其他建筑施工企业的名义承揽工程。禁止建筑施工企业以任何形式允许其他单位或者个人使用本企业的资质证书、营业执照，以本企业的名义承揽工程。《招标投标法》第54条规定，投标人以他人名义投标或者以其他方式弄虚作假，骗取中标的，中标无效。《建设工程质量管理条例》第25条第2款规定，禁止施工单位超越本单位资质等级许可的业务范围或者以其他单位的名义承揽工程。禁止施工单位允许其他单位或者个人以本单位的名义承揽工程。《解释》第1条第2项规定，没有资质的实际施工人借用有资质的建筑施工企业名义的；第4条规定，没有资质的实际施工人借用有资质的建筑施工企业名义与他人签订建设工程施工合同的行为无效。

无效合同不产生法律约束力，双方基于合同取得财产，应予以返还。但由于建设施工合同的特殊性，合同一旦履行则难以返还，考虑到公平原则，《解释》第2条规定，建设工程施工合同无效，但建设工程经竣工验收合格，承包人请求参照合同约定支付工程价款的，应予支持。但《解释》第3条规定，建设工程施工合同无效，且建设工程经竣工验收不合格，按照以下情形分别处理：修复后的建设工程经竣工验收合格，发包人请求承包人承担修复费用的，应予支持；修复后的建设工程经竣工验收不合格，承包人请求支付工程价款的，不予支持。因建设工程不合格造成的损失，发包人有过错的，也应承担相应的民事责任。可见，对此问题，我国现行法律的规定比较灵活。

《建筑法》第66条规定，建筑施工企业转让、出借资质证书或者以其他方式允许他人以本企业的名义承揽工程的，责令改正，没收违法所得，并处罚款，可以责令停业整顿，降低资质等级；情节严重的，吊销资质证书。被挂靠人依据挂靠协议所取得的挂靠费，显然属于违法所得，依法应当予以没收，并视情节加以其他处罚。如果挂靠人所施工部分经验收合格，在被挂靠人取得工程款后，扣除挂靠费和利润，其余建设施工的成本部分，应当支付给挂靠人。即挂靠人只能取得相应的成本价，不能取得任何收益。一旦所施工部分不合格，则丧失任何工程款的求偿权，包括其为建设施工支付的成本。可见，法律对挂靠协议是做否定性评价的。

3. 关于建设工程款的物权属性。建设工程款即一定数量的货币，按照"占有即所有"的原则，在该物权实现之前，债权人享有的是相应的物权请求权，其实质仍为债权。当该一定数量的货币进入债权人账户后，则成为现实的物权，即工程款进入谁的账户，即推定为归谁所有。具体到本案中，某乡政府账户中的建设工程款及利息，在尚未支付给他人时，所有权人只能是某乡政府；生效判决确认某乡政府向建筑施工企业支付建设工程款及利息，该款项交付后即为建筑施工企业所有。但无论该款项是否支付，原告黄某都不是该款项合法的权利人。

在某银行申请执行某建筑公司金融借款合同纠纷一案中，某建筑公司系被执行人，本案所涉被执行财产为生效判决确认的该企业在某乡政府的债权，法院依法强制执行该财产是正当合法的。并且本案所涉工程系某乡政府发包，某建筑公司作为合同约定的建设工程承包方，有权向合同约定的发包方要求支付工程款。本案中，无论案外人黄某是否为涉案工程实际施工人，其与发包方之间不存在合同关系。虽然最高人民法院出于保护农民工合法权益的目的，在相关司法解释中赋予实际施工人突破合同相对性原则向发包人主张工程款的权利，但该条亦作出了限定性规定，即发包人只在欠付承包人工程款范围内对实际施工人承担责任，且该条并未赋予实际施工人取代承包人合同地位的权利。综上，该笔工程款黄某不能取得排除人民法院执行的权利。

（河北省唐山市路北区人民检察院　冯世斌）

刑事案件中涉民事合同效力及民事赔偿时如何确定审理顺序

一、基本案情

朱某、王甲、王乙系无业游民，2011年6月至2012年3月间，三人利用唐山市某家酒店客房内的互联网担任境外某赌博网站代理，共同经营接受投注。董某时为唐山A房地产公司销售经理，常参与该网络赌博，并以此欠下大量赌债。2012年2月，董某利用其担任A房地产公司销售经理的职务便利，将其负责对外销售的X号写字间低价出售给谷某，并签订订购协议书，收取谷某购房款人民币420万元，用于偿还赌债及个人消费。2012年3月，B公司与A房地产有限公司就同一写字间签订了订购协议书。

二、分歧意见

关于本案，针对民事赔偿问题及民事、刑事案件的审理顺序有不同意见：

第一种观点认为，董某的行为涉嫌合同诈骗罪，将直接导致民法上的房屋销售合同无效，谷某不能直接向房地产公司主张民事权利，所有损失只能通过刑事程序向董某个人追偿，程序上应先刑后民。

第二种观点认为，董某的行为涉嫌职务侵占罪，其代理签订的房屋销售合同符合职务代理的构成要件，因此合同有效，谷某可直接要求房地产继续履行合同，程序上应先民后刑。

三、评析意见

针对以上两种观点体现的问题，笔者将从以下三个方面加以分析：

1. 关于合同的效力问题：

合同属于民事法律行为，一般情况下，只要符合民事法律行为的有效要件应是合法有效的合同，同时，参考现行民法典合同编第 508 条、民法典总则编第六章关于合同效力的规定，本案中，董某作为 A 房地产公司的销售经理，是其房地产公司的职务代理人，其在代理权限内与谷某签订了房屋买卖合同，并加盖了房地产公司的合同专用章，该合同无论是从形式还是内容来说都是有效合同，随后谷某给董某汇入 420 万元购房款，自此谷某完成了其合同规定履行的义务，获得了向合同的相对方即董某的被代理人 A 房地产公司要求其继续履行合同的债权请求权，并且一旦合同相对方违约，谷某有权要求其承担违约责任。通过分析可知，本案中董某代表 A 房地产公司与谷某签订的订购协议书不符合合同无效的情形，合同的双方都不应以职务代理人董某的行为涉嫌犯罪为由进行抗辩，从而影响合同的效力。

2. 关于民事、刑事法律位阶问题：

第一，刑事法律和民事法律同属基本法，前者着重惩罚犯罪，保护人民；而后者强调调整平等主体之间的财产关系与人身关系，两者只有调整对象与程序规范的不同，不存在孰优孰劣、谁让位于谁的问题。是否成立委托代理、是否为有效合同是民事问题，有且只能由民事法律所确定，而刑事程序通过国家强有力的刑侦手段为民事程序提供相关证据，不能代替民事程序进行民事法律判断。因此，刑事责任与民事责任之间并不存在相互替代的关系，而是相互平等独立的。

第二，民法中认定的"以合法形式掩盖非法目的"的合同无效，否定的是双方合意下的非法合同内容，而不是合同签订的其他要素；刑法中规定合同诈骗罪否定的是为签订合同而进行的诈骗行为，而非合同内容本身。所以，在合同一方行为人违法但合同内容仍合法的情况下，不能当然地否定职务代理而认定合同无效。

解决了刑法与民法的法律位阶问题，案件涉及的程序性选择则迎刃而解，只要遵循法律规定即可。最高人民法院《关于在审理经济纠纷案件中涉及经济犯罪嫌疑若干问题的规定》对此明确："人民法院在审理经济纠纷案件中，发现与本案有牵连，但与本案不是同一法律关系的经济犯罪嫌疑线索、材料，应将犯罪嫌疑线索、材料移送有关公安机关或检察机关查处，经济纠纷案件继续审理。人民法院作为经济纠纷受理的案件，经审理认为不属经济纠纷案件而有经济犯罪嫌疑的，应当裁定驳回起诉，将有关材料移送公安机关或检察机关。人民法院已立案审理的经济纠纷案件，公安机关或检察机关认为有经济犯罪嫌疑，并说明理由附有关材料函告受理该案的人民法院的，有关人民法院应当认真审查。经过审查，认为确有经济犯罪嫌疑的，应当将案件移送公安机关或检察机关,并书面通知当事人,退还案件受理费;如认为确属经济纠纷案件的,应当依法继续审理,并将结果函告有关公安机关或检察机关。"故此,"先刑后民"的标准在于刑事犯罪与民事责任是否基于同一法律事实、同一法律关系。进一步讲,即只有在刑事案件的处理结果对民事案件的处理结果足以产生实质性影响的前提下,才应当优先处理刑事案件,然后再处理民事纠纷。

显然,刑事上的职务侵占罪与民事上的职务代理不是同一法律关系,此时只需将相关案件线索与材料移送给侦查机关即可,民事部分仍可继续审理;而刑事上的合同诈骗罪与民事上的职务代理虽为同一法律关系,但经过前一部分的分析可知,合同诈骗罪不影响合同的成立,即刑事案件的处理结果对民事案件不产生实质影响,将相关线索及材料提供给侦控部门后,亦可继续进行民事审判。

3. 关于犯罪预防的问题:

"刑期于无刑",刑法之目的不仅在于通过惩罚犯罪来保护法益,也包括通过惩罚犯罪达到预防犯罪的效果。在市场经济交易行为中,将对董某行为的监管义务加之于每一个潜在的合同相对方,如让合同相对方在每一次合同订立前都向董某所在公司反复确认有无真实交易意愿等行为,不仅加重了市场交易主体的负担,降低了市场效率,也背离了代理制度设置的立法初衷。合同法的内在规定性特征之一即在于,通过确定交易规则,降低交易成本,促进交易效率。因此,从犯罪预防的角度来看,将对员工职务行为的监督责任赋予行为人所在公司,远比加之于不特定的市场交易相对方更为适合,也更具可行性和实践操作性,从而更有利于预防职务侵占、合同诈骗等犯罪行为的发生。

经过上述详细论证,再回到本案,可以得出第三种观点。不论董某的行为涉嫌合同诈骗罪还是职务侵占罪,刑法处理与民法认定没有必然联系,董某代理签订的房屋销售合同仍然有效,A房地产公司作为被代理人,仍应承担合同履行义务,程序上追究董某的刑事责任,民事上谷某可以通过提起民事诉讼要求董某所在公司继续履行合同或承担赔偿责任。

(河北省唐山市人民检察院 柴仕双 欧阳丽娜)

劳动合同中竞业限制的范围如何判定

一、基本案情

杨某某原系 A 公司华北区的业务经理，双方劳动合同期限为 2012 年 6 月 1 日至 2018 年 5 月 31 日。

2013 年 8 月，A 公司（甲方）与杨某某（乙方）签订《竞业限制备忘录》（以下简称《备忘录》），约定："乙方同意，自与甲方终止本劳动合同之日起的 12 个月内（以下简称'竞业限制期'），在未取得甲方事先同意的前提下，乙方将不会直接或间接地以雇员、代理、顾问、经销商或其他身份，为以下主体工作：（1）甲方的同业竞争 C 公司；（2）其他任何在中国大陆地区内在与甲方有同业竞争关系的从事建筑设计的公司、企业、合伙、法人或非法人团体以及其他任何主体……如果乙方违反竞业限制条款的义务，甲方有权终止上述经济补偿的支付，乙方应当立即停止违约行为并向甲方支付相当于乙方在本劳动合同解除或终止前的年收入的三倍的违约金……"

2017 年 5 月，杨某某以邮件方式向 A 公司发送了"辞职信"，表示其将任职 B 公司，并请 A 公司回复是否同意其入职 B 公司。其后，A 公司向杨某某发送通知，表示双方的劳动合同将于 2017 年 6 月正式解除。杨某某收到通知后，未再到 A 公司工作。后 A 公司向杨某某转账支付了离职结算时的工资以及第一笔"禁业赔偿金" 12100.10 元。同年 7 月，A 公司向杨某某支付第二笔"禁业赔偿金"时，因杨某某账户已销户，未能成功支付。后 A 公司向杨某某发送邮件，载明无法支付竞业限制补偿金及备忘录责任等通知。

2017 年 9 月，A 公司委托律师事务所向杨某某邮寄了《律师函》，认为杨某某违反竞业限制约定，要求其按约接受竞业限制补偿金，提供可供收款项的银行账户；严格履行竞业限制义务，严禁向任何与 A 公司存在同业竞争关系的主体透漏商业信息；立即停止违约行为，并在收到函件后 2 日内，立即向 B 公司提出书面辞职；在收到函件后 7 日内向 A 公司支付违约金。

2017年10月，A公司与杨某某因竞业限制发生争议申请劳动仲裁，仲裁结果是杨某某在裁决书生效后5日内向A公司一次性支付违约金1215009元，并按双方约定继续履行竞业限制义务。杨某某不服该裁决，起诉到法院。

经查，B公司于2010年4月20日成立，系外国法人独资经营的有限责任公司，工商登记的经营范围为：商业环境策划与咨询，投资咨询及中介，建筑方案咨询（建筑设计除外），电脑图文设计（广告除外）。A公司工商登记的经营范围为：建筑设计，规划设计、室内设计和环境景观设计的咨询。

二、分歧意见

用人单位和劳动者签订竞业限制协议是意思自治的体现，而伴生的竞业限制义务是诚实信用原则及其衍生的劳动者对用人单位忠实义务的体现，属于约定义务。本案中，杨某某与A公司签订的《备忘录》系双方真实意思表示，不违反法律法规限制性规定，应属合法有效。本案争议的焦点是，劳动者是否违反了竞业限制条款的规定，并承担违约责任。

第一种意见认为，《备忘录》中对竞业限制主体的规定，对于建筑设计的理解应当是一个广义的理解，包含建筑设计咨询和建筑设计方案等，A、B公司的经营范围高度重叠在建筑业，二者存在重大竞争关系。

第二种意见认为，从营业执照看，A、B公司的经营范围并无重合，竞业限制义务的履行应当严格按照竞业限制协议约定的范围确定，B公司的经营范围中明确载明"建筑设计除外"，B公司不从事建筑设计经营业务，与A公司不存在同业竞争关系，非《备忘录》约定的限制主体范畴，故杨某某不应当向A公司支付违反竞业限制的违约金。

三、评析意见

笔者同意第二种意见，理由如下：

1. 竞业限制具有严格的适用前提。《劳动合同法》第23条对竞业限制的定义是，"用人单位与劳动者可以在劳动合同中约定保守用人单位的商业秘密和与知识产权相关的保密事项。对负有保密义务的劳动者，用人单位可以在劳动合同或者保密协议中与劳动者约定竞业限制条款，并约定在解除或者终止劳动合同后，在竞业限制期限内按月给予劳动者经济补偿。劳动者违反竞业限制约定的，应当按照约定向用人单位支付违约金"。竞业限制制度设计的目的是防止离职员工实际利用原用人单位商业秘密，或有运用的潜在可能而不正当地侵害原用人单位的竞争优势。但需要强调的是，竞业限制条款一定程度上限制了劳动者的自由择业权，因此要防止作扩大理解，因为这直接关系到劳动者劳动权的实现问题以及可能涉嫌不正当竞争，故用人单位有可保护的商业秘密是关键，竞业限制的专业领域及地理范围等应与劳动者接触或可能接触的商业秘密相适应。根据《劳动合同法》相关规定，竞业限制有严格的适用主体、义务期间以及需支付一定对价。因本案原被告双方就上述事项无争议，故本文不作深究。

2. 对同业竞争关系的理解。本案中，B 公司与 A 公司之间是否存在同业竞争关系，成为判定杨某某是否构成违约的核心。

《劳动合同法》第 24 条规定："……竞业限制的范围、地域、期限由用人单位与劳动者约定，竞业限制的约定不得违反法律、法规的规定。在解除或者终止劳动合同后，前款规定的人员到与本单位生产或者经营同类产品、从事同类业务的竞业限制期限，不得超过二年。"对于法条中的"同类产品""同类业务"的理解，是实践中判定当事人是否违约或构成侵权的关键。对同类产品和同类业务的理解，从根本上来说，即双方是否存在利害关系。实践中针对同类产品的判断相对比较容易，即需结合具体的行业特点和技术来综合判断。本案重点阐释对同类业务的理解。

同类业务一般指公司章程载明的经营范围内的业务，而实践中该业务是否在执行则不作深究，可以是同种或者类似的商品或服务。但实践中存在超越经营范围从事业务的情况，根据现行《民法典》第 505 条规定，法律不绝对否认法人超越经营范围订立合同的效力。因此，判定是否构成同业竞争，不应局限于文字表述，应对经营内容进行实质审查。

3. 本案应结合营业执照和实际经营范围具体问题具体分析。

首先，应以章程或营业执照上记载的经营范围进行初步审查，判断原公司与新任职公司的营业范围是否一致。从双方营业执照显示，A 公司的营业执照显示的经营范围为建筑设计，规划设计、室内设计和环境景观设计的咨询；B 公司营业执照显示的经营范围为商业环境策划与咨询，投资咨询及中介，建筑方案咨询（建筑设计除外），就字面上看，二者均涉及建筑行业，但建筑设计不包括建筑方案咨询，故从经营范围上看并无重合。

其次，如有证据证明与章程记载的经营范围不一致，则需判断二者的实际经营范围和经营目的是否一致，即一方的产品或服务与另一方的产品或服务存在替代关系。本案中，原、被告双方签订的《备忘录》规定的竞业限制范围为"与甲方（即本案被告）有同业竞争关系的从事建筑设计的公司、企业、合伙、法人或非法人团体以及其他任何主体"，根据意思自治原则，杨某某应遵守上述约定。B公司作为外国独资法人，在中国境内从事建筑设计应当经过相关行政机关审批同意，而A公司无充分证据证明B公司实际上从事建筑设计，故二公司间不存在同类营业竞争的实质内容。

综上，A公司竞业限制义务的履行应当严格按照竞业限制协议约定的范围确定，不能任意扩大。结合法院查明事实，原告不存在违反《竞业限制备忘录》的行为，不应当向被告支付违反竞业限制的违约金。

(河北省唐山市路北区人民检察院　母　宏)

售卖假画行为应认定为民事欺诈还是刑事诈骗

一、基本案情

2018年8月20日,张某在唐山某字画店闲逛时看到一幅署名某知名书画家的山水画,售价6万元,张某以为是真迹,认为价格合理,遂达成交易。购画不久,他将山水画拿到鉴定机构鉴定确定为仿制品,价值1万元,既然是假画,也就没有了收藏价值,遂报警,认为字画店的行为构成诈骗罪。调查期间,商店积极退还了6万元,解释称商店并未向张某保证画为真品,且张某作为收藏爱好者,有一定鉴别能力,应该清楚真迹的市场价格,交易时彼此心知肚明。

二、分歧意见

关于本案中字画店的行为如何定性的问题有以下四种意见:

第一种意见认为,字画店构成诈骗罪。诈骗罪是指以非法占有为目的,采用虚构事实或者隐瞒真相的方法,骗取公私财物,数额较大的行为。本案中,字画店采取了隐瞒真相的方式,售货员未纠正张某的错误认识,被害人张某基于认识错误而处分了财产,遭受财产损失,字画店取得利益,完全符合诈骗罪的构成要件。

第二种意见认为,字画店的行为不构成犯罪,属于民事欺诈行为,张某可以基于重大误解或欺诈撤销买卖合同,要求字画店返还价款。

第三种意见认为,字画店的行为构成侵犯著作权罪。

第四种意见认为,字画店与张某之间形成的是正常的民事活动,售卖艺术品的行规是不论真假,卖家也并未承诺画作为真迹,合同不能撤销。

三、评析意见

笔者同意第二种意见。理由如下:

1. 字画店不构成侵犯著作权罪。侵犯著作权罪,是指以营利为目的、未经著作权人许可制作、展览假冒他人署名的美术作品,违法所得数额较大或者有其他严重情节的行为。本罪有数额较大的要求,单位犯罪的要求在10万元以上,本案未达到数额要求,且商家并非生产者,没有制作行为,不符合侵犯著作权罪的构成要件。

2. 民事行为应遵循自愿、诚信原则。虽然艺术品市场中最主要的行规是"钱货两清、不包不退",一般情况下,艺术品买卖不涉及退换货问题,卖家不对艺术品的真伪负责,但民法要求民事法律双方在订立合同时遵循自愿、公平诚信原则,艺术品买卖也属于民法的调整范围,因此不能因为行规问题而违反民法对于订立合同的交易原则。民法的诚信原则要求民事主体进行民事活动必须讲信用,恪守诺言,诚实不欺,在追求自己利益的同时不损害他人和社会利益。本案中,字画店售卖假画本身违反了诚实不欺的诚信原则,使张某产生了错误认识,误认画为真品,从山水画的客观价值来说,本身价值1万元的商品商家售卖6万元,也违反了公平原则。因此,商家虽未承诺山水画为真迹,但仍然违反了诚信、公平原则,不属于正常的民事活动,张某与字画店形成的是可撤销的合同。

3. 关于民事欺诈与诈骗的区分。所谓欺诈可以分为两类:一类是民事欺诈;另一类是刑事欺诈。刑事欺诈主要指诈骗;民事欺诈可以分为两种:一是法律行为制度中的欺诈,以导致相对人的错误意思表示为最终构成要件;二是侵权行为中的欺诈,以导致相对人的实际损失为最终构成要件。

在具体的司法实践中,对于诈骗罪与民事欺诈如何区分一直是一个非常重要的问题,最高人民法院《关于贯彻执行〈中华人民共和国民法通则〉若干问题的意见》中规定,一方当事人故意告知虚假情况,或者是将真实地情况进行隐瞒,从而使得当事人作出错误的判断、被欺骗人因为错误意识而作出意思表示,这些都是民事欺骗行为的构成特征。总的来说,民事欺诈行为人主观目的是通过瞒、哄、诱导的方法,使受害人产生错误认识,作出对其不利而对欺诈行为人有利的行为,通过履行义务的合法形式,谋取非法利益,其实质是不法获利,主观故意是间接;而诈骗行为则不同,行为人主观上根本没有担负义务的动机,只企图虚构事实迷惑受害人上当受骗,交出财物,非法占有,其主观故意是直接的。此外,刑事诈骗行为人完全是虚构事实、无中生有,根本不具备履行义务的能力和条件,主要采取各种欺骗方法,使受害人陷入错误认识，自愿将自己的财产进行处分，从而骗取较大数目的财物；而民事欺诈中，行为人则是基于一定事实基础上的夸张、扩大，属部分内容不真实，且有一定承担义务的能力和条件，也就是说，其所实施的行为中有合法的民事内容的部分。本案中，字画店的行为是一种正常的售卖行为，并未主动采取虚构事实的方法，张某误认字画为真迹，属于自己的认识错误，字画店属于部分内容不真实，通过履行字画交付义务的合法形式来谋取非法利益，其主观故意是间接的，因此属于民事行为。

另外，现实生活中卖假画这种欺骗行为很普遍，判断罪与非罪，还应该主要判断行为人主观上是否具有非法占有的目的。根据最高人民法院《关于审理诈骗案件具体应用法律的若干问题的解释》规定，是否具有非法占有的目的可以从以下几个方面把握：一是行为人在签订合同时是否有实际履行能力；二是行为人是否采用了虚构事实隐瞒真相的方法；三是行为人对于对方给付的财物如何处置；四是行为人在违约后的表现；五是看行为人的目的是否实现；六是看行为人是否有排除权利人占有、将他人的财物作为自己的所有物，并遵从财物的用法进行利用、处分的意思，区别于想归还的盗用行为和故意毁坏财物的行为。本案从客观上来说，字画店未采用隐瞒真相方式，张某也是出于投机心理，商家未承诺字画为真品，之后也未选择逃匿方式，张某知道商店的地址，交易后商店仍正常营业，张某可以基于欺诈撤销合同，要求对方返还已支付价款，如张某不主张权利，则商店对字画价款的占有属于合法占有，不存在非法占有的目的，之后字画店积极返还张某所付价款、赔偿损失，属于合同撤销后承担的缔约过失责任，是民事行为。

综上，笔者认为，张某误认为字画是真品，卖家维持了张某的错误认识，属于民事欺诈，张某可行使撤销权，若卖家不知张某误认字画为真品且无维持张某错误认识的意思，则构成重大误解，双方均有撤销权，两种情况都属于民事行为，不应用刑法调整。

（河北省唐山市丰南区人民检察院　于思萌）

一次性了结协议签署后能否反悔

一、基本案情

患者李某因活动后胸闷憋喘在唐山市某医院住院治疗，7天后因主动脉根部及左室后壁破裂出血死亡，医患双方产生医疗纠纷。

一月后，患者李某的丈夫王某甲，及患者李某的儿子王某乙，女儿王某丙与唐山市某医院签订协议书一份，甲方系唐山市某医院，乙方系王某甲、王某乙、王某丙，协议约定如下：

1. 乙方确认，患者李某死亡后所有权利人为乙方，无其他权利人，否则，相关责任由乙方全部承担。

2. 甲方一次性补偿乙方死亡赔偿金、丧葬费、医疗费、伙食补助费、误工费、护理费、抚养赡养费、交通费、住宿费、精神损害赔偿金、财产损失等共计人民币8万元整。

3. 本协议为一次性了结协议，乙方自愿放弃向甲方主张赔偿《医疗事故处理条例》和最高人民法院《关于审理人身损害赔偿案件适用法律若干问题的解释》项下的死亡赔偿金、丧葬费、医疗费、伙食补助费、误工费、护理费、抚养赡养费、交通费、住宿费、精神损害赔偿金、财产损失等一切民事权利。

4. 甲方足额支付赔偿款项后此医疗纠纷事件至此了结，双方永不再议。

5. 本协议一式四份。

6. 本协议经乙方签字按手印和甲方盖章后发生法律效力。

该协议上有第三方医患纠纷人民调解委员会公章，协议中约定赔偿款已由王某乙领取，且该协议系王某乙代为签订，在签协议时，王某乙向医院提供了王某甲、王某丙的身份证复印件及授权自己处理纠纷的授权委托书。另，患者李某在唐山市某医院的住院病历中，需家属签名的李某的信息确认、授权委托、多个告知书、同意书皆由王某乙签字。

2018年1月13日，王某甲、王某乙、王某丙向法院提出诉讼请求：判令被告唐山市某医院赔偿原告医疗费、护理费、伙食补助费、鉴定费、交通费、死亡赔偿金、丧葬费、精神抚慰金共计70余万元。

诉讼过程中，经原告申请，法院委托某司法鉴定机构进行司法鉴定，鉴定意见为：唐山市某医院在对被鉴定人李某的诊疗过程中存在医疗过错，与被鉴定人的死亡后果具有一定因果关系；医疗过错与损害后果之间的因果关系程度，从法医学立场分析介于次要—同等责任之间。

二、分歧意见

本案的争议焦点主要在于：
（1）能否因原告王某乙没有代理权而认定原被告之间签订的协议书无效；
（2）原被告之间签订的协议书是否存在法定的可变更的情形，也就是三原告的诉讼请求能否得到法院支持。

原告方认为，原告虽在起诉前与被告签订过赔偿协议，该赔偿数额仅限于医疗费的赔偿，是被告提供的协议，原告王某乙之所以签字是对法律不懂。因王某乙给母亲看病和办丧事都是借的钱，考虑要完钱后，就可以还账了。王某乙签协议没有和其他人沟通，家里有其他原告的身份证复印件，其都是原告伪造的。调解协议没有其他两原告的签字，是无效协议，不应作为认定本案事实依据。

被告方认为，原被告双方就该纠纷在医患纠纷调解委员会见证下达成过相关协议，被告向原告支付了8万元赔偿金，即便其他两名当事人未亲自签字，但有相关授权，且该协议内容明确，不存在医院欺诈的情形，协议具有法律效力。

三、评析意见

实践中，医患双方通过协商解决医疗纠纷的情况非常普遍，双方各退一步，和平解决也省去了诉讼的烦琐，但患方协商后又反悔的情况也屡见不鲜。那么和解协议的效力究竟如何认定，法院又该如何判决？笔者以本案为例，做简要分析。

关于协议书的效力问题。本案中，王某乙向医院提供的授权委托书系伪造的，王某乙没有代理权，构成广义上的无权代理。但是王某乙向法院提供其他原告的授权委托书和身份证复印件的行为，使得唐山市某医院有理由相信王某乙作为患者李某的儿子对李某的亲属具有代理权,根据《合同法》第49条①的规定,行为人没有代理权、超越代理权或者代理权终止后,仍然实施代理行为,相对人有理由相信行为人有代理权的,该代理行为有效。因此,王某乙的行为对王某甲和王某丙构成表见代理。同时,根据现行民法典总则编第六章第三节有关规定,该案件中也不存在合同无效的法定情形,因此该协议书应认定为有效。

关于患方反悔又起诉要求增加赔偿金额如何认定,这其实涉及的是协议书是否存在法定的可变更或可撤销的情形。医患双方达成协议的赔偿数额,若赔偿数额过分低于法定赔偿额或过分高于法定赔偿额时,都可认定为"显失公平"。本案中,患方因医疗损害造成的各项损失共计70余万元,按照司法鉴定意见次要一同等责任计算,赔偿额也远超于双方协商的8万元,属于显失公平的情形,赔偿数额应予增加。《民法总则》第151条②规定:"一方利用对方处于危困状态、缺乏判断能力等情形,致使民事法律行为成立时显失公平的,受损害方有权请求人民法院或者仲裁机构予以撤销。"因此,患方可主张撤销该协议,由医院按照人身损害赔偿的法定标准进行赔偿。

法院认为,医疗机构及其医务人员在医疗活动中,因过失造成患者人身损害的,医疗机构应当承担相应的损害赔偿责任,赔偿的具体金额应当符合法律规定。一方面,按照《协议书》原告获得的赔偿金额与原告依法应获得的赔偿金额,二者悬殊较大,显失公平。另一方面,王某乙作为个人,系非专业人员,不具备对医院医疗行为是否存在过错的判断能力,被告唐山市某医院在签订协议时,亦未确知其医疗行为是否存在过错及过错程度,双方在签订协议时存在对赔偿金额的错误认识,造成了原告的较大损失,可以认定存在重大误解。对原告就协议中的赔偿数额进行变更的请求,法院予以支持。结合司法鉴定机构的鉴定意见,酌情认定唐山市某医院承担45%的赔偿责任,被告唐山市某医院应另赔偿原告29万余元。判决后,原被告双方均未上诉,判决已经发生法律效力。

(河北省唐山市路北区人民检察院 刘树利)

---

① 现行《民法典》第172条。——编者注
② 现行《民法典》第151条。——编者注

已经支付的合法利息是否受借贷复利规定限制

一、基本案情

2015年8月29日，马某某向王某某借款50万元，双方约定月利率为2%，每季度支付一次利息。借款发生后，马某某分别于2015年11月28日、2016年2月28日、2016年5月29日、2016年8月30日各支付王某某3万元利息。

2017年8月14日，马某某向王某某重新出具借条，借条载明："马某某于2015年8月29日向王某某借款50万元，月利率为2%，按借条约定已结清2016年8月30日前的利息。从2016年9月1日起至2017年8月31日止，应结付利息12万元，合计应偿还借款62万元，该借款利率按2%计算，半年还清。"

借款到期后，王某某催收未果诉至法院，要求马某某偿还借款62万元及利息（从2017年9月1日起按月利率2%计算至付清时止）。

二、分歧意见

本案中，马某某已经支付的12万元利息是否应受到最高人民法院《关于审理民间借贷案件适用法律若干问题的规定》（以下简称《规定》）第28条[①]第2款"复利"计算上限的调整以及利息起算点存在争议。

第一种意见认为应当受到调整，利息起算点从借款时起算。不论借款人支付利息与否，整个借款期间的利息之和都应受年利率24%[②]的限制。虽然本案

[①] 2020年12月23日修正，2021年1月1日起施行，现行第27条。——编者注

[②] 现行规定将"年利率24%"修改为"合同成立时一年期贷款市场报价利率四倍"，本规定只是对借款利率的调整，并不影响本案例中关于"借贷复利"中对利息、最初借款本金的理解。——编者注

借贷双方对前期欠息进行了结算并重新出具了借条，前期利率也未超过年利率24%，但是《规定》第28条第2款规定，"借款人在借款期间届满后应当支付的本息之和，不能超过最初借款本金与以最初借款本金为基数，以年利率24%计算的整个借款期间的利息之和。出借人请求借款人支付超过部分的，人民法院不予支持"。据此，对于超过"最初借款本金与以最初借款本金为基数，以年利率24%计算的整个借款期间的利息之和"的部分利息，人民法院不予支持。故本案利息应从2015年8月29日（借款之日）起按年利率24%计算至付清时止（含马某某已经支付的12万元利息）。

第二种意见认为不受调整，利息起算点应从重新出具借条后确认的起算点起算。复利计算中将借款本息合并一起出具新的借条，借贷双方对以前已经发生的借款进行结算和确认，形成了新的债权债务关系，不违反当事人意愿，也不违反法律现行性规定，则应当以新的借条确定的利息起算时间起算。《规定》第28条第1款规定，"借贷双方对前期借款本息结算后将利息计入后期借款本金并重新出具债权凭证，如果前期利率没有超过年利率24%，重新出具的债权凭证载明的金额可认定为后期借款本金"。本案中借款利率为年利率24%，借贷双方结算后的借款本金为62万元，约定的利息起算点为2017年9月1日，故利息应当从2017年9月1日起按照年利率24%计算至付清时止。

第三种意见认为，已经支付的合法利息不受《规定》借贷复利规定的调整，利息起算点应当从实际欠息之时起算。借贷双方对前期借款本息结算后将利息计入后期借款本金并重新出具了借条，应同时受到《规定》第28条第1款、第2款的双重调整。若借款人前期支付了部分借款利息，则已经支付的利息不受《规定》第28条借贷复利规定的调整，尚欠利息应当从借款人实际欠息之时开始计算。故本案的利息应当从2017年9月1日起以借款50万元为基数按年利率24%计算至付清时止。

三、评析意见

笔者赞成第三种意见，理由如下：

1. 《规定》第28条"借贷复利"两款规则原则上应当同时适用。《规定》第28条第1款明确了借贷双方对前期借款本息结算后将利息计入后期借款本金重新出具债权凭证的适用情形，只要前期利率不超过年利率24%，重新出具的债权凭证载明的金额可以认定为后期借款本金，这是对重新出具债权凭证之前利率的限制规定；第2款明确了借款人在借款期间届满后应当支付的本息之和，不能超过最初借款本金与以最初借款本金为基数，以年利率24%计算的整个借款期间的利息之和,即整个借款期间的利率都不能超过年利率24%,这是对整个借款期间利率的限制。从逻辑上讲,《规定》第28条两款规定在适用上并非选择关系,而应当并列关系。如存在借贷复利的情形,则必须同时考虑前期利率和整个借款期间的利率,都应当受到年利率24%的限制。第二种观点只考虑适用《规定》第28条第1款,虽然前期利率满足了不超过年利率24%的条件,但是后期利率也按照年利率24%计算,总的欠息期间的利率必然超过年利率24%,超过了借贷复利计算上限,应当予以禁止。

2. 应当准确理解《规定》第28条中"利息""最初借款本金"的真实含义。笔者认为,《规定》第28条中的"利息"应当意指应付但尚未支付的利息。复利的本质含义就是借款人将到期未付的利息计入本金再计算利息。如果利息已经支付则不需要也无必要将利息计入后期借款本金并重新出具债权凭证,从理性经济人角度讲,借款人也不会将已经支付的利息再次支付给出借人并计算复利。由此可知,《规定》第28条中的"利息"实指尚欠利息。同理,可以推断出《规定》第28条第2款中"按前款计算……最初借款本金……"中的"最初借款本金"应当理解成"借款时的本金"或者"刚刚欠息时的本金"。"借款时的本金"指借款发生时的本金,适用于借款发生后借款人一直都未支付利息的情形;"刚刚欠息时的本金"则指借款发生后借款人支付了一段时间利息,但于某个时候未再支付利息时的本金。第一种观点未准确理解《规定》第28条中"利息""最初借款本金"的真实含义,机械地将"最初借款本金"理解成为借款发生时的本金,未区分利息支付与否的情形,把已经支付的利息仍然纳入复利计算限制,显然不当。

3. 第三种观点符合《规定》关于利率规定的逻辑内涵。《规定》规范了与民间借贷相关的诸多问题,但其核心是利率问题。《规定》第25条至第31条[①](第27[②]条关于本金的认定除外)均是关于利率问题的具体规定。借贷双方约定的利率未超过年利率24%的,司法予以保护。根据《规定》第28条关于借贷复利的利率规定,对于已经支付的利息,只需按照规定进行处理即可。如果再机械地把已经支付的利息纳入借贷复利规定进行限制,明显有悖《规定》逻辑内涵。

(河北省唐山市路北区人民检察院 魏宝成)

---

① 现行第24条至第29条,且第31条规定已删除。——编者注
② 现行第26条。——编者注

诉讼法篇

假释中"执行原判刑期二分之一以上"如何理解

一、基本案情

李某因涉嫌盗窃罪被 A 县人民法院判决有期徒刑 6 年，判决生效后交付监狱执行，交付监狱执行前在看守所先行羁押 1 年，2017 年 12 月 1 日，罪犯李某已在监狱服刑 2 年 6 个月，现对罪犯李某是否符合"执行原判刑期二分之一以上"这一假释必要条件出现了争议。

二、分歧意见

关于"执行原判刑期二分之一以上"如何理解的问题，此案中有两种不同意见：

第一种意见认为，罪犯李某在监狱执行刑期仅 2 年 6 个月，未达到原判刑期 6 年的一半以上，因此，不符合"执行原判刑期二分之一以上"要求。

第二种意见认为，罪犯李某在看守所先行羁押 1 年，在监狱服刑 2 年 6 个月，累计执行 3 年 6 个月，已执行刑期已达到原判刑期 6 年的二分之一以上，因此，符合"执行原判刑期二分之一以上"要求。

三、评析意见

笔者同意第二种意见，理由如下：

1. 从法律规范层面看，对先行羁押的期限是否计入已经执行的刑期有相关规定。《刑法》第 81 条规定了假释的适用条件，"被判处有期徒刑的犯罪分子，执行原判刑期二分之一以上，被判处无期徒刑的犯罪分子，实际执行十三年以上，如果认真遵守监规，接受教育改造，确有悔改表现，没有再犯罪的危险的，可以假释。如果有特殊情况，经最高人民法院核准，可以不受上述执行刑期的限制。对累犯以及因故意杀人、强奸、抢劫、绑架、放火、爆炸、投放危险物质或者有组织的暴力性犯罪被判处十年以上有期徒刑、无期徒刑的犯罪分子，不得假释。对犯罪分子决定假释时，应当考虑其假释后对所居住社区的影响。"该条并未就"执行原判刑期二分之一以上"再进一步明确。2017年1月1日起施行的最高人民法院《关于办理减刑、假释案件具体应用法律的规定》中有了进一步明确，其第23条规定，"被判处有期徒刑的罪犯假释时，执行原判刑期二分之一的时间，应当从判决执行之日起计算，判决执行以前先行羁押的，羁押一日折抵刑期一日"。同时该规定第40条规定："本规定所称'判决执行之日'，是指罪犯实际送交刑罚执行机关之日。"

2. 从立法技术层面看，先行羁押的期限应该属于已执行的刑期。最高人民法院《关于办理减刑、假释案件具体应用法律的规定》第23条规定"被判处有期徒刑的罪犯假释时，执行原判刑期二分之一的时间，应当从判决执行之日起计算，判决执行以前先行羁押的，羁押一日折抵刑期一日"，该规定后半部分采取了"原则+例外"的立法技术，也就是说，原则上适用"应当从判决执行之日起计算"规定，例外情况下适用"判决执行以前先行羁押的，羁押一日折抵刑期一日"规定。"原则+例外"条款优先适用例外条款。

综上，罪犯李某在实际送交付监狱之前先行在看守所羁押的1年，应当属于已执行的刑期。

（河北省唐山市人民检察院　王　兵）

挪用公款行为的追诉时效如何计算

一、基本案情

2006年3月10日,犯罪嫌疑人史某某利用其担任唐山市某区粮食局副局长的职务便利,在该局购买区储小麦过程中,利用职务便利,挪用购买小麦款人民币80万元,用于交纳其所购买的房产尾款,至2018年9月案发未归还。

二、分歧意见

该案的主要争议在于犯罪嫌疑人史某某挪用公款的行为是否已经过了追诉时效,主要存在以下两种意见:

第一种意见认为,史某某的行为未过追诉期限,应当予以追诉。理由是:挪用公款的行为是一种"挪而用之"的持续行为,在公款被挪用控制期间,挪用行为实际上也处于继续的状态,也就是说,被挪用的公款一直处于被非法使用的状态,因而挪用公款罪属于继续犯(或称持续犯)。根据《刑法》第89条第1款规定,犯罪行为有连续或者继续状态的,从犯罪行为终了之日起计算,即应当从挪用公款案件被提起诉讼或行为人自动归还了公款之日起计算。本案史某某挪用公款80万元一直未归还,故其行为未过追诉期限,应当以挪用公款罪追究其刑事责任。

第二种意见认为,公款被挪用之后,犯罪行为已构成既遂。公款失去控制的状态,不是犯罪行为的继续,其追诉期限应从挪用之日起计算。本案中,史某某的挪用公款行为发生在2006年,已经过了10年的追诉时效,不应再追究史某某的刑事责任。

三、评析意见

笔者同意第二种意见，理由如下：

追诉期限是我国刑法规定的一项基本制度，是指刑法根据一定标准对罪犯追诉的有效期限。《刑法》第 89 条第 1 款规定，"追诉期限从犯罪之日起计算；犯罪行为有连续或者继续状态的，从犯罪行为终了之日起计算"。从《刑法》第 89 条规定的具体表述来看，追诉期限的确定和计算是与刑法分则所规定的每一种犯罪的不同状态紧密联系的。每一种犯罪的不同状态决定了其法定追诉期限的确定和计算是不相同的。因此，要想正确解决挪用公款罪的追诉期限如何计算的问题，首先要正确认定挪用公款犯罪行为究竟属于何种状态。

关于挪用公款罪的犯罪形态，有继续犯肯定说与继续犯否定说的争论。若主张挪用公款罪是继续犯，就应认定该罪追诉时效从归还公款之日起计算；反之，就应认定挪用公款罪的追诉期限从犯罪成立之日而非归还之日起计算。

2003 年 9 月 22 日最高人民法院《关于挪用公款犯罪如何计算追诉期限问题的批复》规定，"挪用公款归个人使用，进行非法活动，或者挪用公款数额较大，进行营利活动的，犯罪的追诉期限从挪用行为实施完毕之日起计算；挪用公款数额较大、超过三个月未还的，犯罪的追诉期限从挪用公款成立之日起计算。"笔者认为，该《批复》采纳了挪用公款是一种行为犯的意见。首先，从挪用公款罪的构成理论分析，挪用公款是对公款的使用权的侵害，因此，挪用公款，"挪"是行为，"用"是行为的目的，只是表明了行为人擅自挪出公款的目的不是占为己有，而是非法使用，将公款挪出使之处于被非法使用的状态中，侵害的是公款的使用权。一般而言，这种对公款使用权的非法侵害，在实施非法将公款挪出行为终了之时即已完成。而公款的不归还，只是侵害公款使用权这种行为的危害结果的持续，而不是挪用行为本身的持续，这如同伤害犯罪一样，伤害行为已经实施完毕，伤害结果在未被治愈之前，一直处于持续状态。其次，如果对挪用公款行为本身以持续状态来确定，并以归还被挪用公款之日作为追诉期限的起算时间，则对于一直不归还公款的挪用犯罪而言，就实际等于没有了追诉期限。刑法分则所规定的每一种犯罪，即使是属于持续犯罪状态的，也没有无限期追诉的情况存在。这显然于理不通，于法不合。

关于挪用公款数额较大，超过三个月未还的，应当如何计算追诉期限的问题，司法实践中也存在不同意见。有观点认为，对此应当从挪用公款行为实际完毕之日起计算，三个月的归还期限不考虑，与其他情形的挪用公款犯罪的追诉期限相一致，司法实践中便于掌握；并且这种情形的挪用公款犯罪较之其他情形的挪用公款犯罪，在主观恶性和实际危害方面相对较轻，如果以三个月期满之日为起算时间，则其追诉期限比其他情形的挪用公款犯罪还要多三个月，不尽合理。笔者认为，《批复》中"挪用公款数额较大、超过三个月未还的，犯罪的追诉期限从挪用公款罪成立之日起计算"的规定，既符合犯罪构成理论，也符合刑法规定。就刑法理论而言，追诉期限是对罪犯追诉的有效期限，必须以罪犯为主体，而罪犯这一主体的产生是以其实施了犯罪行为为前提的。因此，追诉期限应当是以犯罪存在，亦即犯罪行为客观发生为前提，只有行为人实行犯罪后才有追诉期限开始计算的问题。我国刑法对于挪用公款数额较大这种情形的挪用行为，规定了以三个月内是否归还作为是否成立挪用公款犯罪的必备条件。如果三个月内已经全部归还，则不能作为犯罪追究行为人的刑事责任。三个月的法定归还期限尚未到，则挪用公款数额较大的行为也就尚未构成犯罪。《刑法》第89条规定，"追诉期限从犯罪之日起计算"，而"犯罪之日"尚不存在，则追诉期限也就不能开始计算。

另外，追诉期限从犯罪之日起计算的规定，对于这种情形的挪用公款犯罪而言，并不存在追诉期限比其他情形的挪用公款犯罪还多三个月的情况。因为其追诉期限的起算时间要比其他情形的挪用公款犯罪的起算时间晚三个月，其实际的追诉期限与其他情形的挪用公款犯罪在相同条件下是一样等长的。而这三个月是不可忽略，更不可随意变通规定的。首先，这三个月不到期限，就不存在挪用公款犯罪的问题，没有成立犯罪，也就无法定追诉期限的开始。其次，如果规定这种情形的挪用公款犯罪的追诉期限与其他情形的挪用公款犯罪的追诉期限相同的话，也就是从挪用行为实施完毕之日起开始计算追诉期限，从理论上而言，追诉期限的起算之日，也就是可以追究行为人刑事责任之时。如果行为人在已经开始计算追诉期限的三个月内归还了被挪用之公款，根据刑法规定是不构成犯罪的。这样一来，没有犯罪存在却已经开始计算的追诉期限该如何中止呢？

因此，挪用公款数额较大，超过三个月未归还的犯罪行为的追诉期限，应当从超过三个月归还期限之日即挪用公款犯罪成立之日起开始计算。

具体到本案，史某某的行为属于"挪用公款数额较大、超过三个月未还"的情形，故其追诉期限应从挪用公款罪成立之日起计算，即应当从超过三个月归还期限之日起开始计算。因此，史某某的行为已过追诉期限，不应当再追究其刑事责任。

（河北省唐山市丰南区人民检察院　梁荣芬）

申请财产保全后执行时能否优先受偿

一、基本案情

李某某在承包鱼塘养鱼期间,欠乙公司饲料款 713636.5 元。经乙公司多次催要,偿还了 40000 元,尚欠 673636.5 元未还。2014 年 3 月 1 日,乙公司向滦南县人民法院提起民事诉讼,要求李某某偿还欠款。2014 年 3 月 20 日,乙公司向滦南县人民法院申请了财产保全。2014 年 3 月 21 日,滦南县人民法院作出裁定书,扣押被告李某某拟先予以出售的在其承包的养鱼池内的价值 68 万元的鱼,如出售,相应价款交至本院。2014 年 3 月 21 日,滦南县人民法院作出民事判决书,支持了乙公司的诉讼请求。

同时,李某某欠张某某饲料款 1100000 元。张某某向曹妃甸区人民法院提起民事诉讼后,在 2014 年 3 月 27 日,申请了财产保全。2014 年 3 月 28 日,曹妃甸区人民法院作出裁定书,裁定查封被告李某某承包的养鱼池的收益。2014 年 4 月 14 日,曹妃甸区人民法院作出(2014)曹民初字第 830 号民事调解书,支持了张某某的诉讼请求。

2014 年 4 月 22 日,李某某的鱼塘卖鱼所得收益 60 余万元提存至曹妃甸区人民法院。乙公司认为,自己申请保全在先,卖鱼所得收益应先偿还李某对其的欠款。

二、分歧意见

本案争议的焦点是卖鱼所得收益该如何分配,双方在诉讼过程中都申请了财产保全,申请在先的是否有优先受偿权?

第一种意见认为,《民事诉讼法》第 100 条规定,人民法院对于可能因当事人一方的行为或者其他原因,使判决难以执行或者造成当事人其他损害的案件,根据对方当事人的申请,可以裁定对其财产进行保全,责令其作出一定行为或者禁止其作出一定行为。根据法律规定可知，采取查封、扣押等保全措施的目的就是保证个案债权的有效实现，并且申请人还需提供担保承担风险，所以根据民法公平原则应该享有优先受偿权。

第二种意见认为，财产保全只是债权人为防止判决作出后无法执行而在诉前或诉中对债务人财产通过法院采取一定的措施保全起来，以保障判决得以执行，法律中没有明确规定诉讼保全在日后执行中可以优先受偿。

三、评析意见

笔者同意第二种意见，理由如下：

1. 诉讼保全可以享有优先受偿权于法无据。优先权是一项法定权利，指特定债权人基于法律的直接规定而享有的就债务人的总财产或特定财产、不动产的价值优先受偿的权利。债权具有相对性，我国目前的法律对优先受偿权问题有明确的规定，如担保法中的抵押权、留置权；民法通则中规定的房屋承租人对所租住房屋、共有人对共有物的购买优先权等。在法律没有特别规定的情况下，乙公司的债权只是普通债权，普通债权人无权要求优先受偿。

另外，从我国目前关于禁止重复查封、冻结的法律规定来看，先行采取保全措施的法院在程序上有优先处理查封、冻结财产的权力，其他法院轮候查封、扣押，但是在实体上当事人是否有优先受偿权，法律也没有明确的规定。

2. 我国法律法规及司法解释尚未承认申请人对其依法申请保全的财产具有优先受偿权。最高人民法院《关于人民法院执行工作若干问题的规定（试行）》第88条[①]规定，多份生效法律文书确定金钱给付内容的多个债权人分别对同一被执行人申请执行，各债权人对执行标的物均无担保物权的，按照执行法院采取执行措施的先后顺序受偿。一份生效法律文书确定金钱给付内容的多个债权人对同一被执行人申请执行，执行标的不足清偿全部债务的，各债权人对执行标的物均无担保物权的，按照各债权比例受偿。第90条规定，被执行人为公民或者其他组织的，其全部或主要财产已被人民法院因执行确定金钱给付生效法律文书而查封、扣押或冻结，无其他财产可供执行或其他财产不足清偿全部债务的，在被执行的财产被执行完毕前，对该被执行人已经取得金钱债权执行依据的其他债权人可以申请对被执行人的财产参与分配。财产保全不同于财产担保，担保权是一种典型的物权，可以排斥其他债权，财产保全仅为一

---

① 已于2020年12月23日修改，2021年1月1日起施行，现第55条。——编者注

种诉讼保障制度。

3. 若被保全财产具有优先受偿权，那么在债务人具有多个债权人存在的情况下，势必争相申请财产保全，排斥其他债权人利益，很明显违反了债权平等原则。而且诉讼保全的费用有明确规定，属于优先支付的范围，所以申请诉讼保全的费用是可以得到优先受偿，申请诉讼保全的人在经济上没有损失。

综上所述，财产保全本身不具有优先受偿权。因此，本案中乙公司虽然申请保全在先，也不能就保全的财产优先受偿。在实际分配中，可以将保全费用从保全财产中优先扣除后，双方按比例受偿。

(河北省唐山市曹妃甸区人民检察院　雷天然　李雪梅)

刑罚执行完毕前发现漏罪是否批准逮捕

一、案情介绍

犯罪嫌疑人杨某，1991年2月7日出生，2016年4月28日因犯盗窃罪被滦县人民法院判处有期徒刑1年9个月，在羁押于滦县看守所期间，发现杨某涉嫌另外一起盗窃案，曹妃甸区公安局遂于2016年5月13日将杨某刑事拘留，并于2016年6月8日向曹妃甸区人民检察院提请批准逮捕犯罪嫌疑人杨某。

二、分歧意见

本案中，唐山市曹妃甸区人民检察院是否有权批准逮捕犯罪嫌疑人杨某？此案管辖权的确定和是否对犯罪嫌疑人适用逮捕。

三、评析意见

1. 关于管辖权问题：

第一种观点认为，本案应由滦县公安局管辖。理由是：根据《刑事诉讼法》第273条[①]规定"罪犯在服刑期间又犯罪的，或者发现了判决的时候所没有发现的罪行，由执行机关移送人民检察院处理"。目前杨某羁押于滦县看守所，滦县看守所的上级机关为滦县公安局，曹妃甸区公安局应将案件直接移交滦县公安局，由滦县公安局管辖。

第二种观点认为，应由曹妃甸区公安局管辖。理由是：漏罪的发生地为曹妃甸区，为保障侦查活动顺利进行，由犯罪发生地管辖较为适宜。目前，杨某

[①] 本案办理时适用2012年《刑事诉讼法》第262条，2018年修改后为第273条。——编者注

为已决犯，从理论上讲，此案属于南堡监狱，而南堡监狱发现漏罪后一般将罪犯移交给监狱所在地的公安机关，即曹妃甸区公安局，从节约司法成本的角度讲，也应由曹妃甸区公安局管辖。

2. 关于本案是否应办理逮捕手续问题：

罪犯在服刑期间发现有漏罪，在实体法方面处理有明确的规定，但在程序法方面没有明确规定。在司法实践中给办案机关和承办人员带来一定困惑。

第一种观点认为，罪犯在服刑期间发现漏罪，不需要办理逮捕手续，也无须变更羁押场所，理由是罪犯的人身自由已经受到了最高限制，不需要重新办理逮捕手续，没有必要重新采取强制措施。

第二种观点认为，罪犯在服刑期间发现漏罪，不论在诉讼期间原判刑罚是否届满，均应办理逮捕手续。理由是罪犯与犯罪嫌疑人的身份不同，所享有的诉讼权利与义务不同。逮捕这项强制措施与刑罚的功能和目的不同，不得以刑罚剥夺人身自由的方式来代替逮捕而剥夺人身自由。办理逮捕手续后，法定的侦查羁押期限才有实际意义，否则，办案期间始终处在不确定的状态。

笔者认为，此案滦县公安局和曹妃甸区公安局均有管辖权，但曹妃甸区公安局对本案已经侦查完毕，从节约司法成本和保障侦查活动顺利进行的角度考虑，由曹妃甸区公安局管辖较为适宜。

笔者认为应对杨某进行逮捕，理由如下：

一是从本质上区分，服刑犯与犯罪嫌疑人二者存在质的差异。服刑犯是在法律上被宣告为有罪的人，服刑是一种惩罚性质的手段；而犯罪嫌疑人则是在法律上尚被推定为无罪的嫌疑人、被告人，逮捕是为了保证诉讼过程顺利进行的一种强制措施，其不带惩罚性质。

二是从服刑犯与犯罪嫌疑人所享有的权利上来看，处于服刑状态与逮捕措施下的两种主体具有不同的权利。我国的相关法律并没有赋予在押犯罪嫌疑人同亲友会见和通信等权利。此外，服刑犯在服刑期间还具有劳动休息权、接受教育权等，而对于被采取逮捕强制措施的犯罪嫌疑人而言，则是没有的。可见，服刑状态不能够完全涵盖逮捕强制措施下人身控制的强度要求，二者在执行上也存在较大差异。

三是从有无逮捕必要性来看，从上述第二点之分析我们可以看出，服刑人员在服刑期间享有同他人通信、与家属等人见面以及收受物品等权利。如果服刑犯利用其上述权利，与在逃同案犯、相关证人等人员进行串供、毁灭证据、干扰作证等行为，则必然会妨碍诉讼的顺利进行。由此可见，针对服刑犯之漏罪，为了保障诉讼的顺利进行仍应当对其重新进行有无逮捕必要性的审查。

四是从法律后果来看，采取逮捕强制措施后，漏罪的侦查期限即被纳入了刑事诉讼法规定的侦查羁押法定期限之中,从而使在此期间进行的各种刑事诉讼活动才能有一个明确的标准和依据。这样一方面,避免了因对服刑人员未采取逮捕等强制措施而带来的漏罪侦查羁押期限不明确状态,使得侦查羁押期限的中止和延长等都有法可依;另一方面,更有利于切实保障犯罪嫌疑人及时接受诉讼的合法权益,防止犯罪嫌疑人始终处于权利、义务悬而未决的状态。

(河北省唐山市曹妃甸区人民检察院　孙　川)